Carmen Rohrbach

Im Reich von
Isis und Osiris

Carmen Rohrbach

Im Reich von Isis und Osiris

Eine Nilreise von
Abu Simbel bis Alexandria

Mit 16 Seiten Farbbildteil
und einer Karte

Mehr über unsere Autoren und Bücher:
www.malik.de

Bibliografische Information der Deutschen Nationalbibliothek
Die Deutsche Nationalbibliothek verzeichnet diese Publikation in der Deutschen Nationalbibliografie; detaillierte bibliografische Daten sind im Internet über http://dnb.d-nb.de abrufbar.

MALIK NATIONAL GEOGRAPHIC

Erweiterte Taschenbuchausgabe
Februar 2012
© Piper Verlag GmbH, München 2010
Umschlaggestaltung: Dorkenwald Grafik-Design, München
Umschlagfotos: Carmen Rohrbach (Vordergrund und hinten),
MARTY / fotolia.com (Hintergrund)
Innenteilfotos: Carmen Rohrbach
Redaktion: Susanne Härtel, München
Karte: Eckehard Radehose, Miesbach
Satz: Sieveking Print & Digital, München
Papier: Naturoffset ECF
Druck und Bindung: CPI – Clausen & Bosse, Leck
Printed in Germany   ISBN 978-3-492-40435-8

Das Papier wurde aus chlorfrei gebleichtem Zellstoff hergestellt.

Inhalt

Fluss des Lebens 7

Die Elefanteninsel 17

Im Strom der Zeit 26

Ein Leben für die Götter 37

Traum von Ewigkeit 52

Auf dem Viehmarkt 64

Ein Tempel für den Krokodilgott 75

Wege durch den Feuerozean 88

Der Tempel des Falken 97

Paläste der Unterwelt 107

Grabräuber, Fälscher und Schlitzohren 124

Der König mit der goldenen Maske 138

Die geheimnisvolle Königin auf dem Pharaonenthron 151

Das hunderttorige Theben 165

Religion des Lichts 178

Im Reich des Osiris 193

Kairo, die Siegreiche 202

Dem Himmel entgegen 222

Das Rätsel des Sphinx 235

Die letzte Pharaonin 239

Morgenland nach der Revolution   248

Karte   252

Anhang

Land und Leute   254

Praktische Hinweise   255

Ägyptische Geschichte   265

Ägyptische Götter   277

Glossar   282

Ausgewählte Literatur zum Weiterlesen   286

Quellen   287

Fluss des Lebens

Wie eine smaragdgrüne Schlange windet sich der Nil durch das Sandmeer. Vom Flugzeug schaue ich hinunter auf den Fluss, der von Süden nach Norden fließt, sich schlängelnd fortbewegt und mich an einen grünen Lindwurm erinnert. Ich fliege flussaufwärts von Kairo nach Assuan. Von dort will ich seinen Lauf begleiten bis zur Mündung ins Mittelmeer.

Der Nil hat Ägypten geschaffen. Ohne ihn gäbe es nicht dieses Land mit seiner Kultur und seiner langen Vergangenheit, nicht die Pyramiden und die Sphinx, nicht das hunderttorige Theben und die Königsgräber im Tal des Todes, nicht Abu Simbel und die Tempel von Edna und Edfu. Ohne den Nil wäre auch unsere westliche Welt eine ganz andere, denn vieles von dem, was wir denken und glauben, hat seinen Ursprung in Ägypten. Diese Gedanken gehen mir durch den Kopf, während ich die Stirn gegen das Fenster drücke und meinen Blick nicht abwenden kann von dem grünen Band dort unten. Schon seit einer Stunde fliegen wir über den Fluss. Die Sicht ist klar, durch keine Wolke getrübt.

Der Nil ist der längste Strom der Erde, vom Quellgebiet in Zentralafrika bis zur Mündung ins Mittelmeer legt er 6670 Kilometer zurück. Weil die Quelle so weit entfernt ist, wussten die Bewohner des fruchtbaren Niltals lange nicht, wo das Wasser entspringt, das alljährlich über die Ufer trat und die Felder überflutete. Ihnen war nur bewusst, dass sie dem Wasser und dem nährstoffreichen Schlamm ihr Leben verdanken. Und so beteten sie damals den Nil an, in ihrer Vorstellung ein Gott, den sie Hapi nannten. Sie verehrten und fürchteten ihn, denn wenn die Überschwemmung zu gewaltig ausfiel, zerstörten gurgelnde Wassermassen ihre Häuser, rissen Menschen und Tiere mit sich. Manchmal aber war die Flut zu gering, um den segensreichen Schlamm bis zu den Feldern zu bringen, nichts konnte gedeihen und Hungersnöte waren die Folge.

Jahrtausendelang blieb die Quelle des Nil ein Geheimnis. Erst kurz vor Beginn des 20. Jahrhunderts gelang es, das Rätsel zu lösen. Zahlreiche Forscher, Entdecker, Abenteurer hatten sich in der Vergangenheit auf den Weg ins Innere Afrikas gemacht, und fast alle verloren ihr Leben bei der gefährlichen Suche. Spannende Berichte ranken sich um diese Entdeckungsgeschichte.

Der Nil machte es ihnen schwer, denn er hat zwei Quellflüsse: den Blauen Nil und den Weißen Nil, dessen Quelle besonders schwer zu finden war. Der Blaue und der Weiße Nil fließen bei Khartum, der heutigen Hauptstadt des Sudan, zusammen. Der Blaue Nil ist der kürzere von beiden, bringt aber mehr als zwei Drittel des Wassers. Er ist dunkel, weil er viel erdigen Schlamm mit sich führt. Das Wasser des Weißen Nil dagegen ist sehr hell. Seine Quelle liegt tief in Afrika.

Den Ursprung des Blauen Nil entdeckte der spanische Missionar und Jesuit in portugiesischen Diensten Pedro Paez im Jahr 1618. Zusammen mit dem Kaiser von Äthiopien besuchte er den in 1830 Meter Höhe gelegenen Tanisee, aus dem der Blaue Nil entspringt. Beeindruckt soll der Missionar gesagt haben: »Es freut mich sehr, etwas erblicken zu dürfen, was der Große Alexander und Julius Cäsar vergeblich zu sehen wünschten.« Der Kaiser war gerührt von der Begeisterung des Priesters und erlaubte ihm, dort eine Kirche zu errichten.

Der Bericht von Pedro Paez geriet in Vergessenheit, und so konnte der Schotte James Bruce of Kinnaird 152 Jahre später glauben, er habe die Quelle des Blauen Nil als Erster ausfindig gemacht. James Bruce hatte den 1370 Kilometer langen Fluss erkundet, der das Äthiopische Hochland durchquert und dann weiter in den Sudan fließt. Wild rauscht er in tiefen Schluchten dahin und stürzt südlich von Bahir Dar als zweitgrößter Wasserfall Afrikas in die Tiefe.

Der Ursprung des Weißen Nil dagegen blieb lange im Ungewissen. Schon in der Antike hatte man über die Herkunft des Nil gerätselt. Herodot, dem griechischen Historiker und Geografen, der im 5. Jahrhundert v. Chr. lebte, verdanken wir einen Großteil unseres Wissens über die antike Welt. Er verließ sich nicht nur auf Überlieferungen und schrieb nieder, was erzählt wurde; er fuhr höchstpersönlich in einem der landesüblichen Segelboote, einer Feluke, auf dem Nil bis zu den Stromschnellen des 1. Katarakts. Für Herodot war das wilde Wasser mit seinem donnernden Getöse, den schaurigen Wasserwirbeln und der stürzenden Flut der Eingang zur Hölle. Der Blick in diesen tosenden Schlund jagte ihm, wie er schrieb, Schauer des Schreckens über den Rücken.

Insgesamt sechs Katarakte zwischen Omdurman und Assuan machten eine reguläre Schifffahrt auf dieser Strecke unmöglich. Besonders bei Niedrigwasser waren diese natürlichen Barrieren aus Granit schwer passierbar. Wer es dennoch riskierte, drohte an den Felsen zu zerschellen. Erst ab dem letzten Katarakt war der Warentransport mit Schiffen auf dem Nil möglich. Güter aus dem Inneren Afrikas wurden mit Karawanen zu diesem Umschlagplatz gebracht. Dort liegt heute Assuan, das Ziel meines Fluges.

Die Stromschnellen gibt es nicht mehr, sie sind im Nasser-Stausee versunken.

Weiter als bis zum obersten Katarakt bei Omdurman drang Herodot nicht vor, aber er erfuhr von Einheimischen, dass der Nil aus schmelzendem Schnee herausfließe. Der Grieche hielt diese Auskunft für völligen Unsinn. Eis und Schnee mitten in Afrika unter der heißen Sonne des Äquators, daran konnte er nicht glauben. Sechs Jahrhunderte später schrieb der Gelehrte Claudius Ptolemäus, der Nil entspringe in den Mondbergen Afrikas. Die Berge seien so hoch, dass Schnee sie für immer und ewig bedecke, behauptete er, ohne je dort gewesen zu sein. Er gab nur wieder, was er von Kaufleuten gehört hatte, die sich bei ihren Handelsfahrten weit in unbekannte Gebiete vorgewagt und die Schneeberge am Horizont erspäht hatten, hochragend bis in die Wolken.

Kaiser Nero wollte das Rätsel unbedingt lösen und schickte zwei Hundertschaften des römischen Heeres nach Süden. Sie sollten bis zum Ursprung des Nil fahren. Die Soldaten kamen nicht weit, unrettbar blieben sie in den Nilsümpfen des heutigen Sudan stecken. Viele von ihnen starben an Malaria und Erschöpfung, nur wenige überlebten und kehrten zurück. Um nicht Neros Zorn auf sich zu ziehen, erzählten sie, der Nil entspringe in der Hölle, und Teufel bewachen seine Quelle. Der Ursprung des Nil blieb weiterhin unentdeckt.

Die Neuzeit brach an mit ihren technischen Möglichkeiten, dem Glauben an den Fortschritt und die Allmacht der Maschinen. Der Mensch begann, sich als Beherrscher der Erde zu fühlen, aber noch immer wusste man nicht, wo die Quelle des Weißen Nil war. Unter den Quellensuchern war auch eine Frau, Florence Baker. Zusammen mit ihrem Mann Samuel unternahm sie in den Jahren 1861 bis 1873 mehrere Afrikareisen. Sie war die erste und im 19. Jahrhundert einzige Frau, die an Expeditionen zu den Nilquellen teilnahm. Ihr Schicksal ist ungewöhnlich und an Dramatik kaum zu überbieten.

Sie kam 1841 als Tochter eines deutsch-ungarischen Adligen im Gebiet des heutigen Rumänien zur Welt und hieß als Kind Maria. Ihre Eltern wurden während der Revolution 1848 auf ihrem Familiengut in Siebenbürgen ermordet, nur Maria überlebte. Von wem sie gerettet wurde, wusste die damals knapp Siebenjährige nicht. Die Waise kam in den Harem eines osmanischen Herrschers und sollte mit kaum vierzehn Jahren als Sklavin verkauft werden. Bei der öffentlichen Versteigerung in Viddin, dem heutigen Bulgarien, war zufällig der Engländer Samuel Baker anwesend. Er verliebte sich in das außergewöhnlich schöne Mädchen, und da er nicht genügend Geld besaß um mitzubieten, entführte er das Haremskind kurzerhand.

Mit Florence, wie sich Maria nun nannte, war Samuel anschließend jahrelang auf Expeditionsreisen in Afrika unterwegs. Weil seine Begleiterin in riskanten Situationen kühlen Kopf bewahrte, rettete sie ihm mehrmals das Leben. Probleme mit den oft feindlich gesinnten Einheimischen löste Florence mit Klugheit und Einfühlungsvermögen. Das Forscherpaar gehört zu den wenigen Entdeckern, welche die unmenschlichen Strapazen und alle Gefahren ihrer Nilexpeditionen überlebten. Die Nilquelle fanden sie nicht, erforschten aber den Albertsee und erkundeten unbekannte Gebiete am Oberlauf des Weißen Nil.

Vor der Rückkehr nach England heirateten sie. Dennoch wurde Florence von der sittenstrengen englischen Gesellschaft nicht akzeptiert, denn immerhin war sie ohne Trauschein mit ihrem Mann durch Afrika gereist. Samuel wurde für seine Erfolge bei der Erforschung des Nil geehrt und gefeiert, sogar von der Queen geadelt. Die Leistungen seiner Frau Florence blieben unerwähnt.

Schließlich sandte die *Royal Geographic Society,* die Königlich Geographische Gesellschaft, den schottischen Arzt und Missionar David Livingstone nach Afrika. Jahrelang blieb er verschollen, bis der Herausgeber vom *New York Herald* seinen fähigsten Reporter, Henry Morton Stanley, auf Livingstones Spuren setzte. Stanley fand den Vermissten, von Tropenkrankheit geschwächt, in einer Hütte am Ufer des Tanganjikasees. Es war am 10. November 1871, als sich jene legendäre Szene abspielte, die wegen ihrer Skurrilität bis heute fasziniert: Zwei Menschen weißer Hautfarbe begegnen sich in Schwarzafrika und haben nichts Besseres zu tun, als steife englische Etikette zu wahren. »Doktor Livingstone, nehme ich an?«, begrüßte der Reporter den schon tot geglaubten Forscher, der die Quelle in der falschen Gegend vermutete, zuerst am Tanganjika-, dann am Bangweolosee. Zwei Jahre später, im Mai 1873, starb Livingstone an der Ruhr am Südufer des Bangweolosees im heutigen Sambia.

Im Jahr 1892 entdeckten die Österreicher Oscar Baumann und Oskar Lenz einen in den Victoriasee mündenden Fluss namens Kagera. Sie glaubten, er müsse der Quellfluss des Nil sein. Sechs Jahre später bestätigte der deutsche Arzt und Afrikaforscher Richard Kandt die Vermutung der Österreicher, übersah dabei aber, dass der Kagera zwei Zuflüsse hat. Der längere ist der Luvironza und entspringt in Burundi, er gilt heute als der eigentliche Quellfluss. Aber die schneebedeckten Berge waren immer noch unentdeckt.

Im Jahr 1906 schließlich rüstete der italienische Prinz Ludwig Amadeus von Savoyen eine Expedition ins heutige Grenzgebiet zwischen Uganda und Burundi aus. Sein Ziel war das Ruwenzorigebirge, jene Mondberge, die schon in der Antike als Quellgebiet des Nil bezeichnet worden waren. Der Prinz bestieg den höchsten Gipfel und war der erste Mensch, der wirklich an der Quelle stand, denn die vielen Bäche, die aus dem Schnee der Ruwenzoriberge herausfließen, vereinigen sich zum Luvironza, der später zum Nil wird.

Bald werden wir landen, seit über zwei Stunden sind wir schon in der Luft. Die smaragdgrüne Schlange ist schmal geworden, im Westen reicht die Wüste fast bis an den Strom heran. Nur dort, wo kleine Kanäle das Land bewässern, ist es grün, da blüht Leben. Mich überrascht, wie scharf die Grenze zwischen Ödnis und Fruchtbarkeit sich abzeichnet. Die Wüste wirkt übermächtig, als könnte sie jederzeit den schmalen grünen Streifen verschlingen. Östlich des Flusses wird sie Arabische, westlich Libysche Wüste genannt.

Vom Flugzeug aus sind keine Bewohner zu sehen, wahrscheinlich fliegen wir zu hoch. Auch Ortschaften gibt es kaum, selten kann ich einige Häuser mit flachen Dächern und unter hohen Bäumen ein paar Hütten ausmachen. Mal erkenne ich die Kronen von Dattelpalmen, dann wieder sind es Zuckerrohr- und Hirsefelder oder Bananenstauden.

Als ich nach fast drei Stunden in Assuan aus dem Flugzeug steige, habe ich auf einer Strecke von ungefähr tausend Kilometern Ägypten von Norden nach Süden überflogen. Warme, trockene Luft empfängt mich. Ein Taxi bringt mich zum Old Cataract Hotel. Wenig später sitze ich auf der Terrasse des berühmten Hotels, einem historischen Ort, denn hier schrieb Agatha Christie ihren weltbekannten Kriminalroman *Tod auf dem Nil,* und auch für den nach ihrem Buch gedrehten Film bot das Hotel die passende Kulisse. Es ist ein prächtiges Gebäude, seine Fassade schimmert rosarot, innen ist es im maurischen Stil gestaltet mit hohen Korridoren, Säulen und Bögen, kostbaren Kronleuchtern und Verzierungen aus Stuck. Einzigartig ist auch seine Lage auf einem Felssporn hoch über dem Nil.

Von der Hotelterrasse blicke ich hinunter auf einen üppigen Garten. Mango- und Zitrusbäume spenden Schatten, Hibiskus und Oleander blühen in leuchtenden Farben – ein Paradies, das sein Gedeihen dem ständigen Sprühen der Sprengleranlage verdankt. Die gepflegte Gartenanlage fällt sanft hinab zum Nilufer, wo Kapitäne in ihren Feluken auf Touristen warten, um sie für einen Ausflug zu gewinnen. Weiter schweift mein Blick über den Fluss zum westlichen, unbewohnten Ufer. Dort beginnt die Wüste, und Sandberge türmen sich auf.

Das Old Cataract Hotel verströmt das nostalgische Flair vergangener Tage. Die Teppiche sehen kostbar aus, Lampen, Stühle und Tische sind dem historischen altenglischen Mobiliar täuschend echt nachgebildet. Oder sollte tatsächlich alles noch aus dem späten 19. Jahrhundert stammen, als das Hotel gebaut wurde? Die Kellner sind in die Livree der Kolonialzeit gekleidet. Selbst die Kinder, die den

Gästen die Schuhe putzen, tragen ein osmanisches Prinzengewand mit Pluderhosen, goldbesticktem Gürtel und Fez auf dem Kopf.

Ich bestelle Malvenblütentee, *karkadeh*. Dunkelrot schimmert das Getränk im Glas, ein neuartiges Geschmackserlebnis. Anders als der bei uns übliche Hibiskustee ist *karkadeh* zugleich süß und säuerlich und prickelt auf der Zunge.

Während ich auf den mir empfohlenen Nilbarsch mit Kreuzkümmel, *samak bi'l kammun,* warte, versuche ich mir ein Bild von den Gästen zu machen, die sich während der größten Mittagshitze auf der schattigen und luftigen Terrasse aufhalten. In der Mehrzahl sind es ältere, unauffällig sportlich gekleidete Ehepaare, den Gesprächsfetzen nach zu urteilen, die an mein Ohr dringen, vor allem englischsprachige Reisende.

Meine Gedanken schweifen immer wieder ab, zurück in eine Vergangenheit, die ich nicht selbst erlebt habe, die ich mir aber, angeregt durch Bücher, Filme und Fotos, lebhaft vorstellen kann. Vornehm gekleidete Damen mit bis zum Boden wallenden weißen Kleidern und breitkrempigen Hüten, einen Sonnenschirm graziös in der Hand, und ihre männlichen Begleiter, zünftig in Tropenanzügen und mit Tropenhüten, posieren vor Tempeln, reiten auf Kamelen oder segeln auf dem Nil, dezent im Hintergrund die einheimischen Diener. Im Europa des 19. Jahrhunderts war es fast schon eine Selbstverständlichkeit unter wohlhabenden, bildungsbeflissenen Bürgern und auch Künstlern, dem nasskalten Winter zu entfliehen, sich auf einer Nilreise zu amüsieren, die Pyramiden zu bestaunen und die Königsgräber bei Luxor zu besuchen.

Nachdem ich den köstlichen Nilbarsch gegessen habe, schlendere ich die Uferpromenade, die Corniche, entlang, die den Ort Assuan gegen den Nil abgrenzt. Zahlreiche Taxis und Pferdekutschen kurven auf der Suche nach Fahrgästen umher. Die zweispurige Fahrbahn ist in der Mitte durch einen Grünstreifen geteilt, auf dem

Büsche und Bäume wachsen. Auf der Nilseite wird ein breiter Fußweg von einer hüfthohen Mauer vor dem tiefer liegenden Ufer geschützt. Restaurants, Hotels und Geschäfte reihen sich aneinander. Dahinter liegt die eigentliche Ortschaft mit meist zweistöckigen Häusern, kleinen, ebenerdigen Geschäften und einem Markt, dem Suq, auf dem vor allem Souvenirs für Touristen angeboten werden, aber auch Obst, Gemüse und Backwaren.

Noch immer ist Assuan eine beschauliche und überschaubare Stadt, und das, obwohl die Einwohnerzahl in den letzten Jahrzehnten sprunghaft gestiegen ist. Sie soll bei etwa 400 000 liegen, je nachdem wie weit man die Hütten im Umland miteinberechnet. Menschen mit dunkler Hautfarbe überwiegen, denn hier war von alters her nubisches Siedlungsgebiet, das Land Kusch, wie es früher genannt wurde. Die Nubier, nicht zu verwechseln mit den schlanken und hochgewachsenen Nuba aus dem Sudan, sind muskulös und kräftig gebaut, meist untersetzt, mit breiten Gesichtern, vollen Lippen und kurzem Kraushaar. Doch im Laufe der Jahrtausende entstand eine Mischbevölkerung mit den eher hellhäutigen Ägyptern, die fast europäisch wirken.

Ich verlasse den Uferweg und folge einem Sträßchen in die Altstadt, spaziere über den Suq mit seinen mannigfaltigen Verkaufsbuden. Anders als sonst auf orientalischen Märkten werde ich nicht zum Kaufen gedrängt und genieße so das ungestörte Schauen entlang der Marktstände mit ihren leuchtenden Farben und exotischen Gerüchen. Gewürze, fein gemahlen und aufgehäuft zu ebenmäßigen Pyramiden, verströmen einen betörenden Duft. Es riecht weihnachtlich nach Zimt, Ingwer, Kardamom.

Vom Suq gehe ich weiter durch die engen Gassen und halte Ausschau nach einer preisgünstigen Unterkunft, denn ich möchte mir nur eine einzige Nacht in dem luxuriösen Old Cataract Hotel gönnen, um sein historisches Flair zu genießen. Danach will ich noch ein paar Tage mehr in Assuan bleiben, den Staudamm besuchen, auch das Simeon-Kloster und die Steinbrüche, wo der Granit für die Tempel gebrochen wurde.

Für die alten Ägypter hatte Assuan, das einst Syene hieß, zugleich symbolische und wirtschaftliche Bedeutung, denn hier endete das Reich der Pharaonen. Alle Schätze des schwarzen Kontinents wurden auf dem Landweg mit Karawanen an die ägyptische Grenze gebracht und auf Schiffe verladen, wodurch der Markt- und Handelsort große Bedeutung erlangte. Der Name Assuan geht auf das koptische Wort *suan* für Handel zurück; zusammen mit dem arabischen Artikel wurde daraus As-Suan.

Kaum merklich kühlt die Luft ab, ein leichter Wind streift über mich hinweg. Ich sitze in einem Terrassenrestaurant an der Corniche und blicke auf den Fluss unter mir, wo Felukensegel weiß in der Dämmerung leuchten. Dann schweift mein Blick weiter zum gegenüberliegenden unbesiedelten Ufer. Die Sonne nähert sich der goldgelb leuchtenden Wüste und versinkt im Sandmeer, das für wenige Sekunden altrosa schimmert. Dort, auf einem der Sandberge, hebt sich im Abendlicht das Aga-Khan-Mausoleum hell gegen den dunklen Himmel ab. Mein erster Tag am Nil neigt sich dem Ende zu. Die Nacht senkt sich über die Erde. Die Dunkelheit saugt die Farben des Tages auf. Musik klingt aus den Lokalen an der Uferstraße, und die Lichter der Laternen und Terrassenlampen spiegeln sich im jetzt fast schwarzen, leise dahinfließenden Wasser des Nil. Morgen wird Bakri mich abholen und zu seiner Familie auf die Insel Elephantine bringen. Ich bin voller Erwartung, freue mich auf neue Erfahrungen und Begegnungen mit den Inselbewohnern, die in zwei kleinen Dörfern leben und nubischer Herkunft sind.

Die Elefanteninsel

Mitten im Strom liegt die Insel Elephantine. An ihrer Südspitze ragen runde Granitquader aus der Erde, gerade so, als würde eine Herde Elefanten die Insel auf ihren Rücken durch den Fluss tragen. Vielleicht rührt der Name von diesen elefantenähnlichen Steinen her, wahrscheinlicher aber ist, dass zur Zeit der Pharaonen mit Elfenbein gehandelt wurde und Elefantenkarawanen Gold und Edelsteine hierher transportierten. Wohl aus diesem Grund hieß die Insel in der Sprache Altägyptens Yeba, was Elefant bedeutet.

Bakri wartet mit seinem Ruderboot unten am Flussufer auf mich. Ich lernte ihn gestern Nachmittag auf dem Suq kennen, wo er einen kleinen Stoffladen betreibt. Als ich ein grünes Kopftuch bei ihm kaufte, kamen wir ins Gespräch. Ich erzählte ihm von meiner Suche nach einer preiswerten Unterkunft, da schlug er mir vor, mich zu seiner Familie auf Elephantine zu bringen. Eine wunderbare Gelegenheit, mehr über das Leben der Menschen in Ägypten zu erfahren.

Die Strömung ist erstaunlich stark. Bakri muss sich kräftig in die Riemen stemmen. Wenn man den Nil vom Ufer aus betrachtet, scheint er gemächlich zu fließen; mitten im Fluss spürt man erst, wie stark die Strömung ist. Bakri rudert an der Südspitze der Insel vorbei, wo schon vor 5000 Jahren eine Siedlung mit Namen Sunt lag. Sie war ein wichtiges Zentrum des Handels und galt als Tor nach Afrika. Heute heißt die Ausgrabungsstätte dieser historischen Stätte Elephantine, wie die Insel selbst, und beschäftigt seit Jahrzehnten die Archäologen. Vom Boot aus erkenne ich Mauern, Säulen und Tempel.

Am Westufer der Insel legen wir an. Palmen und Mangobäume bilden ein grünes Laubdach, am Boden wuchern Gräser und Stauden. Eine fruchtbare Insel, denn überall plätschert Wasser in Rinnen und künstlichen Bächen, die der Nil speist. Ein schmaler, lehmglatter Weg führt zu einem Haus, das romantisch von hohen Bäumen beschattet wird. Es steht allein für sich, etwa sechzig Meter vom Dorf entfernt. Bakri stellt mich seinem Vater, der Mutter, seinem jüngeren Bruder und den zwei Schwestern vor, die gerade dabei sind, Betten und Kochtöpfe aus dem Haus zu tragen.

»Was geschieht denn hier?«, frage ich überrascht.

»Meine Eltern ziehen vorübergehend in das Haus meines Schwagers«, erklärt mir Bakri.

»Warum denn das?«

»Sie wollen nicht stören.«

»Aber Bakri, ich will doch niemanden vertreiben! Ich hätte gern eine Weile mit ihnen zusammengewohnt und ihr Leben geteilt.«

»Das können Sie doch auch so. Meine Eltern freuen sich, wenn Sie zu Besuch kommen, so oft und so lange Sie wollen.«

Ich bin ein wenig enttäuscht. So werde ich nicht wirklich an ihrem Alltag teilnehmen können, werde nicht als Mitglied der Familie, sondern als Gast behandelt werden und bleibe eine Fremde. Nun gut, ich will versuchen, das Beste aus der Situation zu machen, und irgendwie verstehe ich auch ihre Entscheidung. Als Grund haben sie angegeben, mich nicht stören zu wollen, aber ich denke, in Wirklichkeit wollen sie durch mich nicht gestört werden, wollen sich so wie immer verhalten und sich nicht von mir beobachtet fühlen. Als Reisende ist dies für mich eine gänzlich neue Erfahrung. In der Mongolei, im Jemen oder bei den Indianern in Ecuador, überall wurde ich ganz selbstverständlich aufgenommen und durfte mit meinen Gastgebern leben, ob in der Jurte, im Beduinenzelt oder in einer Hütte. Vielleicht sind es die Nachwirkungen aus der Kolonialzeit, die eine Kluft zwischen Einheimischen und Besuchern gerissen haben? Das erste Mal erlebe ich, als Fremde wirklich fremd zu sein.

Beim Eintreten entdecke ich über der Haustür einen Talisman, einen winzigen Stoffbeutel in Herzform, der die bösen Geister am Eindringen hindern soll. Später, als ich allein bin, schaue ich hinein und ziehe einen Streifen Papier heraus, auf dem in Arabisch eine Sure aus dem Koran steht. Außerdem finde ich darin eine blaue Glaskugel mit einem schwarzen Punkt in der Mitte, einer Pupille ähnlich. Das blaue Glasauge ist ein magischer Abwehrzauber. Es soll den bösen Blick ablenken.

Das Haus ist einstöckig. Unten befinden sich die Küche und ein Wohnzimmer, auf einer Treppe gelange ich nach oben in die Schlafräume. Von dort führt eine Stiege hinauf aufs Flachdach mit Blick zum Nil. Die Toilette ist draußen in einem Häuschen, ein Bad gibt es nicht, nur ein winziges Waschbecken in der Küche.

Nachdem ich mit der Besichtigung fertig bin, blicke ich in erwartungsvolle Gesichter. Als ich sage, dass ich das Haus mag, fällt die Anspannung von ihnen ab, und meine Gastgeber schenken mir ein offenes Lächeln.

»Was kostet es, wenn ich eine Woche bleibe?«

Die Mienen verschließen sich wieder. Keiner sagt ein Wort. Endlich wendet sich Bakri an mich: »Bezahlen können Sie, wenn Sie wieder ausziehen. Geben Sie dann einfach so viel, wie es Ihnen wert ist.«

Meine Vermieter verabschieden sich, und ich bleibe allein zurück. Bevor ich noch mit Auspacken fertig bin, erscheint Bakri schon wieder – und bringt mir Fische aus dem Nil, ganz frisch, heute Morgen gefangen. Es sind Barsche, die hier *brodi* heißen. Eine Bezahlung will er auf gar keinen Fall. »Wir sind doch Freunde!« O je, denke ich, das wird alles in allem eine teure Rechnung werden! Freundschaft verpflichtet, großzügig zu sein.

Die Küche ist der kleinste Raum im ganzen Haus, eng wie eine Abstellkammer, noch dazu ohne Fenster. Eine nackte Glühbirne, mit einem dünnen Draht an der Decke befestigt, spendet kümmerliches Licht. Das Feuer unter dem Herd flammt auf, nachdem ich den Hebel an der Gasflasche geöffnet habe. Einen alten Tiegel und ein paar zerbeulte Töpfe finde ich im Backrohr. Die Familie hat fast alle ihre Kochutensilien, das Geschirr und Besteck mitgenommen. Ich werde später fragen, ob sie mir einiges borgen können, oder mir das Nötige auf dem Suq von Assuan kaufen, aber dafür muss ich erst wieder über den Nil setzen. In der Küche befinden sich allerdings auch keine Regale, keine Ablage, keine Arbeitsfläche. Wie schaffen es die nubischen Hausfrauen, hier zu kochen, noch dazu für eine vielköpfige Familie? Aber eigentlich müsste ich mich nicht wundern; im Jemen habe ich diese kleinen Kammern bereits kennengelernt, die der nubischen Küche täuschend ähnlich sahen. Dort hockten Frauen beim Zubereiten auf dem Boden, und ich kauerte mich zu ihnen und half beim Putzen und Schnippeln des Gemüses. Am Ende wurden mit einem Eimer Wasser oder einem Schlauch die Abfälle weggespült, und alles war wieder sauber.

Ich zögere nicht, es mir etwas bequemer zu machen, rücke einen Tisch in den Gang vor die Küchentür, auf dem ich arbeiten kann. Beim Ausnehmen, Putzen und Entschuppen der Fische sticht mich eine starre Rückenflosse schmerzhaft in den Daumen, tief ins Nagelbett hinein. Ich habe großes Glück, dass sich die Verletzung später nicht entzündet. Als ich die Fische in der Pfanne brate und mir ihr köstlicher Duft in die Nase steigt, ist der Schmerz vergessen. Zum Fisch esse ich Möhrengemüse, Kartoffeln und Gurkensalat, Beilagen, mit denen ich mich auf dem Suq in Assuan reichlich eingedeckt habe.

Ich kann es kaum erwarten, die Umgebung zu erkunden. Mein Haus liegt ungefähr in der Mitte der lang gestreckten Insel. Sie soll nur drei Kilometer messen, was ich mir schwer vorstellen kann; schließlich befinden sich zwei Dörfer, die Ausgrabungsstätte, Gärten und Felder auf ihr. Ein von Palmen, Mango- und Zitronenbäumen beschatteter Fußweg schlängelt sich nach Norden, wo der Bewuchs allmählich niedriger wird und sich ein Hochhaus erhebt, das Oberio-Hotel. Präsident Hosni Mubarak war angeblich entsetzt über dieses moderne Gebäude, das nicht auf die romantische Garteninsel passt, und soll weitere Hotelbauten auf Elephantine untersagt haben.

Begleitet von plätschernden Wasserläufen, gehe ich zurück in Richtung Süden und besichtige die beiden Dörfer. Wie für Nubierdörfer typisch, sind die Häuser aus Lehm gebaut. Sie haben flache Dächer und ein, höchstens zwei Stockwerke. Einige der ockergelb oder blau gestrichenen Hausmauern zieren selbst gemalte Bilder, die religiöse Themen, aber auch Menschen bei der Arbeit oder Kinder beim Lernen zeigen. Fenster- und Türumrahmungen schmücken farbige Ornamente. Keine Abfälle, keine Plastiktüten, kein Fetzchen Papier liegen herum. Täglich werden die Gassen mit Wasser besprengt und gekehrt, sodass der Lehmboden glatt und glänzend geworden ist wie poliertes Parkett.

Frauen, von Kopf bis Fuß in schwarze Tücher gehüllt, hocken vor ihren Haustüren auf dem Boden oder auf kleinen Holzschemeln und blicken mir freundlich entgegen. Offensichtlich sind sie daran gewöhnt, dass Touristen hin und wieder durch ihre Dörfer spazieren.

»Es stört uns nicht, wir freuen uns sogar, wenn Fremde kommen«, sagt eine der Frauen auf Arabisch, als ich bei einer Gruppe verweile. Untereinander verständigen sie sich auf Nubisch, ihrer Muttersprache, doch sprechen fast alle auch ein wenig Arabisch, das ich vor Jahren im Jemen gelernt habe. Die vier Frauen halten jede eine Schüssel zwischen den Beinen, in die sie Blättchen hineinzupfen.

»Das ist *molochija,* daraus kochen wir eine Suppe«, erklären sie mir.

Später am Abend wird Faisa, eine Schwester von Bakri, an meine Tür klopfen, und mir einen Topf mit einer zähflüssigen grünen

Brühe überreichen, laut »*molochija!*« rufen und schnell wieder verschwinden, bevor ich noch *schukran,* danke, sagen kann. Ob sich meine Frage nach dem Blattgemüse im Laufe des Tages bis zu meinen Gastgebern herumgesprochen hat?

Ich gehe den Pfad weiter bis zur Südspitze der Insel und besichtige die Ausgrabungsstätte der antiken Stadt Sunt, wobei ich dem ausgeschilderten, gut zwei Kilometer langen Rundgang durch die Ruinenstadt folge. Von 3500 v. Chr. bis 600 n. Chr. war der Ort bewohnt, länger als jede andere Siedlung im Niltal.

Erste Grabungen begannen im Jahr 1906. Seit 1969 engagiert sich das Deutsche Archäologische Institut in enger Zusammenarbeit mit dem Schweizer Institut für Ägyptische Bauforschung. Inzwischen sind eine ansehnliche Anzahl der Grundmauern von Häusern und Wirtschaftgebäuden freigelegt worden sowie Säulen, Figuren und Tempel, die zu Ehren von Satet errichtet wurden. Satet, eine antilopenhörnige Göttin, die Bringerin des Wassers, war den Bewohnern von Sunt besonders wichtig. Ihr wurde schon vor über 4500 Jahren der früheste Tempel geweiht, der im Laufe der langen Geschichte immer von Neuem überbaut wurde. Der jüngste Satet-Tempel stammt aus der Zeit Kleopatras. Besonders großzügig geschmückt mit Arkaden, ausdrucksstarken Reliefs und Götterstatuen war der zweitjüngste Satet-Tempel. Die Archäologen haben ihn aus den Trümmern der aufeinandergebauten Tempel rekonstruiert und neu errichtet; ihn hatte die Pharaonin Hatschepsut, Herrscherin in der 18. Dynastie, erbauen lassen. Dieser einzigartigen Frau werde ich, so viel weiß ich schon, in Luxor wiederbegegnen.

Ein Geräusch lässt mich zusammenzucken. Was war das? Erst jetzt wird mir bewusst, dass ich allein bin in der Ruinenstadt. Vorsichtig setze ich einen Schritt vor den anderen und luge aus sicherem Abstand um eine Lehmmauer. In einer Senke liegt eine gelbe Hündin, an ihren Zitzen saugen fünf Welpen. Die Kleinen sind kugelrund, haben pralle Bäuche. Die Mutter dagegen ist erschreckend abgemagert, dürr bis auf die Knochen. Sie hat den Kopf leicht gehoben, blickt mich prüfend aus leuchtend bernsteinfarbenen Augen an. Langsam ziehe ich mich zurück.

Als ich weitergehe, sehe ich einen Mann, der ein Grabungsprofil zeichnet. Froh, jemanden über die archäologischen Funde befragen zu können, eile ich zu ihm. Der Zeichner aber fühlt sich gestört. Er müsse sich beeilen, heute noch wolle er mit der Zeichnung fertig werden. Gerade jetzt sei das Licht günstig. Die schräg fallende Abendsonne lasse die Konturen plastisch erscheinen, beste Voraussetzungen also, damit seine Zeichnung aussagekräftig werde.

»Warum das mühsame Abzeichnen? Wäre es nicht einfacher und genauer, mit Fotos zu dokumentieren?«, frage ich.

Verneinend schüttelt er den Kopf, schweigt, wartet, dass ich weitergehe. Schließlich lässt er sich doch noch zu einer Antwort herab: Ein Foto bilde nur ab, mit der Zeichnung dagegen lasse sich genauer herausarbeiten, was wichtig sei. So schaffe er nicht nur ein besseres Abbild der Wirklichkeit, sondern zugleich eine Interpretation der vorgefundenen Fakten. Das könne kein Foto. Zeichnungen seien also unverzichtbar.

Einmal zum Reden gebracht, erfahre ich, dass er und die anderen Wissenschaftler zehn bis vierzehn Stunden am Tag arbeiten. Und selbst die Nacht wird noch für die Arbeit genutzt. Funde müssen ausgewertet, gesichtet, beschriftet, katalogisiert, eingeordnet werden. Seit fünfzehn Jahren komme er jeweils für ein paar Monate nach Elephantine, sagt er, eine erfüllte, glückliche Zeit. Während er spricht, blickt er nicht auf, strichelt, schraffiert, radiert unentwegt an seinem Grabungsprofil. Er spricht englisch, aber an seiner Aussprache erkenne ich, dass er Deutscher ist und das Englische wahrscheinlich benutzt, um genügend Distanz aufzubauen. Er weiß, dass ich aus Deutschland komme, denn ich hatte mich gleich zu

Beginn vorgestellt, aber als ich nach seinem Namen frage, verschließt er sich wieder.

»Wieso wollen Sie wissen, wie ich heiße?«, fragt er misstrauisch »Mein Name ist unwichtig. Übrigens, Sie stören! Lassen Sie mich bitte arbeiten!«

Es ist nicht meine erste Erfahrung mit Archäologen, stets verliefen die Begegnungen ähnlich. Warum schotten sich gerade die Altertumswissenschaftler so energisch ab? Vielleicht weil sie im Vergangenen graben und sich als Hüter von Geheimnissen sehen? Dennoch begebe ich mich hoffnungsfroh zum Wohnhaus der Wissenschaftler, wenige Schritte von der umgrenzten Grabungsstätte entfernt. Es ist eine Villa, um 1900 für William Willcock errichtet. Willcock war der Architekt des ersten Staudamms am Nil, der von englischen Firmen gebaut wurde. Der Eingang zu dem weißen Gebäude, das in der Mitte von einer Kuppel gekrönt wird, steht offen. Ich sehe einen viereckigen Innenhof, ringsum schmale Gänge. Überall wildes Chaos. Alles ist voller Kisten, wahrscheinlich gefüllt mit Ausgrabungsstücken. Aus Platzmangel sind sie drei- und vierfach übereinandergestapelt.

Zwischen den Kisten steht ein etwa vierzig Jahre alter Mann in einem ausgeblichenen, blauen Hemd. Nervös hält er eine Zigarette zwischen den Fingern und blickt mich irritiert an. Ich stelle mich vor und erfahre, dass er der Grabungsleiter ist.

Nein, er habe keine Zeit, meine Fragen zu beantworten, und verweist stattdessen auf seine Berichte in den Heften der Deutschen Archäologischen Gesellschaft. Dort könne ich mich informieren. Hektisch zieht er an der Zigarette, inhaliert tief und dreht sich abrupt weg. Ohne Abschiedsgruß hastet er den Gang zwischen den Kisten entlang und verschwindet hinter einer Tür. Nur der Rauch seiner Zigarette hängt noch in der Luft.

Die Dämmerung bricht schnell herein. Ich beeile mich, damit ich mein Häuschen rechtzeitig vor der Nacht erreiche. Während ich weitergehe, lasse ich trotz meiner Eile die Augen schweifen, um zu sehen, was auf den Gartenfeldern angebaut wird. Ich erkenne Zwiebeln, Zucchini, Bohnen, Tomaten, Luzerne. Diese Früchte wuchsen zur Pharaonenzeit noch nicht hier, aber sonst wird das Leben auf Elephantine ähnlich wie heute gewesen sein. Auch damals war die Insel von künstlichen Wasseradern durchzogen, hatte das Wasser belebend gesprudelt. Mir will scheinen, dass ich wie durch ein Fenster zurück in die Vergangenheit blicken kann. Es sind weniger die spektakulären Funde, die mich interessieren, sondern Erkenntnisse darüber, wie die Menschen früher lebten, was sie betrübte, worüber sie sich freuten, was sie hofften und fürchteten, was sie dachten und glaubten. Wenn man die Vergangenheit kennt, kann man die Gegenwart besser verstehen und vielleicht begreifen, wie das Leben lebenswerter zu gestalten wäre.

Ein Mann auf einem Esel reitet an mir vorbei. Frauen kehren von der Feldarbeit heim, balancieren Lasten auf ihrem Kopf, grüßen und lächeln mich wohlwollend an, als würde ich schon ein wenig zu ihrer Gemeinschaft gehören. In ihren Gesichtern lese ich, dass sich mein Aufenthalt in dem Nubierhaus herumgesprochen hat.

»Komm mich doch morgen besuchen!«, ruft mir eine Frau auf Arabisch zu. Sie heißt Imen, und ich verspreche, bald vorbeizuschauen.

Bevor ich zu Bett gehe, spaziere ich noch einmal hinab zum Nil. Leise plätschert der Fluss dahin. Fledermäuse zickzacken über die dunkle Wasserfläche. Dumpf hallen die Rufe der Kröten durch die Nacht, oder sind es Unken? Eine späte Feluke zieht lautlos vorbei und verschwindet in der Dunkelheit. Ich fühle, dass ich angekommen bin – in Ägypten.

Im Strom der Zeit

Aus tiefem Schlaf schrecke ich auf. Es ist noch dunkle Nacht. Ein Geräusch hat mich geweckt. Da wieder! Ein lautes Knacken, dann ein Rascheln. Obwohl ich Angst habe, steige ich sofort aus dem Bett. Ich muss wissen, was da vor sich geht. Blinde Angst ist sinnlos. Erst wenn man den Gegner kennt, kann man seine Schwächen und die eigene Stärke erkennen, sich eine Verteidigungs-, Angriffs- oder Fluchtstrategie überlegen. Mit klopfenden Herzen taste ich mich durch die Dunkelheit. Das Haus ist mir noch fremd, ich muss aufpassen, nirgendwo anzustoßen und mich nicht durch Lärm zu verraten. Eine Taschenlampe anzuknipsen wäre dumm. Lautlos schleiche ich zur Tür, spähe in den Gang hinaus. Sehe nichts.

»Tok! Tok! Tok!«

Den Ruf kenne ich. Das sind keine Einbrecher. Mein Herzschlag normalisiert sich. Erleichtert atme ich auf, wahrscheinlich lächle ich sogar. Es ist nur ein Gecko! Was kann es Schöneres geben als einen Gecko als Hausgefährten? Ich bewundere ihre Fähigkeit, an senkrechten Wänden artistisch hinauf- und hinunterzulaufen. Eine nützliche Zugabe ist ihr Appetit auf Mücken und Fliegen. Überhaupt gehören alle Arten von Reptilien seit meiner Kindheit, als ich Eidechsen für mein Terrarium fing und mit Ringelnattern um den Hals Schularbeiten machte, zu meinen Lieblingstieren. Eilig hole ich die Taschenlampe und entdecke an der Decke nicht nur einen, sondern gleich zwei Geckos.

Der Morgen beginnt grau, mit Nebelschleiern, die sich bei Sonnenaufgang in der feuchten Luft bilden und sich auflösen, sobald die

Sonne mit brennender Kraft auf die Erde herabstrahlt. Ich frühstücke auf dem Flachdach mit Blick über den Nil. Tauben gurren, ein Bülbül flötet im saftgrünen Laub der Mangobäume. Bei Übersetzungen aus dem Arabischen wird dieser sangesfreudige Vogel oft fälschlich als Nachtigall bezeichnet, obwohl er eher mit dem Pirol verwandt ist. In der Nähe schreit der Esel, mit dem ich mich gestern schon angefreundet habe. Ein Silberreiher leistet ihm Gesellschaft.

Auf mein Klopfen öffnet Imen sofort die Tür, als habe sie schon auf mich gewartet. Sie strahlt mich an und bittet mich ins Haus, bewirtet mich mit Tee. Innen ist es kühl und dunkel, weil Imen die Fensterläden bis auf einen schmalen Spalt auch am Tag geschlossen lässt. Selbst in ihrem Haus ist sie von Kopf bis Fuß in Schwarz gehüllt. Im Jemen hatte ich beobachtet, dass Frauen nur auf der Straße den schwarzen Überhang benutzen und sich in ihren eigenen Räumen mit farbigen und schönen Kleidern schmücken.

Imens Muttersprache ist Nubisch. Um uns zu unterhalten, müssen wir beide in unserem Gedächtnis nach arabischen Wörtern suchen. Ich bitte sie, mir beizubringen, wie man *molochija* kocht, die grüne Suppe. Sie lacht – nichts einfacher als das – und nimmt mich mit aufs Feld, wo dank der Bewässerung alles üppig gedeiht.

Die Molochija-Pflanze wurde ordentlich in Reihen ausgesät und ähnelt unserem Spinat, allerdings sind die Blätter kleiner. Es ist ein schon vor Jahrtausenden aus Pakistan nach Ägypten eingeführtes Gemüse, das wissenschaftlich *Corchorus olitorius* heißt. Die Stängel dieses Malvengewächses können über zwei Meter lang werden. So hohe Pflanzen sehe ich allerdings hier nirgends, nur dicht am Erdboden wachsende Blätter. Imen füllt ihren Korb randvoll. Zurück im Haus, schüttet sie den Inhalt auf den Boden, und wir lesen die guten Blättchen aus den welken und angefaulten heraus.

Imen ist erst 35 Jahre alt, aber schon seit einem Jahr Witwe. Ihr Mann spielte leidenschaftlich gern Fußball. Eines Tages kam er verschwitzt und durstig nach Hause, trank hastig kaltes Wasser – wie schon so oft –, legte sich schlafen und starb, ohne noch einmal aufzuwachen. Schams, ihre dreijährige Tochter, müsse ohne Vater aufwachsen, klagt Imen leise, und ihre Augen werden bei diesen Worten noch schwärzer.

»Einen schönen Namen hast du deiner Tochter gegeben«, versuche ich sie tröstend abzulenken, denn *schams* ist das arabische Wort für Sonne. Imen lächelt.

Wir sind schon längst nicht mehr allein. Karima, Deheba, Nahed, Warda, Soed, Kaliga und Waris drängen sich in dem engen Raum. Es sind Imens Schwestern, Schwägerinnen und Nachbarinnen, die mich neugierig und zugleich schüchtern mustern. Imen nutzt die seltene Gelegenheit, mich, die Ausländerin, stolz zu präsentieren.

Nachdem wir das Suppengemüse verlesen haben, beginnt Imen zu kochen. Ihre Küche ist ein fensterloser Verschlag, so klein, dass nur sie allein darin Platz hat. Von der Tür aus versuche ich, ihr über die Schulter zu schauen. Zweimal wäscht sie die Blätter, knetet, presst und wringt die Pflanzen aus wie feuchte Wäsche, füllt einen Topf mit Wasser und kocht darin Fleischknochen zusammen mit Zwiebeln. In die fertige Brühe rührt sie die Blattmasse hinein, würzt mit Knoblauch und Pfeffer. Nach zehn Minuten Kochzeit ist die Suppe fertig. Imen rührt um und nickt zufrieden. Die Masse zieht schleimige Fäden, so muss es sein. Neugierig probiere ich. Die Suppe ist noch besser als die gestern von Faisa. Neben den Gewürzen und der Fleischbrühe schmecke ich den mir fremden Geschmack der Blätter heraus, der schwer zu beschreiben ist: herb und leicht bitter, aber auch süß. Ein aufregender Geschmack, der sich von der Zungenspitze bis zum Rachen verändert. Die *molochija* mundet bestimmt nicht jedem, schon wegen ihrer unappetitlichen Konsistenz und dem Knoblauch, aber ich verstehe, warum die Einwohner auf Elephantine sie täglich essen.

Am nächsten Tag rudert mich Bakri in aller Frühe hinüber zum Westufer. Mein Ziel sind die Ruinen des Simeonklosters. Ein kurzer Fußmarsch durch den Wüstensand von etwa einer halben Stunde liegt vor mir. Doch zunächst komme ich keinen Schritt voran. Kamelführer mit ihren Tieren bilden einen schier undurchdringlichen Wall um mich und wollen mir einen Ritt anbieten. Sie sind enttäuscht, weil ich ihr Angebot ablehne. Sie können nicht wissen, dass ich einst mit meinem Dromedar Al Wasim allein durch den Jemen gewandert bin. An mein damaliges Erlebnis kann ein Touristenritt nicht heranreichen. Eine französische Urlaubergruppe erlöst mich aus meiner misslichen Lage. Bereitwillig und mit viel Lachen und Geschrei besteigen sie die Tiere und lassen sich vom Passgang der Wüstenschiffe wiegen.

Durch den weichen, bei jedem Schritt nachgebenden Sand steige ich die Düne hinauf, vorbei am imposanten und verschlossenen Aga-Khan-Mausoleum. Aga Khan III., Sultan Mohammed Shah, kam in Pakistan zur Welt. Er wurde einer breiten Öffentlichkeit bekannt, weil er damals als reichster Mann der Welt galt und in vierter Ehe mit Yvette Blanche Labrousse verheiratet war, einer französischen Schönheitskönigin. Die Tochter eines Straßenbahnfahrers erhielt durch die Heirat den Titel Begum und einen neuen Namen: Om Habibah.

In direkter Linie ist jeder Aga Khan ein Nachkomme von Fatima, der Tochter Mohammeds, und führt als Oberhaupt die Ismailiten an, eine schiitische Glaubensrichtung des Islam. Aga Khan III. verband seine geistliche Position mit sozialen Pflichten, reiste viel umher, aber den Winter verbrachte er meist in Ägypten. Er liebte den Nil und die Landschaft bei Assuan, für ihn war das Niltal der schönste Platz auf Erden, hier wollte er begraben sein. Am westlichen Ufer ließ er das kubusförmige, von einer Kuppel gekrönte Gebäude aus gelben Sandsteinquadern in den Wüstensand setzen. Mit Blick auf den Nil liegt das mächtige Mausoleum oben auf der Anhöhe und teilt die Einsamkeit nur mit den Ruinen des Simeonklosters. Als er im Jahr 1957 mit achtzig Jahren starb, fand er dort in einem Sarkophag aus Marmor seine letzte Ruhestätte.

Innen soll das von außen schmucklose, festungsgleiche Gebäude prächtig ausgestattet sein. Die Witwe des Aga Khan, die nach dem Tod ihres Gemahls, Mata Salamat, Mutter des Friedens, genannt wurde, ließ den Zugang für die Öffentlichkeit schließen, nachdem Besucher sich ihrer Ansicht nach nicht pietätvoll verhalten hatten. Jeden Tag wurde im Auftrag der Begum eine rote Rose auf den Sarg gelegt. Als sie im Jahr 2000 starb, bestattete man sie neben ihrem Mann.

Bald sehe ich in der Ferne die Ruinen des christlichen Klosters. Einst ein mächtiges Bollwerk gegen die lebensfeindliche Wüste und die Angriffe der Wüstennomaden, ist es heute unaufhaltsam dem Zerfall geweiht. Das rotbraune Mauerwerk, zerrissen und zerklüftet, wurde im 13. Jahrhundert von den Mönchen verlassen. Einige sagen, wegen der immer wiederkehrenden Überfälle räuberischer Nomaden. Andere meinen, Wassermangel sei die Ursache gewesen, nachdem der altägyptische, widderköpfige Gott Chnum aus Eifersucht auf den neuen christlichen Gott die einst sprudelnde Felsenquelle verschlossen habe.

Eine seltene Ausnahme in Ägypten – ich muss kein Ticket für die Besichtigung kaufen, dafür verlangt ein Uniformierter meinen Rucksack zu inspizieren. Wonach er sucht, kann er mir nicht vermitteln. Gleich mehrere selbst ernannte Führer stürzen sich auf mich und hoffen auf reichlich Bakschisch.

Das Kloster wurde im 6. Jahrhundert, noch bevor Mohammed die islamische Religion begründete, von ägyptischen Christen, den Kopten, erbaut. Sie weihten es Anba Saaman, einem Lokalheiligen, der im 5. Jahrhundert am Nil lebte und viele »Ungläubige« vom christlichen Glauben überzeugen konnte. Das Kloster, im 10. Jahrhundert weitgehend erneuert, zählte zu den größten seiner Zeit und überrascht selbst noch als Ruine durch seine imposante Anlage. Drei Stockwerke hoch war es einstmals gewesen. Zum zweiten Stock führen Treppen hinauf, von der dritten Etage sind nur Mauerreste übrig geblieben.

Gut erhalten ist der Steinplattenboden in der Basilika. Im Sanktuarium bewundere ich die Fresken, die mit wunderbar feinen Nuancen Jesus von Nazareth und seine Apostel darstellen. Die in erdfarbenen Tönungen gehaltenen Malereien sind an einigen Stellen zerstört, besonders betroffen sind leider die Gesichter.

Es muss ein einfaches Leben gewesen sein in selbst gewählter Einsamkeit, stelle ich mir vor. Die Mönche waren weitgehend unabhängig und autark. Sie hatten ihre eigene Mühle, eine Bäckerei, Fische aus dem Nil und zunächst noch das Wasser aus der Quelle.

Einer der Führer hat sich von mir nicht entmutigen lassen. Er folgt mir auf Schritt und Tritt, wartet still und geduldig, wenn ich aus der Fensterluke einer Zelle hinaus in die Wüste schaue und mir das Leben der Mönche vorzustellen versuche. Beeindruckt von seiner sanftmütigen Beharrlichkeit, nehme ich seine Dienste schließlich an. Ibrahim führt mich in einen hohen Kirchenraum, in dem jeder Ton sich hallend verstärkt. Danach zeigt er mir einen Hohlraum zwischen zwei Mauern, dessen Zugang kaum sichtbar ist, gerade breit genug, dass Menschen sich hineinkauern können. Mönche hätten sich darin vor räuberischen Beduinen versteckt, erklärt er mir.

Er sei Kopte, erzählt mir Ibrahim. Als Christ in einem islamischen Land zu leben sei nicht einfach. Nach Jahrhunderten der Ausgrenzung gehe es ihm und seinen Glaubensbrüdern unter der Regierung Mubaraks endlich etwas besser. Von zahlreichen Berufen und einer politischen Laufbahn seien sie jedoch nach wie vor weitgehend ausgeschlossen. Eine der wenigen Ausnahmen stellte Butros Butros-

Ghali dar, der es bis zum Generalsekretär der UNO geschafft habe. Ob mir die neue koptische St. Michael-St.-Markus-Kirche in Assuan gefalle, fragt er mich. Sie sei ausschließlich mit Spendengeldern der Gläubigen erbaut worden.

Um ihn nicht zu verletzen, behalte ich meine Meinung lieber für mich, denn es ist ein Bauwerk, das nicht durch Schönheit besticht, sondern durch seine Größe. Für mein Empfinden ist es viel zu protzig: eine Kuppel, auf der ein riesiges Kreuz in den Himmel ragt, mit zwei monumentalen Türmen. Mit der 38 Meter hohen Kuppelhalle und den gleich hohen Türmen versucht man, so scheint mir, Stärke und selbstbewusste Kraft zu demonstrieren. Ob es klug ist, in einem islamischen Land so zu provozieren, besonders da islamische Fundamentalisten immer radikaler reagieren? Andererseits, wer sich duckt und sich demütigen lässt, der bleibt für immer Opfer.

Bei meinem gestrigen Besuch dieser Kirche am Stadtrand von Assuan staunte ich über riesige Säulen aus Marmor. Ein dunkel gekleideter Mann kam in der ansonsten menschenleeren Kirchenhalle auf mich zugeeilt und stellte sich vor. Er sei Advokat und habe im Baubeirat mitgewirkt. Begeistert sprach er über die unerschöpfliche Bereitschaft seiner Glaubensgenossen, Geld für das Gotteshaus zu spenden. Zwanzig Prozent der ägyptischen Bevölkerung seien Kopten, behauptete er, obwohl offizielle Zahlen weit niedriger liegen, nur zwischen fünf bis zehn Prozent. Ihre Religion sei älter als der Islam, deshalb müsse die Unterdrückung der ägyptischen Christen ein Ende haben, forderte er entschieden. Die Bereitschaft der Kopten, zu dienen, zu opfern und still ihr Leid zu tragen, gehöre zwar zu ihren Tugenden, aber nun sei bald die Zeit gekommen, sich nicht mehr unterzuordnen.

Lange bevor die Araber das Niltal eroberten, hatten die Vorfahren der heutigen Kopten schon hier gelebt. Sie nennen sich selbst Gypt, davon leitet sich der Name Ägypten her, und ihre Sprache ähnelt derjenigen zur Pharaonenzeit. Zwar sprechen die meisten untereinander Arabisch, aber in der Liturgie verwendet man noch immer die alte Sprache.

Markus, der das nach ihm benannte Evangelium verfasste, brachte das Christentum nach Ägypten. Auf ihn beziehen sich die Patriarchen der Kopten, sie betrachten sich als seine Nachfolger. Vergleichbar dem Papst der römisch-katholischen Kirche ist der Patriarch das Oberhaupt der koptischen Kirche. Der gegenwärtige Patriarch Shenuda III. ist der 117. Nachfolger des heiligen Markus.

Im Jahr 67 n. Chr. wurde Markus in Alexandria ermordet. Seine Mörder drangen in die Kirche ein, warfen ihm einen Strick um den Hals und schleiften ihn zu Tode. Mit ihrer Tat konnten sie den Sieg des Christentums jedoch nicht aufhalten. Gerade wegen des Märtyrertodes des Bischofs entwickelte sich Alexandria zu einem christlichen Zentrum, und die neue Lehre verbreitete sich unglaublich schnell im Land am Nil. Doch bald gab es unter den Christen ernste Streitigkeiten über das Wesen von Jesus. Die ägyptischen Christen glaubten, Gott habe sich in Jesus verkörpert, der Geist sei Fleisch geworden. Dem widersprachen vehement die Christen aus Byzanz. Sie vertraten die Lehre von den zwei Naturen; demnach sei Christus sowohl Gott als auch Mensch gewesen. Auf dem Konzil von Chalcedon im Jahr 451 setzten sich die Byzantiner durch, die Einheit der Christen zerbrach. So begann der Leidensweg der Kopten, denn fortan wurden sie von ihren Glaubensbrüdern ausgegrenzt, galten als Abtrünnige. Das christliche Byzanz nahm für sich das Recht in Anspruch, die ägyptische Provinz gnadenlos auszubeuten. Die Lage für die Menschen wurde unerträglich, sodass sie die muslimische Eroberung im Jahr 639 zunächst als Befreiung empfanden – was sich bald als Irrtum erwies. Rasch wurde die ursprüngliche Bevölkerung zu einer gedemütigten Minderheit. Der Wunsch, irgendwann wieder die Herren über das Land zu sein, ist verständlich, wenn auch illusorisch, denn das Rad der Geschichte dreht sich nicht zurück.

Ich verabschiede mich von Ibrahim, meinem Führer im Simeonkloster, der sich leider nicht über seinen Lohn freut. Enttäuscht blickt er auf das Geld in seiner Hand und erzählt mir von den neun Kindern, die er ernähren müsse. Ich verdopple den Betrag, ohne ihm jedoch ein Lächeln entlocken zu können.

Mein nächstes Ziel ist die Nekropole Qubett el-Hawa. Diese Felsengräber hoher Beamter der südlichsten Provinz aus dem Alten und dem Mittleren Reich von der 6. bis zur 12. Dynastie sind kaum zu verfehlen, denn ich brauche nur den Spuren der Kamele mit den französischen Urlaubern zu folgen, die im Sand gut zu erkennen sind. Als ich zurückblicke, sehe ich noch einmal, wie eindrucksvoll die Klosterruine in der Ferne emporragt.

Der Weg über das Wüstenplateau in einem Bogen zurück in Richtung Niltal ist eintönig, keine Sträucher, keine Gräser, nicht einmal Wüstenpflanzen, nur Sand und Steine. Der scharfkörnige Boden hat eine feste Oberfläche, auf der ich beim Gehen nicht einsinke.

Nach kaum einer halben Stunde erreiche ich die Klippen am westlichen Ufer, einen knappen Kilometer vom Ausgangspunkt meiner Tagestour entfernt, dort wo Bakri mich mit seinem Ruderboot abgesetzt hatte. Auf dem höchsten Punkt der Abbruchkante, dem sogenannten »Gipfel der Winde«, erhebt sich eine Art Pavillon mit einer Kuppel, das Grabmahl des arabischen Heiligen Sidi Ali Bin el-Hawa. Das ehemals weiße Bauwerk ist von Wind und Wetter schon ziemlich angenagt, dennoch wage ich es, innen auf einer schmalen Treppe bis unter die Kuppel zu steigen. Von dort habe ich durch die Fensteröffnungen rundum einen grandiosen Blick. Tief unten auf dem Nil kreuzen Feluken mit ihren weiß blinkenden Segeln. In Nord-Südrichtung überblicke ich das Niltal bis zum Nasser-Staudamm. Am Ostufer erstreckt sich die Stadt Assuan, im Westen schweift mein Blick weit über das Sandmeer. Im hellen Sonnenlicht sieht der Sand grau aus, fast ohne Konturen, aber das Wissen, dass die Wüste erst nach 5000 Kilometern an der Atlantikküste endet, erzeugt einen Sog, dem ich kaum widerstehen kann.

Die Gräber liegen in drei Reihen übereinander im oberen Drittel des 180 Meter hohen Steilhangs. Bevor ich sie in Augenschein nehme, muss ich zunächst zum Nilufer hinabsteigen. Dort befindet sich das Tickethäuschen, da die meisten Besucher sich von Assuan mit einer Fähre übersetzen lassen. Nachdem ich eine Eintrittskarte gekauft habe, steige ich die lange, steile Treppe wieder hinauf bis zu einem schmalen Pfad, der horizontal angelegt ist und zu den in die Felsen hineingetriebenen Gräbern führt. Es sind mehr als achtzig Grabstätten, aber nur wenige sind zur Besichtigung freigegeben. Von Weitem sehen die dunklen Löcher wie Eingänge zu verlassenen Bergwerkstollen aus.

Erst als ich in die Grabanlagen hineingehe, erkenne ich den enormen Aufwand, der für die Toten geleistet wurde. Das Felsgestein wurde per Hand herausgemeißelt, sodass mindestens drei Meter hohe Hallen entstanden sind, von denen Gänge abzweigen, die etwa vierzig Meter weit in den Berg hineinführen und in immer neue Räume und Kammern münden.

Gut erhalten ist das 4400 Jahre alte Doppelgrab des Heerführers Mechu und seines Sohns Sabni aus der 6. Dynastie. Bei einem Eroberungskrieg in Nubien kam Mechu ums Leben, woraufhin Sabni in den Kampf zog, um den Vater zu rächen. Während seines Rachefeldzugs verwüstete er zahlreiche Dörfer und brachte dann den Leichnam seines Vaters zurück nach Assuan. Eine Inschrift an der Fassade hat das Geschehnis für die Nachwelt verewigt. An den Wänden zeigen Malereien Szenen von Fischfang und Ackerbau, von Göttern und Opferritualen.

Am prunkvollsten gestaltet ist das Grab des königlichen Beamten Sarenput, der vor etwa 3800 Jahren während der 12. Dynastie lebte. Der Eingang öffnet sich in eine imposante Säulenhalle. Erstaunt stelle ich fest, dass die zwei Meter dicken Säulen fugenlos mit dem Gestein an der Decke und am Boden verbunden sind. Doch die Säulen sind nicht eingesetzt worden; sie entstanden, indem man um sie herum den Fels weggehauen hat.

Treppen und Korridore führen von dieser repräsentativen Halle weiter in den Berg hinein, zunächst in eine von sechs Pfeilern gestützte undekorierte Halle. Über eine neunstufige Rampe gelange ich in einen gewölbten Korridor. Hier gibt es kein Tageslicht mehr, und so knipse ich meine Taschenlampe an. Der Lichtkegel lässt farbenfrohe Freskenmalereien aufleuchten, die den Toten bei Opferritualen darstellen. An den beiden Wänden ist er jeweils dreimal lebensgroß abgebildet mit weißem, schwarzem und rötlichem Gesicht. In einer zweiten, kleinen Halle mit vier Säulen sind alle Titel und Ämter in Hieroglyphen an der Wand aufgelistet; neben der Tätigkeit als Gouverneur hatte Sarenput auch das Amt des oberen Priesters inne. Durch eine schmale Öffnung gelange ich in den letzten Raum, wahrscheinlich war es die Grabkammer, denn hier sind die Malereien besonders detailreich und sorgfältig ausgeführt. Ein Bild an der Stirnseite zeigt Sarenput an einem Tisch sitzend, auf der anderen Seite kniet sein Sohn Anchu und reicht dem Vater eine Lotosblüte. Ob Anchu nach dem Tod des Vaters dessen Ämter übernahm, ist nicht überliefert, aber so war es allgemein üblich.

In einer dunklen Nische scheucht das Licht meiner Taschenlampe scharenweise Fledermäuse auf. Dicht an dicht hängen sie an der Decke und in den Ecken, groß wie Zwergkaninchen mit wolligem Fell. Sie zetern mit schrillen Lauten, empören sich über die Störung.

Ein Leben für die Götter

Osiris herrschte gemeinsam mit Isis, seiner Schwester und zugleich Gemahlin, über das Land. Sie waren die Kinder des Erdgottes Geb und der Himmelsgöttin Nut. Ihr Bruder Seth fühlte sich benachteiligt und neidete den Geschwistern ihr Glück. Zerfressen von Hass, schmiedete er einen bösen Plan. Er versprach Osiris Unsterblichkeit, dazu müsse er aber in eine Truhe klettern. Gutgläubig folgte der Bruder seinem Rat, Seth schlug den Deckel zu und warf die Truhe mitsamt Osiris in den Nil. Lange suchte Isis nach ihrem geliebten Gemahl, fand ihn endlich nach Tagen am Ufer angespült. Seth, der von den Zauberkräften der Schwester wusste, bemächtigte sich des Toten, zerhackte ihn in vierzehn Stücke und verstreute sie im Niltal. Isis machte sich erneut auf den Weg, sammelte die Einzelteile ein, umwickelte sie sorgsam mit Binden, bis der Körper ihres Geliebten wieder vollständig zusammengesetzt war. So schuf sie die erste Mumie. Wegen der schweren Verletzungen konnte sie ihren Mann jedoch nicht vollständig wieder zum Leben erwecken, nur für kurze Zeit erlangte er seine Zeugungskraft. Geschwind legte sie sich über ihn und empfing ein Kind, Harpokrates, den späteren falkenköpfigen Gott Horus.

Osiris wurde nach seinem Tod zum Herrn der Unterwelt. Auf dem Kopf trägt er eine weiße Krone mit zwei hohen Federn. In ein eng anliegendes Gewand gehüllt, kreuzt er die Arme über der Brust, in den Händen hält er Zepter und Geißel, die Königsinsignien.

Die Erzählungen über Osiris und Isis sind Teil der Schöpfungsmythen, die die Entstehung der Welt zu erklären versuchen. Im alten Ägypten war die Religion ein uns heute kompliziert erscheinendes

System von Ritualen, die dazu dienten, die Ordnung auf der Erde und im Kosmos in einem Gleichgewicht zu halten. Dies konnte nur mithilfe der Götter gelingen. Die vielen Götter Ägyptens, ursprünglich als Personifizierungen der Natur verehrt, entwickelten immer komplexere Persönlichkeiten, je mehr Mythen sich um sie rankten. Jeder Mythos hatte lokale Varianten, in Oberägypten andere als in Mittel- und Unterägypten, allein über die Entstehung der Welt existieren drei verschiedene Mythen. Alle basieren auf dem Glauben, dass das Leben erstmals aus dem Wasser des Chaos hervorging, sich auf einem aus dem Urgewässer herausragenden Erdhügel entwickelte, gelenkt und geleitet von Göttern. Wo sich der Urhügel befand, ist umstritten. Einer der Orte soll Heliopolis gewesen sein, wo sich neun Götter in die Herrschaft teilten. In Hermopolis bildeten acht Götter eine Götterhoheit, in Memphis war es der Gott Ptah, der die Welt erdachte und allen Dingen einen Namen gab, anderenorts wiederum schrieb man die Schöpfung Atum zu, der seine Kinder Schu und Tefnut selbst gebar. Diese beiden brachten den Erdgott und die Himmelsgöttin hervor, die Eltern von Isis, Osiris, Seth und Nephthys.

Der Pharao galt als Vermittler zwischen Menschen und Göttern, ihm sprach man eine Doppelnatur zu. Als Sohn des Sonnengottes Re und als Verkörperung des Falkengottes Horus war er zugleich Mensch und Gott. Mithilfe seines göttlichen Wesens bildete er eine Brücke von der Erde zum Himmel, zwischen Diesseits und Jenseits. Wenn der Pharao starb, verwandelte er sich im Alten Reich in den Sonnengott Re und im Neuen Reich in den Totengott Osiris. Einer der Söhne des Verstorbenen, meist der älteste, wurde dann zum neuen König gewählt, und es war üblich, dass er eine seiner Schwestern heiratete, die dann die Bezeichnung »Große Königliche Gemahlin« erhielt. Sie konnte die Herrschaft eine Zeit lang stellvertretend für ihren Sohn ausüben, falls dieser beim Tod des Vaters noch unmündig war. Waren keine rechtmäßigen Erben vorhanden, erlangte der Nachkomme aus einer Verbindung mit einer Nebenfrau die Königswürde.

Für uns heute kaum verständliche religiöse Gründe machten es unmöglich, dass die Große Königliche Gemahlin zur Pharaonin gewählt wurde. Ihre Aufgabe war es, das göttliche Blut des Sonnengottes Re und des Sonnenfalken Horus an ihren Sohn und damit an den nächsten Pharao weiterzuvererben. Allein über die mütterliche Linie vererbte sich das Götterblut. Deshalb heiratete der König seine Schwester. Nur sie gebar rechtmäßige Nachfolger. Herrscher, die nicht königlicher Abstammung waren, wie Eje, Haremhab, Ramses und Hatschepsuts Vater Thutmosis, konnten durch Heirat mit einer Königstochter ihren Anspruch auf den Thron legalisieren. So spielten die Großen Königlichen Gemahlinnen eine bedeutsame Rolle im Pharaonenreich. Einige, wie Nefertari, wurden berühmt durch ihre Schönheit, andere, wie Nofretete, nahmen Einfluss auf politische und religiöse Entwicklungen oder führten sie gar herbei.

Begonnen hat die Pharaonenzeit mit der Vereinigung von Ober- und Unterägypten unter den Königen Nermer oder Menes vor etwa 5000 Jahren. Von da an dauerte die antike ägyptische Zivilisation 3000 Jahre, bis Ägypten im Jahr 33 v. Chr. römische Kolonie wurde. Wegen der großen Anzahl der Herrscher fassen Ägyptologen sie in 31 Dynastien zusammen. Um diesen langen Zeitraum weiter zu strukturieren, werden drei Reiche unterschieden: das Alte Reich, in dem die Pyramiden erbaut wurden; das Mittlere Reich, in dem erstmals die Hauptstadt von Memphis nach Theben verlegt, der Staat perfekt organisiert und ein gut funktionierender Beamtenapparat aufgebaut wurde; das Neue Reich, in dem Ägypten seine Staatsgrenzen bis tief in den Sudan und im Norden nach Syrien erweiterte, die großen Tempel erbaut und die Toten in Theben-West in Felsengräbern beerdigt wurden. Die Götter verloren während der Jahrtausende nie ihren Einfluss auf das Leben der Menschen, allerdings veränderten sich im Laufe der Zeit ihre Bedeutung. So war im Alten Reich Sonnengott Re einer der wichtigsten Götter, im Neuen Reich dagegen wurde Amun-Re, ursprünglich ein wenig bedeutender Lokalgott, zum Hauptgott erhoben.

Die Bevölkerung betete die zahlreichen ägyptischen Götter, die man durch große, nur der Priesterschaft zugängliche Kulttempel ehrte, in kleinen, häuslichen Schreinen an, zusammen mit Schutzgottheiten und den Geistern der Vorfahren jeder Familie. Isis wurde besonders verehrt. Sie war eine der beliebtesten Göttinnen der Ägypter. Abgebildet wurde sie oft mit einer Doldenblüte in der Hand und der Sonnenscheibe, die sie zwischen zwei Stierhörnern auf ihrem Kopf trug. Die gebogenen, halbmondförmigen Hörner des Stiers symbolisierten den zunehmenden und abnehmenden Mond. Andere Bilder zeigen sie, wie sie den kleinen Horus stillt – Vorbild für ihre Nachfolgerin, die Mutter des christlichen Gottes.

Das bedeutendste Heiligtum der Isis war der Tempel auf der Nilinsel Philae, ein letzter Außenposten der alten Religion, bevor das Christentum durch Missionstätigkeit des heiligen Markus um 60 n. Chr. und bald danach der Islam im 7. Jahrhundert die alten Götter verdrängten. Vor allem als die Griechen im 4. vorchristlichen Jahrhundert und dann die Römer ab 30. v. Chr. über Ägypten herrschten, pilgerten Tausende aus dem ganzen Mittelmeerraum, selbst aus Rom, zum Nil, um Isis, der Mutter Gottes, zu huldigen. Der heute noch erhaltene Isistempel stammt aus ptolemäischer Zeit, der Zeit des letzten, ursprünglich aus Griechenland stammenden Herrschergeschlechts. Die Insel Philae wurde erst damals als Pilgerziel bedeutsam, denn es waren die Ptolemäer und Römer, die kurz vor der Zeitenwende den Isiskult in Ägypten wieder feierten, nachdem er zuvor während der Fremdherrschaft der Lybier fast völlig verloren gegangen war.

Isistempel *Insel Agilka*

Während der ersten zwei Jahrhunderte des Christentums stand die Verehrung der Isis in starker Konkurrenz zur neuen Religion. Einige Religionswissenschaftler vermuten, dass der Marienkult den Versuch der Christen darstellt, die Isisanbeter für sich zu gewinnen.

Stromaufwärts, nur wenige Kilometer von Elephantine entfernt, wurde einst die Insel Philae vom Nil umarmt. Der Tempel der Isis, der heute als eines der romantischsten Baudenkmäler Ägyptens gilt, war harmonisch mit der ihn umgebenden Wasserlandschaft verbunden gewesen. Noch immer ist er von Assuan aus mit einer kleinen Barkasse zu erreichen, wobei man durch die idyllische Flussfahrt auf das Heiligtum eingestimmt wird, heißt es in alten Beschreibungen. Heute gibt es die Insel nicht mehr. Sie und ihre Schatten spendenden Palmen versanken für immer in den Fluten des Nil.

Bereits durch den Bau des alten Damms wenige Kilometer südlich von Assuan, den die Engländer im Jahr 1902 errichteten, wurde die Insel zehn Monate im Jahr überflutet. Nur für wenige Wochen, wenn der Nil Niedrigwasser führte, tauchten die von Schlamm verkrusteten Heiligtümer jeweils auf. Dann ließ der Hochdamm Sadd el-Ali, von Gamal Abdel Nasser in den Jahren 1960 bis 1971 erbaut, die Insel für immer untergehen. Zuvor wurden die Tempelanlagen der Isis auf Initiative der Unesco abgetragen, gesäubert und auf der benachbarten, zwanzig Meter höher gelegenen Insel Agilka originalgetreu wiederaufgebaut.

Etwa acht Kilometer südlich von Assuans Stadtzentrum warten nubische Kapitäne in kleinen Motorbooten auf Touristen. Mit mir steigen noch sieben Mitfahrer in das Wassertaxi, das uns zum Isistempel bringt. Nicht lange und wir legen am Kai der Insel Agilka an; den Beschreibungen nach hatte ich mir von der Flussfahrt mehr versprochen. Noch immer voller Erwartungen, steige ich aus und gehe zusammen mit den anderen Besuchern zu den schon aus der Ferne sichtbaren Tempelanlagen.

Das erste Bauwerk ist zugleich das älteste der Insel, ein kleiner, offener Tempel aus dem 3. Jahrhundert v. Chr. Dahinter gelange ich in einen großen von zwei Säulenreihen begrenzten Hof. An der Stirnseite des Hofes steht der erste Pylon, das Eingangstor in den Isistempel. Die Mauern der breiten, den Eingang flankierenden Türme sind verziert mit kriegerischen Szenen, die Ptolemäus beim Töten seiner Feinde zeigen. Die beiden Obelisken, die einst wie Wächter dort standen, befinden sich heute in England. William John Bankes, ein Hobbyarchäologe und Freund von Lord Byron, ließ sie im Garten seines Landsitzes Kingston Lacy aufstellen.

Statt der Obelisken bewachen heute zwei Steinlöwen den Eingang. Als ich durch das hohe Tor zwischen den beiden Pylontürmen hindurchgehe, schaue ich suchend umher. Hier sollen Napoleons Soldaten Inschriften hinterlassen haben, und tatsächlich entdecke ich eingeritzte französische Namen. Vom Eingang gelange ich zu einem Vorplatz mit elegant geformten Säulen. Beim Weitergehen fällt mir auf, dass dieser Tempel mit seinen schlanken Säulen und den zarten Reliefs besonders anmutig und zierlich wirkt.

Auf der linken Seite des Innenhofs befindet sich ein kleiner Säulenraum, das Mammisi oder Geburtshaus. Für die Pharaonen war es der Ort, wo sie durch Rituale ihre göttliche Herkunft und die Verbindung mit Gott Horus bekräftigen konnten. Ein gut erhaltenes Relief an der Rückwand zeigt Isis, verborgen im Papyrusdickicht, bei der Geburt des Horus, ein anderes beim Stillen des Kindes. Leider haben christliche Bilderstürmer das Gesicht der Göttin zerstört.

Obwohl der Tempelkomplex gut erhalten ist, nur die Dächer fehlen, und er mich durch seine fast feminin wirkende Gestaltung begeistert, schlägt er mich doch nicht in seinen Bann. Der schöne Tempel der Isis bleibt mir seltsam fremd und fern. Vielleicht liegt es daran, dass ich weiß, dass er Stein für Stein abgetragen und wieder neu aufgebaut wurde.

Den nächsten Tag widme ich dem Besuch des Steinbruchs kaum einen Kilometer südlich von Assuan. Vor allem der unvollendete Obelisk interessiert mich. Er ist noch größer, als ich ihn mir vorgestellt habe, gigantisch! Mit seinen 41 Metern wäre er nach seiner Fertigstellung der längste von allen Obelisken gewesen, die wir kennen. Drei Seiten waren bereits perfekt geformt, nur mit der Unterseite ist er noch mit dem Muttergestein verbunden. Ein plötzlicher Riss im Gestein hatte das mühevolle Werk unterbrochen. Wie mag es dem Steinmetz ergangen sein, als er den entscheidenden Schlag tat, der den Granit zerspringen ließ und die wochenlange Anstrengung nutzlos machte?

Für uns Nachgeborene ist das Missgeschick der Steinbrucharbeiter ein Glücksfall, denn so können wir mit eigenen Augen sehen, wie gigantische Steine bearbeitet wurden. Staunend betrachte ich die ziemlich glatte Oberfläche an den drei Seiten des Obelisken, den ein tiefer, meterbreiter Graben vom umgebenden Gestein trennt. Es gab damals noch kein eisenhartes Metall, keine Maschinen – nur Werkzeuge aus Stein. Mit Hämmern und Meißeln aus Dolerit, einem besonders harten basaltähnlichen Material, schlugen die Arbeiter auf den Granit ein. Die Schlagspuren sind zu sehen und Rillen von den Meißeln. Wie lang mag es gedauert haben, bis eine Vertiefung entstand, eine Kerbe, die dann tiefer und breiter ausgehöhlt werden musste. In diese Kerben hatte man Holzkeile getrieben, die mit Wasser zum Quellen gebracht wurden. Der Druck des quellenden Holzes sprengte dann die Steinquader heraus. Kaum vorstellbar, dass Menschen mit solch einfachen Werkzeugen alle diese gewaltigen Obelisken, Säulen und Skulpturen geschaffen haben.

Was für ein Lärm muss damals in dem jetzt totenstillen Steinbruch geherrscht haben! Rhythmisch schlugen die Arbeiter auf den Granit ein. Millimeter um Millimeter meißelten sie sich tiefer ins Gestein. Staub wirbelte in der Luft, drang in die Lungen der Männer. Die Sonne brannte herab auf ihre gebeugten Rücken.

Während der Zeit von 3000 Jahren holte man aus diesem Steinbruch das Material für den Bau der Tempel und Pyramiden, das sogar über tausend Kilometer weit bis nach Giseh in der Nähe des heutigen Kairo transportiert wurde. Es ist ein zart rötlich gefärbtes Gestein, Rosengranit genannt. Wie der Obelisk sind auch eine Statue des Osiris und ein Sarkophag unvollendet geblieben. Da ich an diesen unfertigen Werken sehen kann, wie mühevoll und zugleich kunstfertig sie geschaffen wurden, berühren sie mich tief.

Nur weil der Nil jedes Jahr zwischen Juli und Oktober über die Ufer trat, kilometerweit das Land überschwemmte, war es den Pharaonen möglich, so viele Menschen in den Steinbrüchen zu beschäftigen und die gewaltigen Bauwerke ausführen zu lassen. Während dieser vier Monate, in denen Feldarbeit nicht möglich war, strömten Tausende Arbeitskräfte in die Steinbrüche, halfen den dort ganzjährig Beschäftigten beim Transport der Steine, beim Bau der Tempel und Pyramiden. Die meisten Bauern folgten der Anordnung des Pharao bereitwillig, denn durch den Tempelbau trugen sie dazu bei, das kosmische Gleichgewicht zu bewahren, errangen für sich selber einen besseren Platz im Jenseits und wurden zudem für ihre Leistung entlohnt.

War das Wasser schließlich versiegt, versickert, verdunstet, blieb eine frische Schicht schwarzer Erde auf den Feldern liegen. Die Ägypter nannten sie *kemet,* schwarzes Land. Die Felachen kehrten von der Arbeit in den Steinbrüchen zurück in ihre Dörfer, zu ihren Familien und säten die neue Saat in das fruchtbare Schwemmland.

Nicht immer brachte der Nil die gewünschte Menge Wasser. Es gab Jahre mit zu niedriger, andere mit zu hoher Flut. Für die Ägypter war es lebensnotwendig, sich rechtzeitig auf Überfluss oder Mangel einzustellen, deshalb erfanden sie den Nilometer, einen denkbar simplen, dabei exakt funktionierenden Wasserpegelmesser. Die meisten Nilometer sind heute noch erhalten. Es sind senkrechte in die felsige Uferwand geschlagene Schächte, die bis zum Wasserspiegel reichten. An den Wänden hatte man Rillen eingraviert, an denen die Höhe des Wasserstands abgelesen wurde. Auf Elephantine ist zudem eine Treppe in den Uferfels gehauen. Sie führt hinab in eine quadratische, zum Fluss hin offene Kammer. An der Felswand entdecke ich eingeschlagene Querlinien mit arabischen, römischen und sogar altägyptischen, allerdings kaum noch sichtbaren Zeichen. Hatte das Wasser eine bestimmte Markierung erreicht, konnte der Kundige daraus auf die Höhe der späteren Überflutung schließen. Blieb der Pegel unter dem gewünschten Stand, beteten die Priester zu dem widderköpfigen Gott Chnum, damit er ein Einsehen mit der Not der Menschen habe.

Der Römer Plinius der Ältere, der beim Ausbruch des Vesuv sein Leben verlor, beschreibt in seiner naturgeschichtlichen Enzyklopädie *Naturalis historia,* welche Folgen die jeweilige Höhe des Wasserstands hatte. Bei zwölf Ellen, so das ägyptische Längenmaß, hungerten die Menschen, bei dreizehn Ellen konnten sie überleben, bei vierzehn Ellen herrschte Freude, bei fünfzehn Ellen Sicherheit, bei sechzehn Ellen Überfluss, bei siebzehn Ellen Gefahr, bei achtzehn Ellen ertranken viele Menschen in den Fluten. So nah beieinander, nur durch wenige Ellen Wasser getrennt, lagen Überleben oder Tod.

Eines der wichtigsten und verantwortungsvollsten Ämter im pharaonischen Staat war das des Pegelwächters. Er musste den Wasserstand feststellen, durfte sich nicht irren, denn auf Grundlage seiner Messung wurde die Steuer bestimmt.

Das Pharaonenreich war ein perfekt organisiertes Staatswesen, dennoch konnten Hungersnöte nicht immer verhindert werden, wie die Inschrift der »Hungerstele« auf der Nilinsel Sehel beweist. Um den Unbilden der Natur nicht hilflos ausgeliefert zu sein, brachten die Ägypter dem Nilgott Hapi Opfer dar und beteten zu den vielen Göttern, die ihr Leben bestimmten. Auch damals gab es bereits Versuche, den Nil zu zähmen. Um 2900 v. Chr. wurde bei Memphis einer der frühesten Dämme gebaut.

Einen tatsächlich wirksamen Staudamm errichteten die Engländer zwischen 1898 und 1902 mitten durch den Nil bei Assuan. Zu seiner Zeit war er der größte Damm der Welt, doch musste er schon nach wenigen Jahren auf 51 Meter erhöht werden, um noch mehr Wasser aufstauen zu können. Großbritannien plante und finanzierte den Bau, denn seit 1882 hatten die Engländer die Kontrolle über das Land am Nil. Zwar blieben die Erben von Pascha Mehmed Ali weiterhin auf dem Thron, doch die wirkliche Macht lag in den Händen des britischen Generalkonsuls. Ab dem Jahr 1914 war Ägypten dann als offizielles Protektorat völlig von Großbritannien abhängig.

180 Tore regulierten den Wasserlauf. Zu Beginn der Flut wurden sie weit geöffnet, das Wasser floss ungehemmt hindurch und überflutete die Felder mit fruchtbarem Schlamm. Erst wenn das Wasser klar und frei von Sediment war, wurden die Tore wieder geschlossen, der Speicher konnte sich füllen und diente während der trockenen Monate dazu, den Nil anzureichern.

Der Damm der Engländer brachte riesige Vorteile: Das Land litt nicht mehr unter den Pegelschwankungen des unberechenbaren Flusses. Neue Anbauflächen wurden durch die Bewässerung erschlossen, zudem konnte Strom aus der Wasserkraft gewonnen werden. Ersonnen hatte diesen genialen Plan der englische Architekt Sir William Willcocks. Jahrelang wohnte er im Haus auf Elephantine, dort, wo jetzt die Archäologen ihre Station haben. Er bewunderte die Weisheit der alten Ägypter, die Erfahrung der Felachen, deren Kenntnisse er bei der Bauplanung einbezog. Auf das Genaueste erforschte er die Gegebenheiten am Nil, bevor er den Staudamm konzipierte. Unglückliche Umstände bei der Finanzierung des Projekts führten letztendlich dazu, dass ihm die Bauleitung für seine Schöpfung entzogen wurde.

Da ich beide Dämme ansehen will, den alten der Engländer und den neuen Nasser-Hochdamm, den Sadd el-Ali, muss ich ein Taxi mieten. Besichtigungen zu Fuß verbieten die Sicherheitsbestimmungen. Nur motorisiert kann man bis zum Aussichtspunkt auf den Hochdamm fahren, dort darf man dann anhalten und auch aussteigen.

Wie an jedem Morgen begrüße ich zuerst meinen Freund, den grauen Esel. Er tut mir leid. Tag und Nacht steht er angebunden an einem Mangobaum vor meinem Haus. Sein Besitzer hat wohl keine oder nur noch selten Verwendung für ihn, bringt ihm jedoch regelmäßig Heu und Grünfutter.

Mit Blick zum Nil frühstücke ich auf dem Flachdach und lausche dem pirolähnlichen Gesang des Bülbül. Da ich bisher tagsüber unterwegs war, genieße ich mein romantisches Traumhaus nur jeweils am frühen Morgen. Von den Ausflügen kehrte ich stets nach Sonnenuntergang heim, und so blieb auch keine Zeit für einen erneuten Besuch bei Imen, mit der ich *molochija* gekocht hatte, und auch meine Vermieter konnte ich noch nicht besuchen. Später werde ich ein paar Ruhetage einplanen, nehme ich mir vor. Noch bin ich zu neugierig, will die Gegend erkunden und freue mich auf den Ausflug zu den Staudämmen.

Mit der Fähre setze ich von Elephantine nach Assuan über und habe das Glück, an Bahaa zu geraten, einen sympathischen und auskunftsfreudigen Taxifahrer. Er ist einverstanden, vorab den Fahrpreis festzulegen, und verzichtet auf den Trick, den Gast erst ans Ziel zu bringen, um ihn dann mit einer überhöhten Geldforderung unter Druck zu setzen. An meinem ersten Tag in Assuan, als mich ein Taxi zum Old Cataract Hotel brachte, war ich in diese missliche Lage geraten.

Den Damm der Engländer, nördlich vom Nasser-Staudamm, sehe ich leider nur im Vorbeifahren; man darf dort nicht anhalten oder gar aussteigen. Bahaa fährt zwar extrem langsam, damit ich etwas erkenne, dennoch kann ich mir kein rechtes Bild machen.

»Der andere ist sowieso interessanter«, tröstet mich Bahaa und steuert sein Taxi sieben Kilometer weiter zum Hochdamm. »Unser Präsident Gamal Abd el-Nasser war verrückt nach diesem Damm. Er wollte ihn unbedingt!«, erzählt mir Bahaa auf Englisch, obwohl ich ihm zu verstehen gegeben habe, dass ich Arabisch kann.

Die Bevölkerung war während weniger Jahrzehnte von der vorletzten Jahrhundertwende bis in die Fünfzigerjahre rasant gewachsen. Der Nahrungs- und Energiebedarf hatte sich vervielfacht und konnte durch eigene Erzeugnisse nicht mehr gedeckt werden. Es musste etwas geschehen. Als Nasser nach dem Militärputsch im Jahr 1952 an die Macht kam, ging er den Dammbau geradezu fanatisch an. Studien über Umweltverträglichkeit und mögliche Folgeschäden ließ er nicht zu.

»Keine Diskussion mehr! Der Damm muss gebaut werden«, erinnert sich der Wasserbauingenieur Fitz Hartung an Nassers Befehl. Deutsche Bautechniker der Firma Hochtief und der Rheinstahl-Union hatten den Bauplan entwickelt. Die deutschen Baufirmen schlossen sich wegen der großen Risiken und der politischen Probleme mit englischen und französischen Partnern zu einem Konsortium zusammen und erwirkten die Finanzierung bei der Weltbank. Doch dann rief Nassers feindliches Verhalten gegenüber Israel die USA auf den Plan, die enormen Druck auf die Weltbank ausübten, bis diese ihr Kreditversprechen zurückzog. Nasser verstaatlichte daraufhin kurzerhand den Suezkanal, denn irgendwie musste er ja sein Lieblingsprojekt, Ägypten in eine blühende Oase zu verwandeln, finanzieren. Frankreich, Großbritannien und Israel setzten sogleich ihre Armeen in Bereitschaft, denn die Einnahmen aus dem Kanal flossen zum größten Teil in diese Länder. Englische und französische Fallschirmspringer wurden in Stellung gebracht, israelische Einheiten stießen zum Sinai vor. Fast wäre es wegen der Suezkanal-Krise zum dritten Weltkrieg gekommen. Die Sowjetunion und die USA konnten die Katastrophe durch gemeinsame Anstrengungen gerade noch verhindern.

Die Einnahmen aus dem verstaatlichten Suezkanal reichten bei Weitem nicht, das ehrgeizige Projekt zu verwirklichen. Nasser fühlte sich von der westlichen Welt hintergangen, und so blieb ihm als finanzkräftiger Partner nur die Sowjetunion. Die war gerne bereit zu helfen, denn die Russen wollten die Gelegenheit nutzen und ihren Einfluss auf die arabischen Staaten ausdehnen, was aber wiederum Nasser zu verhindern suchte. Die Verhandlungen zogen sich in die Länge. Schließlich kam es tatsächlich zum ägyptisch-russischen Freundschaftsvertrag, symbolisiert durch eine stilisierte Lotosblüte aus Beton.

Das turmhohe Denkmal befindet sich in Sichtweite des Damms. Fünf riesige Blütenblätter verjüngen sich nach oben, wo sie in über dreißig Meter Höhe von einer Empore wie mit einem ringförmigen Blütenkranz verbunden werden. Die Innenflächen der Lotosblume sind mit Reliefs geschmückt und bekräftigen die Freundschaft zwischen den beiden ungleichen Ländern mit kyrillischen und arabischen Schriftzeichen.

Die Sowjetunion übernahm die Finanzierung und unterstützte das Projekt mit Fachleuten, wobei diese sich im Wesentlichen an den Plan hielten, der von den deutschen Firmen ausgearbeitet worden war.

Allerdings wichen sie in einigen technischen Details ab, konnten so um dreißig Prozent billiger bauen, aber auf Kosten der Sicherheit.

Gamal Abdel Nasser erlebte die Vollendung seines Traums nicht mehr. Erst 1971, ein Jahr nach seinem Tod, war der gigantische Damm vollendet. Das Bollwerk gegen die Nilfluten überspannt den Fluss auf einer Breite von fast vier Kilometern. An der Basis ist es 980 Meter dick und über hundert Meter hoch. Das aufgeschüttete Baumaterial würde siebzehnmal die Cheops-Pyramide füllen. Zehn Jahre lang arbeiteten 35 000 Menschen an seiner Fertigstellung, wobei 451 von ihnen bei Unfällen ihr Leben verloren.

Bahaa hält in der Mitte der asphaltierten Dammkrone an, und sogleich sind uniformierte Wächter zur Stelle. Ich strecke ihnen mein zuvor bei dem Lotosblüten-Denkmal gekauftes Ticket entgegen und darf aussteigen. Wasser rauscht durch die Schleusen der Betonmauer, nachdem es zuvor Turbinen angetrieben hat. Auf der anderen, südlichen Seite des Damms sehe ich eine spiegelglatte Fläche, den Nasser-See, das größte künstliche Gewässer der Welt. Der Fluss wurde zum Stillstand gebracht, der längste Strom der Welt ruhig gestellt und seiner Stärke beraubt. Gezähmte Kraft durch eine Zivilisation, die ihre Triebkraft aus der Umgestaltung der Natur zieht. Das Fließen endet in Stille und bildet ein nasses Grab für die schönsten Gebiete Nubiens, für altägyptische und ptolemäische Tempel, für Befestigungsanlagen und für zahlreiche Dörfer.

Die Luft ist diesig. Weit kann ich nicht sehen. Unvorstellbar, dass der Stausee ungeheure 550 Kilometer lang ist und sich bis tief hinein in den Sudan erstreckt. Das graue Wasser wirkt auf mich weder gewaltig noch imposant, nur langweilig. Auch die Ufer sind flach und fast ohne Pflanzenwuchs. Der Wüstensand scheint alles Leben zu ersticken.

Die Vorteile des Staudamms sind beachtlich: Die landwirtschaftliche Nutzfläche hat sich um dreißig Prozent vergrößert, der Energiegewinn mehr als verdoppelt, und trotzdem wird der Damm als einer der größten Irrtümer der Gegenwart geschmäht: Er unterbricht den segensreichen Zyklus des Nil. Der fruchtbare Schlamm gelangt nicht mehr auf die Felder. Als Ersatz müssen die Felachen künstlichen Dünger kaufen. Auch das Klima verändert sich, denn über der riesigen Fläche verdunsten Unmengen von Wasser. Die größte Gefahr aber droht, wenn der Damm durch einen technischen Fehler, ein Erdbeben oder auch durch Terroristen zerstört werden sollte. Eine gewaltige Flutwelle würde über das Land rasen und ganz Ägypten mit seinen Tausende Jahre alten Kunstschätzen, unersetzbaren Baudenkmälern und seinen Bewohnern auslöschen.

Was er über den Stausee denke, frage ich Bahaa.

»Er hat meine Heimat verschluckt«, antwortet er ernst.

»Inwiefern?«

»Ich bin Nubier! Dort, wo jetzt das Wasser ist, war mein Dorf.«

»Die Bewohner wurden aber doch umgesiedelt.«

»Was heißt umgesiedelt? Mehr als 150 000 Menschen haben alles verloren, nicht nur ihr Haus und ihre Felder, auch die Orte ihrer Ahnen, ihre Identität und ihre Ehre. Wir hatte keine Wahl, wurden mit Gewalt vertrieben, mussten sehen, wo wir bleiben. Noch heute leiden wir darunter.«

Ich blicke hinab auf das trübe Wasser. Dort unten, in mehr als sechzig Meter Tiefe versank ein Teil von Nubien. Das Land, aus dem die schwarzen Pharaonen stammten.

Traum von Ewigkeit

Sterne leuchten am samtschwarzen Firmament, unzählige Licht-
punkte, als hätte jemand kleine und größere Löcher in den Himmel
gestanzt. Vom Sternenlicht schwach beleuchtet, ragen vier kolossale
Figuren vor mir in die Höhe. Sie sitzen steif und aufrecht auf einem
Thron, die Beine geschlossen nebeneinander, die Hände flach auf
die Knie gelegt. Ihre Gesichter sind glatt und unbewegt, der Blick in
die Unendlichkeit gerichtet. Nach einem Felssturz in früherer Zeit
fehlt einer Statue Kopf und Vorderseite, sonst ähneln sie einander,
nur die Gesichtzüge variieren leicht. Die gigantischen Figuren stellen den gleichen Mann dar, Pharao Ramses II. Auf dem Kopf trägt
er die Doppelkrone, die ihn als Herrscher über Ober- und Unterägypten auszeichnet.

Unmerklich lichtet sich die Dunkelheit. Ein fahler Schimmer
zieht sacht am Horizont herauf. Im heller werdenden Licht wirken
die Kolosse unheimlich. Eine erwartungsvolle Stille breitet sich aus.
In diesem Augenblick färben sich die Figuren rötlich. Ein warmer
Glanz überzieht sie, als würde ihnen Leben eingehaucht, und plötzlich beginnen die steinernen Gesichter zu lächeln. Ein Wimpern-
schlag nur, dann sitzen sie da, als sei nichts geschehen, und blicken
hoheitsvoll und unnahbar in die Ferne. Die grauen Schatten füllen
sich mit Farben, die letzten Sterne verblassen, der neue Tag beginnt.

Der Felsentempel Abu Simbel mit seiner eindrucksvollen Fassade, den Ramses II. bauen ließ, liegt in der Einsamkeit der nubischen Wüste. Auch zur Zeit des mächtigen Pharao gab es hier nur
kleine Siedlungen der Einheimischen, doch der Herrscher Ägyptens
wollte demonstrieren, wie weit hinein nach Nubien sein Macht-

bereich reichte, und gleichzeitig ein Mahnmal für die Ewigkeit schaffen in einem Land aus Stein, Sand und Hitze.

Abu Simbel befindet sich fast 300 Kilometer von Assuan entfernt im Süden, nahe der Grenze zum Sudan. Auf verschiedene Weise kann man hierhergelangen. Mit dem Flugzeug, aus dessen Höhe man den reich verästelten Nasser-Stausee bestaunen kann; mit einem Mietfahrzeug, Sammeltaxi oder Bus – vorausgesetzt man schließt sich einem Konvoi an, der von einer Militäreskorte bewacht wird; oder man fährt mit einem Schiff vier Tage über den See, wofür ich mich entschieden habe. Als wir uns gestern Abend der imposant aus der Felswand hervortretenden Fassade von Abu Simbel näherten, erschallte aus den Bordlautsprechern Musik aus Verdis Oper *Aida*.

Ich habe im Nefertari-Hotel übernachtet, nur wenige hundert Meter vom Felsentempel entfernt, und mich in aller Frühe auf den Weg gemacht. Ich wollte den Sonnenaufgang beim Tempel erleben, sehen, ob die ersten Sonnenstrahlen des Tages den vier steinernen Figuren Leben einhauchen können.

Die Fassade wird von den Statuen dominiert, sodass man auf den ersten Blick nur sie wahrnimmt. Sie sind über zwanzig Meter hoch, die Hände und Füße haben die Länge eines Menschen, trotzdem wirken die Figuren leicht und grazil. Es war eine künstlerische Meisterleistung, die Bildwerke aus dem Felsen zu modellieren, zumal die Porträts dem Herrscher tatsächlich ähnlich sehen, wie man anhand seiner Mumie festgestellt hat. Viermal in immer gleicher Pose ließ sich Ramses darstellen, verherrlichte auf diese Weise sich selbst und drückte mit dem einzigartigen Bauwerk zugleich die Sehnsucht aus, den Göttern zu gefallen und von ihnen angenommen, mehr noch – selbst zum Gott zu werden.

Ramses II., der vor etwa 3200 Jahren lebte und über neunzig Jahre alt wurde, hat länger als jeder andere Pharao geherrscht, und es ist nicht sicher, ob er mehr Kinder oder mehr Statuen hinterlassen hat.

Wer war er aber wirklich? Ein Herrscher mit übersteigertem Selbstbewusstsein, der seinen eigenen Mythos schuf, oder ein unsicherer Mensch, der an sich zweifelte und sich nach der Gnade der Götter sehnte?

Oberhalb der Kolossalstatuen ziert ein Fries die Fassade. In langer Reihe sind Paviane dargestellt, die nach Osten blicken, der aufgehenden Sonne entgegen. Auf meinen Reisen in Afrika habe ich immer wieder beobachtet, wie Paviane jeden Morgen, sobald in der Savanne die Sonne am Horizont erscheint, sich nach der kalten Nacht von ihren Strahlen wärmen lassen. Wenn eine Horde dieser wehrhaften Tiere still dasitzt, alle mit den Köpfen in Richtung Sonne, sieht es tatsächlich so aus, als würden sie eine Morgenandacht halten und wie in einem heiligen Ritus den Sonnenaufgang feiern.

Zwischen den Beinen von Ramses stehen seine Mutter Tuja und die Lieblingsfrau Nefertari, sowie einige seiner Töchter und Söhne. Diese Figuren, obwohl groß wie ein erwachsener Mensch, sehen winzig aus im Vergleich zum sitzenden Pharao. Der in den Felsen am Westufer hineingemeißelte Tempel erweckt den Eindruck, als sei er zum Ruhm seines Erbauers errichtet worden, doch in Wahrheit ist er den Göttern geweiht, nämlich Re-Harachte, dem Lokalgott aus Heliopolis im Unteren Reich, und Amon-Re, der im Oberen Reich, in Theben, die wichtigste Rolle spielte.

Hinter der Fassade geht es sechzig Meter tief in den Felsen hinein. Vom Eingang gelange ich in eine Halle mit acht Pfeilern. Hier hat sich wieder Ramses – oder ist es der Totengott Osiris, wie auch behauptet wird? – mit neun Meter hohen Statuen verewigt, die als Halbplastik in das Gestein der acht Pfeiler gemeißelt sind. Reliefs der Seitenwände zeigen den König beim Töten seiner Feinde. Rechts sind es Hethiter, die er Re-Harachte opfert, links Nubier, die Amon-Re dargebracht werden. Die rechte, nördliche Seitenwand ist der berühmten Schlacht von Kadesch gewidmet, die den siebzehn Jahre dauernden Krieg mit den Hethitern beendete. Eine Szene bildet den Pharao in seinem Streitwagen ab, umringt von einer Überzahl Feinde. In Todesangst, wie die Hieroglyphen berichten, bittet Ramses seinen Vater, den Gott Amon-Re, um Hilfe, die ihm gewährt wird. Im Neuen Reich galt Amon-Re als Vater eines jeden Pharao, deswegen waren die Herrscher zwar Menschen, zugleich aber auch göttlich. Ramses kann sich aus der Umzingelung der Hethiter befreien und rühmt sich in den Texten als Sieger. Die Reliefs zeigen ihn im Triumphzug mit Gefangenen. In Wirklichkeit ging der Kampf unentschieden aus. Er wurde diplomatisch beendet, indem Ramses um die Hand von Sauskanu anhielt, der Tochter seines Feindes, des Hethiterkönigs Hattusili III.

Ein Gang führt noch tiefer in den Berg hinein zur zweiten, von vier Pfeilern getragenen Halle. Die Darstellungen an den Wänden sind religiösen Themen gewidmet. An der linken Seitenwand sehe ich den König mit seiner Gemahlin Nefertari bei einer Prozession der Barke von Amun-Re, die von Priestern getragen wird. Rechts eine ähnliche Szene, in der Re-Harachte gehuldigt wird. An diese Halle schließt sich der dritte Raum an, der heiligste von allen, das Sanktuar. An der Rückwand thronen nebeneinander vier aus dem Fels herausgearbeitete, aber immer noch mit dem Gestein verbundene Götterfiguren: Re-Harachte ganz rechts, dann Ramses II., der mit seinem Tod selbst zum Gott geworden ist, neben ihm Amon-Re, sein göttlicher Vater, und links Ptah, ein Gott aus dem unterägyptischen Memphis, der als Schöpfergott gilt. Er formte den Menschen aus Ton auf seiner Töpferscheibe, eine Tat, die übrigens auch Chnum, dem Widderköpfigen aus Oberägypten, zugeschrieben wird.

Zweimal im Jahr, am 21. Februar und am 21. Oktober, sendet die aufgehende Sonne ihre Strahlen in die Dunkelheit. Das Sonnenlicht gelangt durch den Türspalt zunächst in die große Säulenhalle, weiter den Gang entlang in die kleine Pfeilerhalle und schließlich bis zum Inneren Heiligtum tief in den Fels hinein. Dort fällt das Licht auf die in einer Reihe sitzenden Götterfiguren und badet sie minutenlang in Licht, nur Ptah bleibt im Dunkeln.

Welch erstaunliche Leistung der antiken, ägyptischen Baumeister vor 3200 Jahren. Sie mussten den Sonneneinfall auf den Tag genau berechnen und das Licht sechzig Meter tief in den Berg lenken. Ob der 21. Februar und der 21. Oktober ausgewählt wurden, weil es sich dabei vielleicht um die Jahrestage von Ramses' Geburt und Krönung handelte, ist nur eine Annahme. Denn seinen Geburtstag kennen wir nicht, und seine Krönung wird vage zwischen Juli und Oktober datiert. Sicher aber ist, dass nicht die Götterfiguren das Ziel des Sonnenstrahls waren, sondern das Kultbild, die Große Sonnenbarke, die damals im Vordergrund vor den Figuren stand und sie beschattete. Das Licht erreichte die Figuren demzufolge gar nicht. So kann es auch nicht stimmen, was die Tempelführer erzählen, dass Gott Ptah absichtlich nicht beleuchtet wurde und im Dunkeln bleiben musste, weil er als Schöpfergott auch Aspekte der Totenwelt in sich vereinte. Und schon gar nicht stimmt die mitunter geäußerte Behauptung, dass es sich bei den Daten um die Tag- und Nachtgleiche handle, denn nur am 21. März und am 23. September sind Tag und Nacht gleich lang.

Über dreißig Jahre dauerte die Bauzeit des Felsentempels. Zusammen mit seiner Gemahlin Nefertari feierte der Pharao die Einweihung im Jahr 1231 v. Chr. Nach Ramses' Tod wurde der Tempeldienst bald aufgegeben, denn es folgten zwar eine Reihe weiterer Könige, aber diese waren nicht stark genug, um den Untergang zu verhindern. Die Hochblüte der Pharaonenzeit war zu Ende. Niedrige Nilschwemmen bewirkten Missernten, und die Könige konnten das Land nicht gegen Eroberer schützen. Etwa 150 Jahre nach Ramses' Tod übernahmen die Libyer die Herrschaft über Ägypten, die Priester zogen fort von Abu Simbel. Der Wind trug die Wüste mit sich und lagerte sie Sandkorn um Sandkorn vor dem Eingang ab. Jahrtausende vergingen, Einsamkeit umgab den Tempel. Gelegentlich zog vielleicht eine Karawane vorbei, und einmal, im 6. Jahrhundert, noch vor Christi Geburt, gelangte ein griechisches Heer auf seinem Eroberungszug bis in diese abgelegene Gegend. Da reichte der Sand bereits bis zu den Knien der riesigen Fassadenfiguren. Die griechischen Soldaten stiegen auf die Düne hinauf und ritzten ihre Namen in die Figuren ein.

Mehr als drei Jahrtausende waren seit der Zeit des Großen Ramses vergangen, das Pharaonenreich existierte schon lange nicht mehr, und ganz andere Völker beherrschten inzwischen die Welt, als der vergessene Tempel wieder ins Licht der Öffentlichkeit geriet. Im Jahr 1813 gelang dem Schweizer Orientforscher Johann Ludwig Burckhardt, dem ersten Europäer, der Ägypten in seiner ganzen Länge durchreiste, eine sensationelle Entdeckung. Er hatte sich über den zweiten Nilkatarakt hinausgewagt und war weit nach Nubien bis zum Felsentempel von Ramses vorgedrungen.

Für ihn muss der Anblick bewegend gewesen sein. Er benötigte keine dramatische Musik aus den Bordlautsprechern der Nildampfer unserer Zeit, um eine Gänsehaut zu bekommen. Riesige Statuen, bis zur Brust im Sand versunken, boten sich seinen staunenden Augen dar. Wer hatte das gebaut, hier mitten in der Wüsteneinsamkeit, fragte sich der Entdecker. War es ein Tempel? Ein Heiligtum? Eine unbekannte Kultstätte? Aber warum hier, fernab von allen Siedlungen? Was kann es für einen Forscher Aufregenderes geben, als nie zuvor Gesehenes zu entdecken, von dessen Existenz niemand etwas ahnte. Burckhardt vermutete hinter der vom Treibsand fast ganz verdeckten Fassade einen Tempel, doch sicher konnte er nicht sein. Der Berg aus Sand war viel zu gewaltig, um ihn ohne Helfer wegräumen zu können.

Seine Entdeckung teilte er einem anderen berühmten Afrikaforscher mit: Giovanni Battista Belzoni, auch genannt der Große Belzoni. Der Italiener, mit seinen gut zwei Metern für damalige Zeiten ungewöhnlich hoch gewachsen und bärenstark, war eine schillernde Persönlichkeit, mehr Abenteurer als Forscher. Eine Zeit lang war er im Zirkus aufgetreten und hatte zwölf Männer auf einmal gestemmt. Im Zirkus lernte er auch seine Frau Sarah kennen, eine Irländerin; klein und zierlich stand sie oben auf der Spitze der Menschenpyramide. Belzoni, unter ärmlichen Verhältnissen in Padua aufgewachsen und nie zu Reichtum gelangt, finanzierte seine Unternehmungen, Ausgrabungen und Reisen mit dem Verkauf ägyptischer Altertümer. Seine Auftraggeber, Museen und Privatleute, waren versessen darauf, sich mit ägyptischen Artefakten zu umgeben.

Belzoni reiste mit Sarah nach Nubien. Sie war bereit, ihrem Gatten überallhin zu folgen, unterstützte ihn bei seinen abenteuerlichen Plänen nicht nur, sondern begann das Land auf ihre eigene Art zu entdecken. Sie lernte Arabisch, und während ihr Mann sich den Altertümern widmete, gelang es ihr, das Vertrauen ägyptischer Frauen zu gewinnen. Ihrem Erlebnisbericht verdanken wir wichtige Einblicke in verschiedene Gesellschaftsschichten arabischer und nubischer Frauengemeinschaften.

Überzeugt davon, dass sich hinter dem Sandberg der Eingang in einen Tempel mit wertvollen Schätzen verbergen müsse, heuerte Belzoni aus einem nubischen Dorf vierzig Männer an, um den Eingang freizulegen. Das Schaufeln wollte kein Ende nehmen, immer wieder rutschte Sand in den Grabungsstollen. Belzoni ging das Geld aus, und das Forscherehepaar reiste zurück nach Kairo.

Zwei Jahre später war Belzoni wieder da. Und endlich, im August 1817, war der Durchschlupf weit genug, dass sich der Italiener ins Innere zwängen konnte. Zum ersten Mal nach 3000 Jahren betrat wieder ein Mensch den Tempel von Abu Simbel. Heiße Luft nahm

Belzoni den Atem. Er glaubte, ersticken zu müssen, wie er in seinen Aufzeichnungen schrieb. Doch die Neugier war stärker als die Angst. Im flackernden Schein seiner Fackel tastete er sich durch die Dunkelheit, schritt durch die große Säulenhalle, betrachtete staunend die Reliefs an den Wänden mit den grausigen Opferungen und den wilden Kampfszenen. Enttäuscht stellte er fest, dass die neun Meter hohen Figuren fest mit dem Gestein der Pfeiler verbunden waren und nicht abtransportiert werden konnten.

Die Fackel flammte unruhig, als er ins Allerheiligste vordrang und sich den vier sitzenden Göttergestalten gegenübersah. Doch auch sie ließen sich nicht von der Felswand lösen. Nichts gab es im Tempel, das er mitnehmen und verkaufen konnte, um seine Ausgaben zu decken. Ein reines Verlustgeschäft, das Ganze! Umsonst hatte er Geld und Mühe aufgewandt.

Belzoni war jedoch auch Forscher genug, um das Außergewöhnliche seiner Entdeckung zu erkennen. Schweiß strömte an seinem Körper herab, rann über sein Gesicht, erinnerte er sich in seinem Buch *Entdeckungsreise in Ägypten*. Kein Luftzug sorgte für Erleichterung, doch Belzoni verließ den Tempel nicht, ehe er den Plan der Anlage gezeichnet und einige der eindrucksvollen Reliefs kopiert hatte. Was genau er gefunden hatte, wusste er nicht – noch war das Rätsel der Hieroglyphenschrift nicht gelöst. Den Namen des Pharao Ramses und die der Götter konnte er deshalb nicht entziffern.

Erst im Jahr 1822 gelang es dem Franzosen Jean-François Champollion am Schreibtisch seiner Studierstube, die Hieroglyphen zu entschlüsseln. In Anerkennung seiner Verdienste wurde er zum Kustos der Ägyptischen Sammlung des Louvre ernannt und reiste 1828 zum ersten und einzigen Mal nach Ägypten, in das Land, dem er sein ganzes Forscherleben gewidmet hatte.

Champollion besuchte bei seiner zweijährigen Ägyptenreise auch Abu Simbel. Wieder hatte der Flugsand den Eingang zugeweht, wieder musste er freigeschaufelt werden. Auch Champollion blieb mehrere Stunden in der brütenden Hitze im Tempel und kopierte die Zeichen. So konnte er später einer breiten Öffentlichkeit mitteilen, wer den Tempel erbaut hatte.

Von Neuem versank Abu Simbel im Sand, erst 1909 wurde die Fassade endgültig freigelegt. Dann aber drohte durch den gigantischen Nasser-Staudamm eine Zerstörung, die den Tempel für immer vernichtet hätte. Unwiederbringlich wäre dieses Meisterwerk und Kulturdenkmal für die Menschheit verloren gegangen, der Stausee hätte den Tempel verschlungen, und nachfolgende Generationen hätten ihn nur noch auf Bildern sehen können. Das Wasser stieg schon, als der ägyptische Staat endlich entschied, den Tempel von ausländischen Helfern retten zu lassen. Es blieb nicht mehr viel Zeit. Unaufhörlich brachte der Nil seine Wassermassen, Meter um Meter füllte sich der künstliche See. Während noch überlegt wurde, auf welche Weise man den Tempel erhalten könnte, begann er schon im Wasser zu versinken.

Endlich, im Jahr 1964, ergriff die Unesco die Initiative und beauftragte ein internationales Konsortium von sieben großen Baufirmen aus England, Frankreich und Deutschland mit einer Rettungsplanung.

Wie aber sollten die gigantischen Figuren der Fassade bewegt werden, die mit dem Felsen fest verbunden waren? Auf welche Weise die unterirdischen Säulenhallen, die kostbaren Wandreliefs und das Sanktuar retten? Eine schier unlösbare Aufgabe. Die unterschiedlichsten Vorschläge wurden gemacht; man erwog sogar, den Tempel an Ort und Stelle zu lassen und die Besucher mit Tauchanzug und Sauerstoffmasken auszustatten, damit sie ihn unter Wasser besichtigen könnten.

Die beste Lösung schien den Verantwortlichen, den Tempel in Einzelteile zu zerlegen und ihn außer Reichweite des Wassers wieder aufzubauen. Und so geschah es: Der gesamte Abu-Simbel-Tempel wurde 200 Meter landeinwärts und sechzig Meter höher umgesiedelt. Dazu hat man ihn in 17 000 transportable Teile zerlegt. Vierzig Ingenieure kamen zum Einsatz, über 3000 Arbeiter, Handwerker und Steinmetze wurden beschäftigt. Nie zuvor war jemals ein solches Projekt in Angriff genommen worden.

Inzwischen war viel Zeit vergangen, und das Wasser stand schon bedrohlich hoch. Um nicht unter Wasser arbeiten zu müssen, errichtete man in aller Eile einen provisorischen Schutzdamm. Als Erstes wurden die Fassadenfiguren vom Felsen gelöst. Aber auch mit modernster Technik konnten sie nicht transportiert werden, weshalb man sie in »handliche« dreißig Tonnen schwere Stücke zersägte.

Das nächste Problem waren die Säulenhallen, für die es landeinwärts keine Felsen gab, in die man sie hätte einfügen können. Also baute man ein Gehäuse, eine Kuppel aus Stahlbeton, von außen geschickt mit Erde und Steinen bedeckt, sodass der Eindruck eines natürlichen Berges entstand. Sogar an die Strahlen der aufgehenden Sonne hatte man gedacht, und sie, wie schon die alten Ägypter, bis in die hintere, heilige Kammer gelenkt. Nur irrte man sich bei der Berechnung um einen Tag. Am 22. Februar und 22. Oktober werden die Götter jetzt von den Sonnenstrahlen beleuchtet.

Die Erhaltung von Abu Simbel ist eine einmalige und technisch bewundernswürdige Leistung. Was vor 3000 Jahren innerhalb von dreißig Jahren geschaffen worden war, hat man in nur vier Jahren zerlegt und wieder zusammengesetzt. Wer die Hintergründe nicht kennt, käme nie auf die Idee, dass der Tempel nicht mehr an seinem ursprünglichen Platz steht und er statt von Felsen von Beton und Stahl ummantelt wird. Ich aber habe Schwierigkeiten, das großartige Bauwerk aus vollem Herzen zu bewundern. Meine Andacht wird abgelenkt, weil ich unwillkürlich nach Spuren der Zerlegung suche, nach Rissen und Verletzungen. Fragen, die schwierig zu beantworten sind, stellen sich mir: Ist es tröstlich oder im Gegenteil erschreckend, dass manches nicht so ist, wie wir es wahrnehmen? Ist es besser zu glauben oder zu wissen? Lebt es sich leichter mit der Illusion? Würde ich lieber nichts über die Umsiedlung des Tempels wissen wollen? Da ich aber bereits vorher seine Geschichte kannte, habe ich keine Wahl und muss Abu Simbel mit wissenden Augen wahrnehmen. Aber ist es nicht eigentlich großartig, dass uns dieses altägyptische Bauwerk so viel wert war, um es um jeden Preis zu erhalten. Dabei war der finanzielle Aufwand vergleichsweise gering – nicht Milliarden, »nur« 36 Millionen US-Dollar hat der Umzug des Tempels gekostet. Abu Simbel – ein Symbol für die Verbindung der Vergangenheit mit der Gegenwart. Was damals erbaut wurde, haben wir auf unsere Art noch einmal neu geschaffen.

Nördlich des großen Tempels steht ein kleinerer Tempel, ihn hat Ramses II. für seine Lieblingsfrau Nefertari errichten lassen. Auch er wurde vor den Fluten des Stausees gerettet.

Nefertari, deren Name »Schönste von allen« bedeutet, ist eine geheimnisvolle Gestalt. Sie zählte erst fünfzehn Jahre, als sie Prinz Ramses heiratete, noch bevor er zum Pharao gekrönt wurde. Sie war wahrscheinlich Äthiopierin, bildschön, hochgewachsen, feingliedrig, mit edlen Gesichtszügen. Wir glauben zu wissen, wie sie aussah, weil sie auf vielen Reliefs, Fresken und Statuen zu sehen ist. Doch im alten Ägypten stellte man die Menschen nicht wirklichkeitsgetreu dar. Die Königsfamilie, auch Würdenträger und Beamte wurden idealisiert. Entscheidend war nicht die tatsächliche Gestalt der Person, sondern ihr innerer Seelenzustand, und der sollte rein und schön erscheinen.

Bei Nefertari aber bin ich geneigt zu glauben, dass ihre Darstellung echt ist, weil ihr Antlitz mich seltsam berührt. Vielleicht sah sie wirklich so aus, Nefertari – die Allerschönste. In den Mundwinkeln ein kleines Lächeln, Glanz in den dunklen Augen, ein anmutiges Mädchen mit biegsamem Körper, der von leichten Stoffen umspielt wird. Man kann sich vorstellen, dass es wie ein Leuchten war, wenn sie den Raum betrat. Beim Betrachten ihres Bildnisses ist mir so, als sei sie zum Leben erweckt worden.

Ramses muss sie sehr geliebt haben; er zeichnete sie vor allen seinen Gemahlinnen aus, indem er ihr einen eigenen Tempel bauen ließ. Zehn Meter hohe Statuen beherrschen die Fassade. Zwei Figuren stellen Nefertari dar, eingerahmt von jeweils zwei Ramses-Figuren. Ungewöhnlich, die Statuen von Nefertari sind ebenso groß wie die des Pharao. Bei allen anderen ägyptischen Tempeln reichen die Gemahlinnen höchstens bis zum Knie ihres Gatten.

Nefertari trägt als Kopfschmuck die Sonnenscheibe und die Hörner der Göttin Hathor. Hathor ist eine Göttin mit großem Einfluss, oft verschmilzt ihre Identität mit Isis. Wie diese kann sie Leben einhauchen, beschützt die Frauen und die Liebe, sorgt für Musik und Tanz. Man dachte sie sich kuhgestaltig mit der Sonnenscheibe zwischen weit geschwungenen Hörnern.

Im Innern des Tempels befindet sich eine auf sechs Pfeilern gestützte Halle, deren Kapitelle mit der kuhköpfigen Hathor verziert sind. Reliefs zeigen den Pharao und Nefertari bei Kulthandlungen zu Ehren der Götter. An diese Halle schließt sich das Sanktuar an. Neben der Göttin Hathor sehe ich wieder Ramses und Nefertari, diesmal als göttliches Paar. Göttlich, weil ihre Seelen zu den Göttern erhoben wurden. Und immer ist Nefertari dem Herrscher gleichgestellt, nie ihm untergeordnet.

Die schöne Königin starb jung, jedenfalls nach unserer heutigen Vorstellung, mit nicht einmal vierzig Jahren. Ihrem Gemahl gebar sie zehn Kinder, von denen keines den Vater überlebte, weil diesem ein langes Leben von über neunzig Jahren beschieden war.

Auf dem Viehmarkt

Der Bülbül flötet in den Mangobäumen. Im Schatten einer Palme steht noch immer der graue Esel. Sein ständiger Begleiter, der Silberreiher, ist ihm treu geblieben, denn in seiner Nähe lässt sich gut Fliegen fangen, die wiederum von duftenden Eselsäpfeln angelockt werden.

Von meinem mehrtägigen Ausflug nach Abu Simbel bin ich noch einmal zu meinem nubischen Haus auf Elephantine zurückgekehrt, das ich für drei Wochen gemietet habe. Mit meinen Vermietern habe ich mich auf einen durchaus annehmbaren Preis geeinigt. Ich will die Eindrücke vom Felsentempel noch ein paar Tage nachklingen lassen, mich besinnen vor der langen Reise nilabwärts, die mich bis zur Flussmündung führen wird. Noch einmal lasse ich mich bezaubern von der paradiesisch anmutenden Stimmung der Insel, wo die Bäche sprudelnd dahineilen, die Luft im Schatten der hohen Bäume angenehm kühl ist und die Sonne gefiltert durch die Baumkronen fällt. Ich tauche ein in die Stille, die Ruhe, die Zeitlosigkeit, und genieße die liebenswürdige Freundlichkeit der Menschen, die mir offen und zugleich zurückhaltend begegnen und mir das Gefühl vermitteln, ein Teil ihrer Gemeinschaft zu sein.

Mein nubisches Haus liegt abseits vom Dorf, etwa fünfzig Meter entfernt von meinem nächsten Nachbarn. Er heißt Salah, ist 68 Jahre alt und hat als junger Mann beim Bau des Nasser-Staudamms mitgearbeitet. Er lädt mich zu sich ein, nachdem wir uns auf der Gasse begegnet sind und ich ihm von meinen Eindrücken beim Ausflug zu dem Staudamm berichtet habe. Sein Haus ist von einer hohen Lehmmauer umgeben, doch hinter der abweisenden Fassade überrascht ein anheimelnder Innenhof, wo ein Springbrunnen plätschert und blaue Glockenwinden die Mauern schmücken. Bougainvilleen ranken an den Wänden, glühen rot und orange. Im Schatten einer Tamariske bittet mich Salah, Platz zu nehmen, dann serviert er Tee, gewürzt mit Ingwer, Kardamom, Zimt und Nelken.

»Mein Hobby sind Steine«, erzählt Salah und zeigt mir stolz seine Sammlung: Vulkangesteine, Kristalle, Minerale, Schiefer, Quarz, Basalt und Granit. Von allen Steinen kennt er das Alter, wie sie entstanden sind, wann und wo er sie entdeckt hat.

»Die meisten habe ich in der Wüste gefunden. Es gibt nichts Beglückenderes, als durch eine steinige Landschaft zu wandern, und dann liegt diese Sandrose vor mir wie ein Geschenk Allahs.«

Mein Gastgeber weist auf ein bizarres Gebilde, eine aus Stein geformte Rose. Sie entsteht, wenn Wasser zwischen den Hohlräumen des Sandes verdunstet und sich aus Baryth- oder Gipskristallen blütenähnliche Strukturen bilden. Obwohl Salah ganz genau ihre Entstehungsgeschichte kennt, ist es für ihn kein Widerspruch, daran zu glauben, dass Allah die Wüstenrose geschaffen hat. Denn nichts auf der Welt existiert ohne seinen Willen, und außerdem ist Salah davon überzeugt, dass Allah ihn als Finder ausgewählt hat.

»Sehen Sie hier, dieses ist mein ältestes Fundstück.« Er zeigt auf einen dunklen Stein. »Vulkanisch, eine Milliarde Jahre alt.«

»Warum haben Sie Ihre Leidenschaft denn nicht zum Beruf gemacht und sind Geologe geworden?«, frage ich.

»Wie das Leben so spielt«, er lächelt. »Allah wollte es anders – und mein Vater auch. Gegen seinen Willen hatte ich begonnen, Geologie zu studieren. Das hat mich viel Kraft gekostet, denn mein Vater war ein Starrkopf. Er wollte immer, dass ich Ingenieur werde wie er und der Großvater. Eine Familie von Ingenieuren, und ich sollte ein Glied in der Kette sein. Aber ich war fest entschlossen, nicht in die Fußstapfen meiner Ahnen zu treten. Da hat mir der Staudamm einen

Strich durch die Rechnung gemacht. Als er gebaut wurde, waren alle wie elektrisiert. Man konnte viel Geld verdienen, und ich wollte heiraten, Karima, meine Frau – Allah hat sie mir früh schon genommen, bei der Geburt unseres einzigen Sohnes.«

Salah hält inne, blickt schweigend auf seine Hände und fährt dann fort: »Eigentlich wollte ich nur in den Semesterferien arbeiten. Ich bekam einen guten Job, verdiente viel, das hat mich verführt. Also bin ich dabei geblieben und wurde Wasserbauingenieur.«

»Und Ihr Vater? Was hat er damit zu tun?«

»Ach, der hat das doch alles eingefädelt. Er sorgte dafür, dass mir eine Arbeit zugeteilt wurde, wo ich Verantwortung trug, da konnte ich nicht einfach wieder weggehen. Ja, so war das.«

»Was halten Sie vom Staudamm?«

»Er ist lebensnotwendig für Ägypten. Unersetzbar!«

»Aber es kommt kein fruchtbarer Schlamm mehr auf die Felder.«

»Was macht das schon! Dafür gibt es doch Kunstdünger. Der Damm hat uns nur Vorteile gebracht. Ägypten darf nicht rückständig bleiben. Wir müssen mit der modernen Zeit gehen. Sehen Sie nur, wie viel mehr wir jetzt ernten, drei oder sogar vier Mal, dank der permanenten Bewässerung. Früher gab es nur eine Ernte.

»Aber der Boden versalzt durch die Verdunstung.«

»Wir werden auch dieses Problem aus der Welt schaffen. Der Mensch ist klug, er lässt sich nicht unterkriegen und findet für alles eine Lösung.«

Vielleicht hat er recht, denke ich, aber jeder Eingriff in die Natur hat immer auch negative Folgen.

Salahs Sohn Refat hat sich zu uns gesetzt und bis jetzt schweigend zugehört. Während sein Vater die dem Klima angemessene Djalabija trägt, ein luftiges hemdartiges Gewand, das bis zu den Waden reicht, ist der junge Mann wie ein Geschäftsmann mit Anzug und Krawatte gekleidet, seine polierten Lederschuhe glänzen. Refat hat nicht nur Ägyptologie und Islamwissenschaften studiert, sondern auch noch Germanistik. Er spricht akzentfrei Deutsch, als wäre er in Deutschland aufgewachsen.

»Nein, in Deutschland war ich noch nicht.« Refat schüttelt den Kopf und freut sich sichtlich über die Anerkennung. »Deutsch habe ich an der Universität in Kairo gelernt.« Wir unterhalten uns aber auf Englisch, damit sich auch sein Vater am Gespräch beteiligen kann.

Betrübt sagt Salah: »Sehen Sie, wie begabt mein Sohn ist. Er war immer der Beste. Ich war so stolz auf ihn, habe ihn studieren lassen, wonach sein Herz begehrte, und alle seine Studien bezahlt. Nie habe ich ihm Vorschriften gemacht, wie mein Vater das bei mir getan hat. Und nun – was glauben Sie, was er macht, statt endlich seinen alten Vater zu unterstützen? Schmeißt sein Wissen fort. Umsonst hat er so viel gelernt. Der Undankbare wird Imam!«

»Imam?«, frage ich überrascht. »Vorbeter in der Moschee?«

Refat nickt. »Vorbeter und mehr – ich werde Geistlicher. Ich will mein Leben ganz Allah weihen.«

»Allah! Allah!«, ruft sein Vater erregt. »Ich bin auch gläubig, aber das kann Allah nicht gewollt haben! Mein einziger Sohn muss nicht Imam werden, um rechtgläubig zu sein.«

Der Sohn lässt sich vom Ausbruch des Vaters nicht beeindrucken. Auf Deutsch sagt er zu mir: »Tut mir zwar leid, dass ich meinem Vater diesen Schmerz zufüge. Es geht aber nicht anders. Ich muss etwas tun gegen das Schlechte in der Welt. Mein Vater erkennt nicht, dass wir sonst dem Untergang geweiht sind. Wir müssen unsere Werte gegen den Einfluss von Geld, Konsum und moralischen Verfall schützen.«

»Haben Sie das auf der Uni in Kairo gelernt?«

»Dort sind mir die Augen geöffnet worden. Es liegt nun an uns, der Jugend, das Richtige zu tun. Wir sind die neue Generation, und wir sind viele. Der Islam braucht uns! Allah will es!«

Seine Augen funkeln vor Begeisterung, und ich überlege, ob ich noch etwas einwenden soll. Aber auf einen Disput will ich es nicht ankommen lassen.

»*Schukran,* Danke für Ihren Besuch«, verabschiedet mich Salah und fragt noch: »Wollen Sie morgen mit zum Viehmarkt fahren? Könnte wichtig sein für Ihr Buch über Ägypten.«

Er braucht mich nicht zu überreden, gerne sage ich zu.

»Da müssen Sie aber früh aufstehen«, warnt er mich. »Wir fahren um fünf Uhr los.«

»*Musch muschkilla!*«, sage ich, kein Problem.

»*Inschallah! Ma'a salâma!*«

»*Ma'a salâma!*«

Der Viehmarkt liegt am Ostufer. Um dorthin zu gelangen, rudert uns Bakri erneut über den Nil. Am anderen Ufer wartet bereits ein Bekannter von Salah mit seinem Lieferwagen und fährt uns zum Markt, der sich außerhalb von Assuan auf einer freien Fläche befindet. Ein hoher Maschendrahtzaun umzäunt den Platz. Viele Menschen sind bereits versammelt und jede Menge Tiere: Stiere, Wasserbüffel, Kühe, Kamele, Schafe, Ziegen und Esel. Aber es ist kein Gewimmel, kein Gedränge, kein Lärm, alle verharren in Ruhe. Die Männer stehen unbeweglich neben ihren Tieren, andere sitzen auf dem Boden, trinken Tee, essen Fladenbrot und rauchen Wasserpfeife. Der Anblick wirkt auf mich wie ein Gemälde.

Es ist sehr früh am Morgen, die Sonne geht gerade auf. Der Staub tanzt wie Goldflitter und taucht die Szene in ein märchenhaftes Licht. Die Männer mit ihren wettergegerbten, hageren Gesichtern, bodenlangen Djalabijas, um den Kopf geschlungenen Tüchern und zu Turbanen gewundenen Schals könnten wirklich aus den Geschichten von *Tausendundeine Nacht* stammen. Frauen gibt es keine auf dem Viehmarkt, einige Väter haben ihre Kinder dabei.

Noch immer treffen Viehtransporte ein. Das Abladen erfolgt zügig, alle Beteiligten wissen, was zu tun ist. Kurze, durchdringende Rufe: »Jalla! Jalla!«, und schon stehen die Tiere an der für sie bestimmten Stelle und warten auf den Verkauf.

Die Kamele finden zuerst einen neuen Besitzer. Es ist kaum zu spüren, dass gehandelt wird, kein Geschrei, kein Gezänk, kein lautes Wort. Es ist für mich gar nicht so leicht, den Käufer zu identifizieren. Abwartend steht er neben einigen Männern, die sich um die Dromedare gruppiert haben, schweigt, als sei er unbeteiligt. Das Verhandeln übernimmt ein anderer für ihn. Zwischen den Angeboten werden lange Pausen eingeschoben. Schließlich scheint man sich auf eine Summe geeinigt zu haben. Der Käufer signalisiert sein Einverständnis durch ein kaum sichtbares Nicken, der Handel ist abgeschlossen. Hände werden geschüttelt, Geld wechselt den Besitzer. Alles geschieht fast lautlos, ich muss mich anstrengen, um die gemurmelten Worte zu vernehmen.

Die Sonne steigt höher, sehr schnell wird es brütend heiß auf dem schattenlosen Platz. Decken und Planen werden zum Schutz aufgespannt. Ein Wasserbüffel hat einen neuen Herren gefunden und soll nun verladen werden. Während ich mich noch frage, wie das massige Tier ohne Rampe auf den Anhänger kommen soll, finden sich schon bereitwillige Helfer. Ein halbes Dutzend Männer packt das Tier, ein paar Kommandos, der Büffel schwebt in der Luft, und kurz darauf steht er unversehrt auf dem Lastwagen.

Ziellos schlendere ich über den Markt, als vom hinteren Teil des Platzes anfeuernde Rufe herüberdringen. Staub wirbelt auf. Neugierig gehe ich nachschauen und gelange zum Eselsmarkt. In Ägypten werden Esel nicht nur als Zug- und Lasttiere eingesetzt, sondern auch zum Reiten. Um sie dem Käufer anzupreisen, zeigen ein paar Jungen ihre Reitkünste. Kritisch wird begutachtet, ob die Tiere ordentlich traben und galoppieren.

Mir gefallen die Langohren, und seit ich mit meinem Esel Chocolat auf dem Jakobsweg durch Frankreich gepilgert bin, habe ich eine besondere Zuneigung zu ihnen. Unwillkürlich begutachte ich einen Esel nach dem anderen, es mögen etwa zwanzig sein. Unter ihnen sind alte Tiere, knochig und abgearbeitet oder mit räudigem Fell und voller Narben. Manche sind erschreckend mager mit deutlich sich abzeichnenden Rippen, andere dagegen sind jung und ungestüm und kaum zu bändigen. Die Farbenvielfalt ist groß; neben den verschiedenen Brauntönen gibt es graue, schwarze und auch gescheckte Tiere. Einige haben ein cremefarbenes oder sogar weißes Fell. Mir fällt ein schneeweißer Esel auf mit blauen Augen.

Während ich ihn bewundere, schießt mir eine verrückte Idee durch den Kopf: Wie wäre es, wenn ich mit einem Esel durch Ägypten wandern würde? Sofort verwerfe ich den Gedanken. Unmöglich, schon wegen der Sicherheitsvorschriften. Selbst mit dem Auto muss man sich einem vom Militär bewachten Konvoi anschließen, da wird es erst recht verboten sein, allein mit einem Esel durch die Gegend zu laufen. Mein Plan sieht vor, mit einer Feluke flussabwärts zu segeln und bei den historischen Stätten anzulegen.

Inzwischen umringt mich eine Gruppe Männer. »Wollen Sie den Esel kaufen?«

»*La!*« – nein, entgegne ich so entschieden wie möglich.

Doch die Verkäufer geben so schnell nicht auf. Sie preisen das Tier mit verführerischen Worten an, und ehe ich mich versehe, haben mich starke Arme hochgehoben und auf den ungesattelten Eselrücken gesetzt, nicht einmal eine Decke liegt auf.

»*Jalla! Jalla! Jalla!*« Ein Schlag mit der flachen Hand auf das runde Hinterteil des Tiers. Erschrocken macht der Esel einen Satz und galoppiert wild drauflos. Staub stiebt auf. Ich halte mich krampfhaft an der Mähne fest, will mich nicht blamieren. Als der Weiße endlich stehen bleibt, gleite ich erleichtert von seinem Rücken.

Erwartungsvolle Gesichter.

»Kaufen Sie, Madam! Einen Besseren finden Sie nicht! Er ist stark! Auf ihm können Sie den ganzen Tag reiten. Für Sie extra billig. Kostet fast nichts, nur tausend ägyptische Pfund. Sehr guter Preis!«

Kein Ägypter würde umgerechnet hundert Euro für einen Esel zahlen, ich müsste wenigstens auf die Hälfte runterhandeln. Was aber mache ich mit einem Esel, auch wenn er noch so schön ist? Ich zögere. »Schneeflocke« – dieser Name fiel mir spontan ein – gefällt mir sehr. Doch ich muss vernünftig sein, einen Esel kann ich nun überhaupt nicht gebrauchen, noch dazu auf einer kleinen Feluke.

Als die Leute schließlich merken, dass sie mich nicht überreden können, wenden sie sich anderen Geschäften zu. Ich will gerade zurück zu Salah und Refat gehen – bestimmt vermissen sie mich schon –, da sehen ich einen grauen Esel, der mir bekannt vorkommt. Er hat den gleichen Blick wie der Esel unter der Palme auf Elephantine. Seine Ohren sind schwarz umrandet, die Beine haben Zebrastreifen, der Kopf sitzt stolz erhoben auf einem kräftigen, anmutig geschwungenen Hals. So eine Ähnlichkeit!

Jemand zupft mich am Ärmel, ich drehe mich um und erkenne den Besitzer des Esels.

»*Sabah al-cher, Madam!*«

»*Sabah al-nur, Mister!* Ist das der Esel vor meinem Haus?«

»*Aiwa!*«, bestätigt Abd Abdalla. Doch niemand wolle ihn kaufen, leider. Er werde ihn wohl zum Schlachter bringen müssen.

»Wie alt ist er denn?«

»Sieben Jahre, viel zu alt.«

»Wie können Sie so etwas sagen! Esel werden vierzig Jahre und älter!«

»Vielleicht bei Ihnen in Deutschland. In Ägypten müssen sie schwer arbeiten. Die Leute kaufen nur Esel, die drei bis vier Jahre alt sind. Da sind sie jung genug, um sich zu fügen und zu tun, was von ihnen verlangt wird. Je älter, umso störrischer werden sie.«

»Wie viel zahlt Ihnen denn der Metzger?«

»Höchstens hundert, wenn ich Glück habe zweihundert Pfund.«

Kaum zwanzig Euro! Was für ein mickriger Preis für ein Eselleben. Jeden Morgen habe ich ihn begrüßt und gekrault. Er tut mir leid. Irgendwie muss ich verhindern, dass er getötet wird. Es scheint, der Esel hat mich am Geruch und an der Stimme erkannt. Trotz Strick um den Hals und zusammengebundener Vorderbeine nähert er sich mir, reibt seinen Kopf an meiner Hüfte. Ich kraule ihm den Nacken, und er blickt mich dankbar an.

Plötzlich höre ich mich sagen: »Ich kaufe ihn.«

»*Tamam!* Für achthundert Pfund können Sie ihn haben.«

»Was? Eben haben Sie doch zweihundert Pfund gesagt.«

»Sie sind nicht der Metzger.«

»Vierhundert Pfund«, versuche ich einen Kompromiss

Auf einmal steht Salah neben mir.

»Was machen Sie denn da? Sie wollen doch nicht etwa diesen Esel kaufen?«

»Ich muss!«

Salah fragt erst gar nicht, was ich mit dem Esel will, sondern ergreift die Initiative.

»Gut, gehen Sie ein bisschen zur Seite. Ich werde einen guten Preis für Sie machen.«

Bald darauf habe ich für fünfhundert Pfund einen Esel erstanden.

»Wie heißt er denn?«, frage ich Abd Abdalla, seinen ehemaligen Besitzer.

»*Humar!*«

»Das ist doch nur das arabische Wort für Esel«, wende ich ein. Eigentlich hätte ich wissen müssen, dass man in Ägypten den Tieren nur selten einen Namen gibt. Salah aber kennt durch Kontakte mit europäischen Ingenieuren unsere Beziehung zu Haustieren und fragt mich, wie ich meinen neu erworbenen Besitz nennen will.

»Aton!« Wieder einer meiner spontanen Einfälle.

»Vielleicht keine so gute Wahl«, gibt Salah zu bedenken. »Echnaton nannte seinen Gott so, und weil er alle anderen Götter abschaffte, galt er als Ketzer, obwohl er Pharao war.«

»Ich werd's mir überlegen«, sage ich ausweichend und frage mich: Wieso hat Salah eigentlich etwas gegen Echnaton? Mohammed, der Religionsgründer des Islam, hat doch auch alle anderen Götter entmachtet und einen alleinigen Gott bestimmt, den er Allah nannte.

Wir lassen Aton vorerst im Stall eines Bekannten von Salah in einem Dorf bei Assuan. Da der Mann zufällig Schneider ist, beauftrage ich ihn, aus festem Stoff Tragetaschen zu nähen und für mich eine Djalabija. Beides verspricht er in den nächsten Tagen fertig zu haben. Dann nehmen Salah, sein Sohn Refat und ich die Fähre nach Elephantine. Mein neuer Plan sieht vor, bis Edfu zu wandern, 118 Straßenkilometer. Da ich mich abseits der Straße halten muss, um den Kontrollen zu entgehen, wobei Umwege nötig sein werden, veranschlage ich acht bis zehn Tage. Salah rät mir ab, am westlichen Ufer zu gehen, dort lebe keine Menschenseele. Niemand könne mir im Notfall helfen, und keine Brücke führe über den Fluss.

Bevor ich aufbreche, mache ich mit Aton eine Probewanderung, um meine Ausrüstung und die neuen Tragetaschen zu testen, vor allem aber um zu prüfen, ob mein Esel mir auch willig folgen wird. Ich führe ihn einen schmalen Pfad entlang, beiderseits des Weges versperren die grünen Wände der Zuckerrohrfelder die Sicht. Es ist schwül und stickig. Insekten schwirren durch die Luft. Sie werden von meinem schweißnassen Gesicht angelockt und lassen sich auf den Händen nieder. Alle anderen Körperteile sind glücklicherweise von stichfestem Stoff bedeckt. Endlich verlassen wir den grünen Tunnel und gelangen zu Feldern mit Auberginen. Ein Bauer, die Hacke geschultert, kommt uns entgegen. Mit meiner Djalabija, die langen Haare unter dem Turban versteckt, ähnle ich aus der Ferne einem Einheimischen. Der Alte scheint aber nicht überrascht zu sein, als er in mir beim Näherkommen die Ausländerin erkennt.

»Die Fremden haben doch die verrücktesten Ideen, das sind wir gewohnt«, meint er lakonisch.

Beim Weitergehen entdecke ich ein Räderschöpfwerk, ein *sakije,* wie es schon in der Zeit der Pharaonen zur Bewässerung der Felder benutzt wurde. Mit dem *sakije* kann Wasser von einem tiefer gelegenen in einen höheren Kanal befördert werden. Es ist ein einfaches und zugleich wirkungsvolles Gerät, bestehend aus zwei im rechten Winkel zueinander stehenden Holzrädern. Das horizontale Rad wird von einem im Kreis laufenden Ochsen bewegt – es kann auch ein Esel, Kamel, Pferd oder ein Mensch sein – und überträgt seinen Antrieb auf das vertikale Rad, mit dem es durch ein hölzernes Zahnrad in Verbindung steht. An diesem vertikalen Rad sind Eimer angebracht, die aus dem Kanal Wasser schöpfen und es in einen höher gelegenen Graben schütten. Von dort wird es dann auf die Felder geleitet.

Bald haben Aton und ich den durch Bewässerung fruchtbaren Ackerstreifen durchquert und erreichen die Wüste, eine mit Steinen übersäte Ebene. Im Dunst der Ferne zeichnen sich senkrechte Felswände ab. Wir gehen auf sie zu, als sie aber nach einer Stunde immer noch weit entfernt sind, kehren wir in weitem Bogen zum Nilufer zurück. Es ist schon später Nachmittag. Die Frauen im Dorf sitzen vor ihren Haustüren, und ich grüße sie im Vorbeigehen. Sie blicken mir und meinem Esel erstaunt und ein wenig belustigt hinterher. In der schmalen Gasse watschelt eine Schar Enten uns voraus. Hühner picken verlorene Körner, eine Katze huscht in einen Hauseingang, Hunde dösen in den wärmenden Strahlen der Abendsonne.

Ein Tempel für den Krokodilgott

Am nächsten Morgen beginnt unser Abenteuer. Salah, Refat und der ehemalige Besitzer meines Esels, Abd Abdalla, setzen mit mir über den Fluss. Sie begleiten mich aus Neugier, wollen sehen, wie ich mit meinem Esel zurechtkommen werde, zudem haben sie in Assuan Besorgungen zu machen. Ich verabschiede mich von ihnen, sowie vom Schneider und seiner Familie, nur die Kinder folgen Aton und mir noch ein Stück des Weges. Ich meide die Dörfer am Nilufer, denn ich will nicht zu viel Aufmerksamkeit auf mich ziehen; womöglich würde mich jemand an die Militärposten verraten. So wandere ich mit Aton wieder hinaus in die Wüste und ziehe an der Grenze zwischen fruchtbarem Land und Ödnis entlang. Wie ich es schon aus dem Flugzeug gesehen hatte, ist diese Linie scharf, als wäre sie mit einem Messer gezogen. Rechts eine steinige Fläche, auf der kein einziger Grashalm wächst, und linker Hand üppiges Grün. Gemüsefelder wechseln sich ab mit Luzerne und Klee, dann wieder Zuckerrohr, Dattelpalmen und Hirse.

Wir begegnen niemandem. Mir ist das recht, denn falls die Militärpolizei doch einen Wink erhalten haben sollte, will ich außer Sichtweite sein. In den Trageaschen habe ich Lebensmittel für mindestens eine Woche, zwei Kanister sind zur Hälfte mit je zehn Liter Wasser gefüllt. Wenn ich am Tag vier Liter verbrauche, reicht es für fünf Tage. Mein Esel wird Wasser aus den Bewässerungsanlagen saufen. Zur Not kann ich das Kanalwasser auch für mich selbst nutzen, wenn ich es zuvor mit meinem Keramikfilter reinige.

Mit Aton an meiner Seite schreite ich zügig aus, und er folgt mir ohne zu zögern. Seit der gestrigen Probewanderung sind wir ein eingeschworenes Team. Der Wüstenwind weht angenehm frisch, denn es ist immer noch Winter, doch mittags brennt die Sonne herab, nirgendwo ein Baum, der Schatten spenden würde. Am frühen Nachmittag gelangen wir an einen traumhaften Ort. Vier schlanke Eukalyptusbäume bilden ein schattiges Pflanzendach, und buschig gewachsene, niedrige Palmen bieten Sichtschutz.

Ich nehme Aton die Satteltaschen ab. Noch bevor ich nach der Bürste greifen kann, um ihn trocken zu reiben, hat er sich auf den Boden geworfen und wälzt sich genüsslich im Sand. Es ist urkomisch, wie er seine Beine in die Luft reckt, sich einmal nach links, dann wieder nach rechts dreht, dazu wohlig grunzende Laute ausstößt. Schließlich steht er auf, schüttelt sich den Staub aus dem Fell und beginnt, das Gras zwischen den Bäumen zu zupfen. Zur Sicherheit binde ich Aton an eine fünfzehn Meter lange Leine, damit er nicht in Panik davongaloppiert, falls ihn etwas Unvorhergesehenes erschreckt. Ich zünde den Kocher an und bereite einen gut gewürzten Gemüseeintopf zu. Auf dem Markt habe ich eine zwei Liter Propangasflasche gekauft, die ich später auch nachfüllen lassen kann.

Eine traumhafte Ruhe umgibt mich. Außer dem Wind, der die schmalen, harten Eukalyptusblätter raschelnd bewegt, ist kein Geräusch zu hören. Kein Vogel zwitschert, kein Tier streift hier am Rand der Wüste entlang. Nachdem ich gegessen habe, setze ich mich mit einem Becher Tee neben Aton und sehe ihm beim Fressen zu. Die Gräser wachsen spärlich, und es kostet ihn Mühe, seinen Magen zu füllen. Ich spüre eine innige Verbundenheit mit meinem Tier, eine tiefe Vertrautheit, als wären wir schon seit Langem zusammen und könnten gemeinsam für immer durch die Welt ziehen.

Es wird früh dunkel, schon gegen achtzehn Uhr beginnt die Dämmerung. Eine Fledermaus flattert zwischen den Baumkronen. Der Halbmond liegt auf dem Rücken, in seiner Schale leuchtet ein einzelner Stern.

Kom Ombo

Kom Ombo sieht zauberhaft aus. Umgeben vom Nil liegt der Tempel auf einem Hügel und hebt sich markant gegen den Himmel ab. Erst aus der Nähe erkennt man die Spuren der Zerstörung. Das Eingangsportal, der große Pylon, ist nicht mehr vorhanden, stattdessen gelangt man durch einen Seiteneingang in die Anlage. Nach dreitägiger Wanderung erreichen wir diesen Tempel, der von Assuan nur fünfzig Straßenkilometer entfernt ist, aber Aton und ich haben einen weiten Bogen durch die Wüste geschlagen.

In Kom Ombo wurden zwei Gottheiten verehrt. Zum einen der falkenköpfige Horus in seiner Erscheinung als Sonnenfalke Haroeris. Er versinnbildlicht den Tag und begleitet die Sonne auf ihrer Wanderung. Sein Gegenstück ist der krokodilköpfige Sobek, ein Furcht einflößendes Wesen, das die dunkle Seite des Tages, also die Nacht, verkörpert. Das Krokodil, das durch den Schlamm kriecht, gilt als Symbol für den Ursprung des Lebens. Sobck geleitet die Sonne durch die Wasser der Unterwelt bis zum morgendlichen Neubeginn, wenn Haroeris wieder die Herrschaft übernimmt. Sobek und Haroeris sind demnach beide Sonnengottheiten, die sich gegenseitig ergänzen und als polare Kräfte zusammengehören, wie Tag und Nacht, Hell und Dunkel.

Kom Ombo ist ein Doppeltempel und beiden Göttern geweiht, keiner wird bevorzugt. In der linken Hälfte wird der Falkengott verehrt, die rechte gehört Sobek. Alles ist doppelt vorhanden, wie bei einem Spiegelbild: zwei Höfe, zwei Säulenhallen, zwei Sanktuarien, sogar zwei Pylonen gab es.

Wandreliefs der äußeren Umfassungsmauer an der Nordostseite hinten links zeigen chirurgische Instrumente, mit denen die Ärzte im Pharaonenreich Operationen ausführten, und dann gibt es noch die Darstellung von vier geflügelten Wesen. Es sind die Kinder des Horus, sie verkörpern die vier Winde und zugleich die vier Himmelsrichtungen. Ihre Symbole sind die gleichen, die später im Christentum den vier Evangelisten zugeordnet wurden: Löwe, Stier, Adler und Mensch.

Zu Ehren von Sobek hielten die Priester Krokodile in einem Wasserbecken. Starb eines der Tiere, wurde es einbalsamiert. Einige dieser Tiermumien sind im Tempel der Kuhgöttin Hathor ausgestellt. Das kleine Hathor-Heiligtum liegt in der Nähe des großen Tempels, durch ein Tor zu erreichen. Hathor war mit Horus vermählt und die Mutter der vier Windkinder.

Kom Ombo liegt an der Stelle, wo sich einst die antike Stadt Pa-Sebek befand, eine Kultstätte des Krokodilgottes. Der heutige Doppeltempel ist gar nicht so alt, wie er uns erscheinen mag. Der makedonische Herrscher Ptolemäus VI. hat ihn um 150 v. Chr. in Auftrag gegeben und erst in römischer Zeit, im 3. Jahrhundert n. Chr., wurde er fertiggestellt. Trotz seines geringen Alters vermittelt gerade Kom Ombo beispielhaft die religiösen Bräuche und Glaubensvorstellungen aus pharaonischer Zeit. Hier wurde bewahrt, was vor der griechischen Fremdherrschaft tiefer Glaube und mystisches Denken war.

In der Gegend von Kom Ombo sind Hunderttausende vertriebene Nubier angesiedelt worden, die dem Staudamm weichen mussten. Neue Dörfer entstanden. Für zahlreiche Familien war es schon der zweite Umzug. Durch den Bau des alten Damms der Engländer waren bereits viele Siedlungen überschwemmt worden. Damals zogen die Bewohner auf höheres Terrain und begannen ihr Leben neu, denn neben den Häusern waren auch ihre Felder und Palmengärten untergegangen. Dann wurde der große Stausee geflutet, und diesmal mussten sie ihre angestammte Heimat ganz verlassen.

»Wir haben eine Handvoll Heimaterde mitgenommen. Am traurigsten aber war der Abschied von den Gräbern«, erzählt mir Jagub, der in einem Zuckerrohrfeld arbeitet und gerade eine Pause macht.

»Wir küssten die Türen und Mauern unserer Häuser, bevor sie im Wasser untergingen.«

»Hat die Regierung nicht neue Häuser bauen lassen?«

»Das schon. Sie sind sogar schöner und größer mit vielen Räumen, nicht wie unsere alten Lehmhäuser, die meist nur einen Raum hatten. Aber sie stehen zu dicht beieinander. Da ist kein Platz dazwischen. Früher lebte jede Familie für sich mit ihren eigenen Feldern ringsum, und die nächsten Nachbarn waren einige Hundert Meter entfernt. Jetzt hocken wir aufeinander und müssen uns sehr anstrengen, damit wir gut miteinander auskommen und nicht dauernd streiten. Die Frauen liegen sich oft in den Haaren, und dann ist das Geschrei groß. Das kostet Nerven!«

Jagubs Pause ist beendet; die anderen Arbeiter sind schon zurück in die übermannshohen Zuckerrohrfelder gegangen. Der Vorarbeiter schaut ungeduldig zu uns herüber, aber Jagub muss noch etwas loswerden: »Früher konnten wir uns die Arbeit selbst einteilen, jeder hat sein eigenes kleines Feld bestellt. Hier arbeiten wir alle zusammen auf diesen riesigen Feldern für die Genossenschaft. Sie gibt uns Geld und Arbeit, aber sie regelt alles. Keiner kann mehr über sich selber bestimmen.«

Der Vorarbeiter ruft nun energisch nach Jagub, wir verabschieden uns, und mein Esel und ich ziehen weiter. Immer wieder müssen wir Schienen von Kleinbahnen überqueren oder an ihnen entlanggehen. Das Netz von Gleisen wurde angelegt, um das Zuckerrohr in Fabriken zu transportieren, wo es zu weißem Zucker verarbeitet wird.

Am nächsten Morgen weckt mich Atons Iah-Geschrei. Verschlafen krieche ich aus dem Zelt. Ein erster heller Schimmer überzieht den Himmel. Kein Mensch ist zu sehen, alles scheint in Ordnung zu sein. Mein Esel hat sich wohl nur gelangweilt. Seine Anwesenheit gibt mir ein Gefühl von Sicherheit. Würde ich angegriffen oder überfallen werden, könnte er mich zwar nicht wie ein Hund verteidigen, dennoch wähne ich mich geschützter, als wenn ich allein wäre. Jeden Morgen und Abend bürste ich sein Fell, kratze seine Hufe aus, entferne die Steinchen darin. Das hat sicherlich noch nie jemand für ihn getan. Es geht ihm sichtlich gut. Sein Fell glänzt, seine Augen blicken wach und neugierig in die Gegend, die Ohren spielen und fangen Geräusche aus allen Richtungen ein. Trotz unserer täglichen Wanderungen hat er zugenommen; das merke ich daran, dass sich der Bauchgurt um ein, zwei Löcher weniger anziehen lässt.

Die Gegend um Kom Ombo ist dicht besiedelt und von unzähligen Bewässerungskanälen durchzogen. Weit dehnt sich das fruchtbare Tal in die Wüste hinaus. Wir folgen den Pfaden, die durch die Zuckerrohrfelder führen. Manchmal fliegen schwarzweiße Steinschmätzer ein Stück des Wegs vor uns her, lassen sich auf einem Stein nieder und wippen mit ihren langen Schwanzfedern. Haubenlerchen und kleine, braune Tauben picken auf dem Boden. Blaugrün schillernd ziehen Bienenfresser ihre rasante Flugbahn in den wolkenlos blauen Himmel.

In Sichtweite eines Gehöfts finde ich einen schattigen Platz für unsere Mittagsrast. Kaum habe ich Aton vom Gepäck befreit, kommen Leute und bringen mir eine Matte zum Sitzen. Der Mann und seine Frau, der Sohn, die drei erwachsenen Töchter und die Großmutter – die ganze Familie setzt sich zu mir ins Gras. Sie dringen in mich, doch bei ihnen zu bleiben, wenigstens eine Nacht. Soll ich annehmen? Schließlich will ich ja nicht nur Altertümer bestaunen, sondern auch sehen, wie die Menschen hier leben. Das wäre doch eine gute Gelegenheit.

Konzentriert auf das Gespräch, das ich auf Arabisch mit ihnen führe, höre ich plötzlich ein Geräusch. Schnell drehe ich mich um und glaube meinen Augen nicht zu trauen: Die Töchter haben hinter meinem Rücken die Satteltaschen geöffnet und geleert. Die eine

zerrt die Kochutensilien heraus, die andere inspiziert mein Wasch-
zeug, und die dritte trägt einen meiner Kanister ins Haus. Empört
schreie ich auf. Die Mutter meint begütigend: »Keine Sorge, wir
nehmen dir nichts weg.«

Vom Gegenteil überzeugt, stopfe ich hastig meine Sachen in die
Tragetaschen und belade Aton wieder damit. Ein Kanister fehlt.

»Du hast zwei, und wir haben keinen«, sagt der Mann.

Ein Kanister fasst zwanzig Liter, das reicht nicht für mich und
Aton, wenn ich eine längere Wüstenstrecke durchqueren muss. Ich
bestehe darauf, ihn wiederzubekommen. Das Mädchen kommt
zurück und überreicht mir lächelnd den entwendeten Kanister. Ihr
Lächeln ist keineswegs schuldbewusst, ganz und gar nicht. Sie
blickt mir offen in die Augen, so als sei ich im Unrecht.

Alle sind ruhig geblieben. Die Einzige, die laut geworden ist, die
sich aufgeregt hat, bin ich. Langsam wird mir klar: Sie wollten mich
nicht bestehlen, sondern mit mir teilen. Wer hat, der gibt den anderen, das ist afrikanische Denkweise. So überleben sie durch gegen-
seitiges Teilen und Helfen innerhalb ihrer Gemeinschaft. Ich muss
ihnen rücksichtslos und geizig erscheinen. Doch sie verzeihen mir
großmütig. Fröhlich lächelnd winken sie zum Abschied.

Aton mag nicht so recht laufen. Er ist verärgert, weil ich ihn von
der saftigen Weide wegführe. Auch ich bin hungrig geblieben. Noch
lange müssen wir uns gedulden, denn unser Pfad führt stundenlang
durch Zuckerrohr, nirgendwo die Chance, ein freies Plätzchen zu
finden. Endlich, am späten Nachmittag, gelangen wir zu einem ver-
fallenen, von Bäumen beschatteten Steinhaus mit brachliegenden
Feldern und einem Brunnen, der aber ausgetrocknet ist.

Ein mir bekannter Ruf lässt mich aufhorchen: »Up-up-up«,
klingt es dumpf, als würde eine alte Pumpe mühsam ihr eingeroste-
tes Gestänge bewegen. Doch ich lasse mich nicht täuschen, schaue
suchend umher, und da habe ich ihn schon entdeckt, den Wiede-

hopf. Ein auffallend orange gefärbter Vogel, größer als eine Amsel mit einer ungewöhnlichen Federhaube auf dem Kopf, die er bei Erregung auffaltet wie einen Fächer. Seit meiner Kindheit ist er mir vertraut, umso mehr freue ich mich, ihm auch hier in Ägypten zu begegnen. In vielen Ländern habe ich ihn schon beobachtet: in der Mongolei, in Namibia und im Jemen, dort wird erzählt, dass der Wiedehopf als Liebesbote von König Salomon zu der Königin von Saba flog.

Erstaunlich, dass es nur eine einzige Art gibt, die von Europa bis zum Japanischen Meer, von Tibet bis Madagaskar, von Arabien bis Afrika verbreitet ist. Wissenschaftlich wird er *Upupa epops* genannt, wobei der erste Teil des Namens lautmalerisch den Up-up-Ruf wiedergibt. Bald entdecke ich noch einen zweiten; sie sind also ein Paar und haben wohl in der Nähe ihr Nest. Außerhalb der Brutzeit leben sie eher einzeln. Geschäftig laufen beide Wiedehopfe auf dem Boden umher und stochern mit ihren langen dünnen, gebogenen Schnäbeln im Erdreich, unter Steinen und zwischen Ritzen und Spalten auf der Suche nach Kerbtieren. Ihre Lieblingsnahrung sind Maulwurfsgrillen, Larven und Maden. Plötzlich hat ein Wiedehopf etwas Längliches gefangen, schüttelt es heftig, schlägt es gegen die Steine. Durch das Fernglas erkenne ich, dass er eine Eidechse erbeutet hat. Als sie tot ist, schleudert er sie hoch in die Luft und fängt sie mit weit geöffnetem Schnabel auf. Die Echse verschwindet Kopf voran in seinem Schlund. Der Wiedehopf muss dieses artistische Kunststückchen anwenden, denn er hat eine zu kurze Zunge, mit der er große Beutetiere nicht in seinen Rachen befördern kann.

Aton stößt plötzlich ein lautes Iah-Geschrei aus. Die Wiedehopfe stellen wie auf Kommando ihre Federhauben auf und schwingen sich in die Luft. Die schwarz-weiße Bänderung der Flügel und die weißen Schwanzbinden leuchten auf. Sie schweben auf und nieder, ihre abgerundeten, eher breiten als langen Flügel verleihen ihnen einen gaukelnden Flug, ähnlich dem der Schmetterlinge. Wieder schreit mein Esel laut und durchdringend, und da sehe ich sie, die Schafherde am Horizont, die über die brachliegenden Felder langsam heranzieht. Begeistert lobe ich Aton für seine Wachsamkeit; mein Esel ist besser als jeder Hund.

Die Schafe werden von einer Hirtenfamilie begleitet. Kaum haben sie Aton und mich erspäht, kommen sie neugierig näher. Wir begrüßen uns. Der Mann heißt Ashraf, die Frau Saneb und ihre beiden Töchter im Teenageralter, die vor Verlegenheit und Kichern kaum ihre Namen herausbekommen, heißen Nahed und Dalia. Sie fragen, warum ich mit einem Esel unterwegs bin, woher ich komme und wohin ich gehe. Dann lässt sich die Familie im Halbkreis nieder und beobachtet mich eindringlich, als würde ich ein spannendes Schauspiel vorführen. Dabei baue ich nur mein Zelt auf und richte es ein. Jeder meiner Handgriffe wird genauestens registriert: wie ich Matte und Schlafsack ausrolle, Atons Fell striegle und die Hufe auskratze. Stumm und mit aufgerissenen Augen beobachten sie mich. Ich komme mir vor wie im Zoo, wobei ich der Affe bin.

»Schaut nach euren Schafen, sie ziehen davon«, ermahne ich meine Beobachter. Doch sie zucken nicht mit der Wimper, wenden nicht einmal den Kopf nach ihren Tieren und bewegen sich nicht von der Stelle. Obwohl der Hunger in meinem Bauch nagt, behagt es mir nicht, unter ihren starren Blicken zu essen, und so verschiebe ich das Kochen auf später. Immer wieder versuche ich, sie in ein Gespräch zu verwickeln, aber sie antworten einsilbig, wollen nicht in ihrer Betrachtung gestört werden. Mir ist es unangenehm, so angestarrt zu werden. Vielleicht gehen sie, wenn ich gar nichts tue, überlege ich, und setze mich auf den Boden in Atons Nähe.

Ein sanfter Wind weht, Vögel zwitschern, und Tauben gurren leise. Ein Greifvogel kreist hoch am Himmel, keine Wolke stört sein Blau. Die Hütehunde liegen dösend im Schatten, und die Schafe ziehen im Halbkreis umher und nähern sich wieder. Erst als die Sonne am Horizont versinkt, verabschiedet sich die Familie. Sie haben es nicht weit nach Hause, sagen sie. Morgen früh wollen sie wieder da sein, mir beim Packen helfen und den Weg zeigen.

Es ist noch dunkel. Im Schein der Taschenlampe sehe ich, dass die Zeiger auf fünf Uhr stehen, als ich vom Ruf eines Muezzins geweckt werde. In der Nähe muss eine Ortschaft mit einer Moschee sein. Der Lautsprecher ist bis zum Anschlag aufgedreht, weithin hallt der Ruf »Allahu akbar!«. Da wacht jeder auf, ob nah oder fern. Eine halbe Stunde später wird es hell, und ich stehe auf, damit ich fertig bin, wenn die Hirtenfamilie zum Verabschieden kommt. Aton beschäftigt sich mit Fressen, während ich die Ausrüstung zusammenpacke. Der Tee von gestern Abend ist in der Thermoskanne warm geblieben, so verliere ich keine Zeit mit Kochen. Gerade habe ich meinen Esel fertig beladen, da kommt die Familie in einem Eselfuhrwerk daher. Saneb trägt ein rotes Kleid, ein seidenes Kopftuch betont ihr zartes Gesicht.

Wie bin ich froh, schon marschfertig zu sein und nicht wieder zur Zielscheibe ihrer Blicke zu werden. Ich hatte geahnt, was kommen würde und mir ein paar Geldscheine griffbereit eingesteckt. So kann ich gleich reagieren, als Ashraf behauptet, der Grund und Boden um das verfallene Haus gehöre ihm, und ich müsse für die Übernachtung bezahlen.

Ich reiche ihm eine Zwanzigpfundnote und komme mir großzügig vor, schließlich habe ich außer der harten Erde ja nichts beansprucht und ihnen dazu noch zur Unterhaltung gedient. Doch der Mann ist nicht zufrieden, wendet den Schein mürrisch hin und her. In seinen Augen bin ich unermesslich reich. Von der Begegnung mit der Fremden aus dem Ausland hatte er wohl auf den einmaligen Glücksfall gehofft, der ihn wohlhabend machen würde. Saneb steht stumm und bescheiden neben uns. Als ich ihr ebenfalls zwanzig ägyptische Pfund reiche, blickt sie mich überrascht an, und ein scheues Lächeln erhellt ihr Gesicht. Sogleich strecken die Mädchen fordernd ihre Hände aus. Ich schenke jeder ein hübsches Etui mit Spiegel und Kamm.

Zum Abschied überreicht mir Ashraf einen Stock, zum Antreiben des *humar,* meint er. Er kann nicht ahnen, dass mich mit Aton eine Freundschaft verbindet und mein Esel ohne zu zögern mit mir geht. Antreiben muss ich ihn nie und schon gleich gar nicht mit einem Stock. Um Ashraf nicht zu beleidigen, sage ich *alf schukran* und lasse mir den Stock schenken. Im besten Einvernehmen verabschieden wir uns. Sie zeigen mir den Weg durch die Felder, doch als ich außer Sichtweite bin, schlage ich einen Pfad ein, der mich in die Wüste hinausführt. Ich möchte noch ein wenig Einsamkeit tanken.

Plötzlich verbirgt sich die Sonne hinter grauen Wolken, und Dunst verhüllt den Horizont. Staubpartikel scheinen die Hitze vielfach zu reflektieren, sie wird immer unerträglicher, zumal es völlig windstill ist. Aton macht die Temperatur weniger aus als mir. Ihm geht es gut, weil er sich in den letzten Tagen an ergiebigen Weidegründen laben konnte. Gut gelaunt schreitet er kräftig aus. Bald liegt der besiedelte Gürtel entlang des Nil hinter uns. Wieder ist der Übergang in die Wüste abrupt, doch leider ist sie hier nicht unberührt. Mächtige Strommasten verunzieren sie, so weit der Blick reicht. Wir müssen den Leitungen folgen, denn noch tiefer in die Wüste hinein wage ich mich nicht. Ich könnte mich verirren, falls der sich ankündigende Sandsturm losbricht. Der Himmel verfinstert sich. Nicht blauschwarz wie bei uns, wenn ein Gewitter droht, sondern braun, erst sepiafarben, dann immer dunkler, wie starker Kaffee. Draußen in der Wüste tobt bereits der Sandsturm, wir spüren die Ausläufer, harmlos noch. Sand wirbelt in die Augen, dringt in die Nase, versperrt die Sicht. Der Wind steigert sich zum Sturm, heult und faucht. Ob es der berüchtigte Wüstenwind, der *chamsin,* ist? Aber normalerweise tobt er erst im Frühjahr richtig los.

Notgedrungen entschließe ich mich, auf die Wüsteneinsamkeit vorerst zu verzichten, und wende mich wieder dem besiedelten Land zu. Der Sandsturm verfolgt uns, überzieht die Vegetation mit Staub, bringt die Farben zum Erlöschen, verwischt die Konturen. Die Wüste zeigt ihre Macht. Wie zerbrechlich ist dieser schmale Streifen Leben, ein zeitlich begrenztes Geschenk. Sollte der Fluss versiegen, wird die Wüste sich dieses Refugium zurückerobern.

Unter einem Maulbeerfeigenbaum finden wir Zuflucht. Der *Ficus sycomorus* mit seiner ausladenden Krone muss sehr alt sein, denn der Stamm ist knorrig, und mächtige Brettwurzeln senken sich ins Erdreich. Die Früchte, fünf Zentimeter große Kugeln, die an kleinen Stielen direkt am Stamm sitzen, sind noch nicht reif. Die Maulbeerfeige war der kuhköpfigen Liebesgöttin Hathor geweiht. Wie bei allen Ficusarten tropft bei Ritzung der Rinde ein milchiger, klebriger Saft hervor, der als Abführmittel verwendet werden kann, und auch die Früchte sollen gegen Verstopfung helfen.

Unter diesem heiligen und nützlichen Baum fühle ich mich vor dem Wüten des Sandsturms sicher, der sich bald in die Wüste zurückzieht. Mein Esel hat inzwischen schmackhafte Gräser entdeckt. Er soll sich sattfressen können, deshalb will ich erst am nächsten Morgen weiterziehen. In der Nähe fließt ein Kanal mit kristallklarem Wasser. Ich fülle meine Kanister und führe Aton an das mit saftigem Grün bewachsene Ufer. Er schnuppert kurz, ob das Wasser genießbar ist, senkt seinen Kopf hinab und schlürft das kühle Nass in langen Zügen, dann rupft er gierig die frischen Gräser. Eine kleine Weile lasse ich ihm das Vergnügen, doch ich weiß, er darf nicht zu viel von dem Grünzeug fressen, sonst gärt es in seinen Därmen. Deshalb führe ich ihn wieder dorthin, wo weniger saftstrotzende Pflanzen wachsen.

Für den Fall, dass mich am Abend Moskitos überfallen sollten, baue ich vorsichtshalber mein Zelt auf. Doch die Insektenschwärme bleiben aus, und so lege ich mich im Schlafsack unter den Sycomorusbaum, blicke hinauf in die Baumkrone. Bald schimmern die Sterne durch das Geäst, leuchten immer stärker, je dunkler der Himmel wird. Ein überwältigendes Gefühl ergreift von mir Besitz. Einerseits eine absolute Geborgenheit, als wäre ich ein Kind und würde von weichen, warmen Armen in den Schlaf gewiegt, andererseits aber spüre ich eine totale Freiheit. Ich genieße es, in diesem fremden Land auf der Erde zu liegen, mit nichts über mir als schwarzes Gezweig und dem grenzenlosen Himmel mit seinem Sternenglanz. Die gegensätzlichen Empfindungen berauschen mich, diese sichere Geborgenheit und die riskante Freiheit, die gleichermaßen auf mich einwirken. Ich meine, noch nie in meinem Leben so glücklich gewesen zu sein. Bei einigem Nachdenken erinnere ich mich jedoch, diese Momente unfassbaren Glücks schon mehrmals erlebt zu haben, immer dann, wenn ich mich eins mit der mich umgebenden Natur fühlte. Eigentümlicherweise aber ist es jedes Mal wieder einzigartig und neu.

Bevor ich einschlafe, vernehme ich, wie Aton mit den Hufen eine Mulde scharrt, niedersinkt und sich auf die Seite rollt. Ich bin dankbar, ihn in meiner Nähe zu wissen, schlafe ein und erwache erst am nächsten Morgen.

Wege durch den Feuerozean

Eine sandfarbene, weite Ebene, die am Horizont mit dem wolkenlosen Himmel verschmilzt, breitet sich vor mir aus. Erst hier in der Wüste, wo nichts ist außer Erde und Himmel, kann ich wirklich ermessen, was der Fluss für Ägypten bedeutet. Mehr als neunzig Prozent des Landes bedeckt diese Ödnis aus Sand und Geröll, durchzogen nur von dem dünnen Lebensfaden, dem Nil.

Willig folgt Aton mir immer weiter hinein in die Einsamkeit. Spätestens nach drei Tagen werden wir umkehren müssen, länger kann ein Esel ohne Wasser nicht überleben. Dromedare halten ungleich länger durch, dennoch waren es zuerst Esel, mit denen in pharaonischer Zeit vor mehr als 4000 Jahren weite Strecken bewältigt wurden. Herduf, der Statthalter von Assuan, ließ auf Papyrus festhalten, dass er eine Eselkarawane mit 300 Tieren in das Land »Jam« ausgesandt habe, von dem heute niemand mit Sicherheit sagen kann, wo es gelegen hat. Auf jeden Fall irgendwo im tropischen Afrika, denn Herduf hat die eingeführten Waren aufgelistet: Elfenbein, Leopardenfelle, Ebenholz, Gold und Edelsteine. Vier dieser Handelsreisen hat Herduf dokumentiert.

Wie aber war es möglich, mit Eseln die wasserlose Wüste zu durchqueren? Der Wüstenwanderer Carlo Bergmann stieß bei seinen Reisen in der Sahara auf Tonkrüge, in denen das lebensnotwendige Wasser deponiert worden war. Wie die Perlen an einer Schnur liegen dreißig dieser Depots entlang des 500 Kilometer langen Karawanenwegs vom Nil nach Südwesten; *Abu-Ballas,* »Vater der Krüge«, wird dieser Weg genannt. Jahrtausendealte Fernwege durch die Sahara hätte vor Carlo Bergmanns Entdeckung niemand für möglich gehalten. Der »letzte Beduine« wie Bergmann sich selbst bezeichnet, fand die kaum sichtbaren Wegmarken, die Expeditionsreisende in Fahrzeugen übersehen hatten.

Warum aber verwendete man Esel, statt der für weite Wüstenstrecken besser geeigneten Dromedare? Die Antwort ist einfach: Kamele gab es nicht, denn sie kamen erst um 700 v. Chr. nach Ägypten, mit dem Eroberungsfeldzug der Assyrier, die aus dem Gebiet des heutigen Irak stammten. Esel aber gehören zu den ältesten, wahrscheinlich schon vor 8000 Jahren domestizierten Tieren.

Die flirrende Hitze hat längst die Kälte der Nacht vertrieben. Das gleißende Sonnenlicht schmerzt in den Augen trotz meiner dunklen Sonnenbrille. Was für ein Glutofen muss die Sahara erst im Sommer sein? Karawanen waren dennoch meist in den heißen Monaten unterwegs, wanderten allerdings nur nachts und rasteten am Tag. Im Winter vermied man weite Strecken, da Tier und Mensch unter den eisigen Nordwinden litten, die Krankheiten mit sich brachten.

Immer tiefer dringen wir in die schweigende Unendlichkeit ein. Die Stille ist überall, umgibt mich, wohin ich auch gehe. Ich empfinde es wie das Eintauchen in eine geheimnisvolle Welt, die so ganz anders ist als alles sonst Bekannte. Eine Welt, die mich umfängt, ergreift und im Innersten berührt.

Je weiter sich der Tag seinem Ende zuneigt, desto farbiger wird das Licht, und als die Sonne am Horizont versinkt, überbieten sich Himmel und Erde im Farbenspiel. Der tagsüber gelbbraune Sand flammt auf in tiefem Rot, das sich bald in ein schimmerndes Violett verwandelt. Der Himmel prunkt in leuchtendem Orange, fließt über in dramatisches Purpur und wird zu glutvollem Karminrot. Und auf einmal erscheint die Wüste nicht mehr öd und leer. Die Landschaft belebt sich durch dieses Licht der sterbenden Sonne. Steine heben sich mit ihren scharfen Kanten von der Umgebung ab. Bodenwellen bekommen Konturen, wachsen hervor, dehnen und vergrößern sich, und Sandberge begeben sich auf Wanderschaft. Eine grandiose, wilde Verabschiedung des Tages – und dann, von einem Moment auf den anderen, ist es dunkel. Doch keineswegs pechschwarze Nacht, das Sternenlicht taucht die Wüste in ein silbriges Licht. Meine Pupillen weiten sich, und ich kann mein Lager problemlos einrichten, nehme Aton die Last ab, striegle sein Fell, damit sich keine Druckstellen bilden, und befreie die Hufe von eingetretenen Steinchen.

Spät in der Nacht werde ich durch Kratzen und Rascheln aus dem Schlaf gerissen, in der Stille dröhnen die Geräusche überlaut. Auf dem Rücken im Schlafsack liegend, blenden mich die Sterne, die Erde erscheint in undurchdringliches Schwarz gehüllt. Das Rumpeln, Knistern und Knattern dauert an. Der Verursacher muss ganz in der Nähe sein. Inzwischen haben sich meine Augen an die Dunkelheit gewöhnt, und ich kann mehr Details wahrnehmen. Es beruhigt mich, dass ich nirgendwo den Umriss eines Menschen sehe. Doch gleich durchzuckt mich erneut ein Schreck. Ob mein warmes Lager eine Sandrasselotter oder eine Hornviper, vielleicht sogar eine Kobra angelockt hat? Hätte ich nur mein Zelt aufgebaut und mich dort zum Schlafen hineingelegt, doch dazu ist es nun zu spät. Ich schalte die griffbereit neben mir liegende Taschenlampe an; besser, ich weiß, wo die Schlange ist, bevor sie mir zu nahe kommt.

Da sehe ich ihn im Lichtkegel. Trotz seiner übergroßen Ohren ist er durch die Stacheln am Rücken unverkennbar – ein Igel. Der Wüstenigel hat ein sandhelles Stachelkleid und ein schneeweißes Fell am Bauch. Das Licht behagt dem stachligen Gesellen nicht, und er trippelt eilig in die Dunkelheit zurück.

Da ich nun einmal wach bin, folge ich ihm eine Weile und entdecke weitere nächtliche Wüstenbewohner: Springmäuse. Mit ihren langen Hinterbeinen können die kaum zehn Zentimeter kleinen Tierchen zwei bis drei Meter weit und einen Meter hoch springen.

Die winzigen Vorderpfötchen sind kaum zu bemerken. Sie dienen nicht der Fortbewegung, sondern halten beim Fressen die Nahrung. Diese Springmäuse mit dem lateinischen Namen *Jaculus* schauen aus wie ein Miniaturkänguru. Ungewöhnlich lang ist der Schwanz, fast zweimal so lang wie der Körper. Er endet in einem tiefschwarzen Schwanzfächer, aus dem ein leuchtend weißes Haarbüschel herausragt. Diese weiße Bommel, unverkennbar auch in der Nacht, dient einem wirkungsvollen Ablenkungsmanöver. Bei Gefahr wird die Aufmerksamkeit eines Feindes auf die Schwanzquaste gelenkt, wobei das farblich an die Umgebung angepasste Tierchen meist übersehen wird und sich retten kann.

Als ich mich wieder im Schlafsack zusammenrolle, heult weit in der Ferne ein Schakal. Mir gefällt dieser Ruf, der beweist, dass die Wüste voller Leben ist

Erste Sonnenstrahlen tauchen die Erde in warmes Licht. Die auf Steine und Sand reduzierte Landschaft beglückt mich mit ihrer Weite und Unbegrenztheit. Einen weiteren Tag will ich mit Aton in dieses Vakuum hineinwandern, mich der Stille und der Einsamkeit ausliefern. Damit mein Esel nicht unter Durst leiden muss, habe ich einen Zwanzig-Liter-Kanister dabei. Ich gebe ihm eine erste Ration.

Esel können bis zu 25 Prozent ihres Körpergewichts an Wasser verlieren, ohne Schaden zu nehmen, ein Mensch beginnt nach nur fünf Prozent zu verdursten. Bei zwölf Prozent ist er unrettbar verloren und stirbt, selbst wenn ihm dann noch Flüssigkeit zugeführt wird. Während ein Mensch nur wenige Liter auf einmal zu sich nehmen kann, saufen Esel vierzig Liter hintereinander, Kamele sogar unglaubliche 135 Liter. So viel trinken die Tiere natürlich nur, wenn ihnen die Flüssigkeit lange vorenthalten wurde.

Die Spuren im Sand zeigen mir den Artenreichtum der Wüste. Tagsüber wirkt sie totenstarr, doch die Kühle der Nacht lockte die

Tiere aus ihren Verstecken. Die Trittsiegel meines nächtlichen Besuchers umkreisen meine Kochstelle. Hätte ich den Igel nicht mit dem Schein meiner Taschenlampe erfasst, wüsste ich nicht, von welchem Wesen sie stammen. Nach Form, Größe und Abständen hätte ich auf eine Ratte getippt.

Im Flugsand zwischen den Grasbüscheln kreuzen sich besonders viele Spuren. Jaculus-Springmäuse sind meterweit gehüpft. Schwarzkäfer mit dem lateinischen Namen *Tenebrio,* die sich tagsüber tief in den Sand eingraben, verraten ihre Existenz durch filigrane Krabbelmuster. Geckos – oder waren es Skinke, eine Eidechsenart – haben mit ihrem Schwanz eine Furche zwischen ihren Fußabdrücken gezogen. Wenig später fällt mir eine ähnliche Spur auf, nur sehr viel größer. Diese Echse muss mindestens einen Meter lang sein. Es war ein Waran, der seine Anwesenheit in den Sand gezeichnet hat.

Wie ein aufgeblättertes Buch liegt die Wüste vor mir, und ich freue mich, dass ich gelernt habe, ihre Zeichen zu lesen. Sie verraten mir nicht nur, welche Tiere hier leben, sondern auch die dramatischen Geschichten, die sich nachts abspielen: wer wen verfolgt, gejagt und erbeutet hat. Dort hat ein Skink einen Schwarzkäfer gefressen; nur die schwarzen, harten Flügeldeckel sind übriggeblieben. Hier wurde ein Skorpion von einer Echse getötet. Andere wieder hatten Glück, sie sind in dieser Nacht noch einmal entkommen. Im Sand eingeprägte Geschichten von Tod und Verderben, von Fressen und Gefressenwerden und immer wieder auch vom Überleben und sich Fortpflanzen. Aufmerksam mustere ich eine hundeartige Fährte, durchkreuzt von winzigen Pfotenabdrücken. Eine Wüstenfüchsin mit ihren Jungen könnte hier entlanggelaufen sein. Wüstenfüchse, auch Fennek genannt, haben riesige, wie Löffel geformte Ohren. Vielleicht war es aber auch eine Schakalmutter mit ihren Kindern oder sogar eine Hyäne?

Eine Tiergruppe fehlt: die Schlangen. Dabei gab es einst vierzig verschiedene Schlangenarten in Ägypten. Durch den übermäßigen Einsatz von Pestiziden beim Feldanbau sind über die Hälfte aller Arten im Niltal ausgestorben und die anderen sehr selten geworden. Kaum noch begegnet man in Ägypten einer Schlange, dennoch werde ich in der nächsten Nacht sicherheitshalber im Zelt schlafen. Ich baue es dann auch auf, aber wegen des prachtvollen Sternenhimmels lege ich mich doch mit meinem Schlafsack vor das Zelt.

Mit formender Kraft streicht der Morgenwind über die Landschaft hinweg, verwischt die Trittsiegel, säubert die Zeichenunterlage für die nächste Nacht, zerreibt die Steine, bewegt den Sand, riffelt ihn zu Wellenmustern, treibt ihn vor sich her, häufelt ihn auf zu Dünen, verweht ihn, formt ihn wieder neu und anders.

Bald schon steht die Sonne im Zenit, brennt selbst jetzt im Wintermonat Dezember heiß auf das ausgedörrte Land. Ihr gleißendes Licht löscht die Farben aus. Grau ist jetzt der Wüstenboden. Hügel werden zu flachen Wellen, und Staubschleier verhüllen den Horizont. Nirgendwo findet sich eine Grenze für das Auge. Das Vakuum der Wüste zieht mich in seinen Bann, ewig könnte ich so weitergehen und würde doch nie ankommen. Verschwinden würde ich in der Unendlichkeit, in diesem Feuerofen aus Hitze und Staub.

Eine Erzählung des argentinischen Schriftstellers Jorge Luis Borges fällt mir ein, die meine Gedanken in Bilder fasst. Die Geschichte handelt vom Kampf des Königs von Babylon mit einem Nomadenstamm. Der König hatte den Anführer des Stammes in seine Gewalt gebracht und stellte ihm eine kaum zu lösende Aufgabe: Wenn er es schaffe, aus dem Labyrinth der Stadt mit ihren verwinkelten Gassen, Seitenwegen und Sackstraßen zu entkommen, sei ihm das Leben geschenkt. Lange irrte der Nomade im Stadtlabyrinth umher, starb fast vor Hunger und Erschöpfung, doch schließlich gelangte er ins

Freie. Wenig später wurde der Herrscher Babylons von ebendiesem Nomadenstamm gefangengenommen. Man führte ihn hinaus in die Wüste und ließ ihn dort stehen mit den Worten: »Das ist unser Labyrinth, nun finde den Ausweg!« Der König ward nie mehr gesehen.

Mir behagt dieses Wanderleben sehr. Nach einem langen Marsch bin ich abends auf eine köstliche Weise müde und freue mich, wenn ich einen guten Lagerplatz finde. Kein Platz ist wie der andere, jeder hat seine eigene Ausstrahlung. Ich suche nach Stellen, die mich willkommen heißen mit weichem Sandboden ohne Geröll, die mich vor dem Wind schützen und vor Blicken verbergen, mir jedoch gleichzeitig Aussicht bieten. Bevor ich einschlafe, blicke ich in den samtig schwarzen Sternenhimmel über mir mit seinen glitzernden Punkten. Ich erkenne das Sternbild des Orion, die Pleijaden und den hellen Bogen der Milchstraße. Am nächsten Morgen ziehe ich weiter. Nichts bleibt zurück, außer Spuren im Sand, bald vom Wind verweht. Ankommen, um wieder zu gehen, jeden Abend wieder neu und jeder Morgen wieder anders. Ein Rhythmus, der mich glücklich macht. In dieser Weite wird Freiheit greifbar, eine Freiheit, die hart ist und Kraft fordert und manchmal das Leben kosten kann. Monotonie der Schritte. Flimmern der Luft. Gluthitze tagsüber und zugleich ein eiskalter Nordwind. Mein Körper wird von zwei Extremen geteilt, eine Seite brät in der Sonne, die andere fühlt sich an, wie in einem Eisschrank. In Gedanken versunken, wandere ich seit drei Tagen dahin, mein Aton neben mir. Zwei Wesen in diesem Nichts, von dem doch eine geheimnisvolle Anziehungskraft ausgeht.

Am vierten Tag werden wir von einem Sandsturm überfallen. Schlagartig wird es kalt und dunkel. Wind kommt auf, steigert sich blitzschnell zum Sturm, wirbelt Sand auf, treibt ihn als Walze vor sich her. Nirgendwo in dem flachen Gelände ein Schutz. Angst kriecht in mir hoch, und mein Herz rast. Sandkörner prasseln hart auf meine Haut. Aton liegt am Boden, die Lasten habe ich ihm zuvor abgenommen. Ich lege mich neben ihn, presse mein Gesicht in sein Fell. Sein Geruch vermittelt mir Geborgenheit, mein Atem beruhigt sich, mein Herz schlägt wieder langsamer. Bald sind wir von einer zentimeterdicken Schicht Sand bedeckt. Das Geriesel, Gezischel und Geschleife des Flugsandes klingt furchterregend.

So schnell wie der Sturm über uns hereingebrochen ist, klingt er wieder ab, als habe er uns nur eine Kostprobe seiner tödlichen Kraft geben wollen. Wäre es der gefürchtete *chamsin* gewesen, hätte er tagelang getobt, uns hilflos und quälend lange festgehalten und vielleicht sogar getötet, wie viele vor uns.

Die Wüste hat auf Menschen eine ganz verschiedene Wirkung. Entweder sind sie von ihrer Eintönigkeit, Härte und Lebensfeindlichkeit abgestoßen, oder sie fühlen sich unwiderstehlich angezogen. Mich fasziniert die Wüste gerade, weil es eine extreme Landschaft ist, in der das Leben auf das Wesentlichste reduziert wird und Gegensätze hart aufeinanderprallen: Hitze und Kälte, Tag und Nacht, Tod und Leben. Die Leere der Wüste, ihre schwingende Unendlichkeit übt einen eigentümlichen Sog auf mich aus, drängt mich, nach dem fernen Horizont zu greifen, immer tiefer in eine Landschaft hineinzugehen, die sich im Hitzeflimmern verflüssigt. Wie in Trance laufe ich, bin ganz Rhythmus, schwinge im Takt, der mir das Gefühl vermittelt, mit der Wüste zu verschmelzen, ein Teil von ihr zu werden.

Das Sichverlieren in der Ekstase ist gefährlich. Mein Gefährte Aton hilft mir, meine Willensfreiheit zurückzuerlangen und mich zur Umkehr zu entscheiden, denn er bleibt einfach stehen, rührt sich nicht von der Stelle, blickt starr auf etwas Dunkles im Sand: die mumifizierten Reste eines Esels. Von dem Tier ist nicht viel übrig geblieben, nur Gebeine, von Sonne und Wind weiß gebleicht, behangen mit Fetzen eingetrockneten Fells. An Form und Gestalt hat Aton den Artgenossen erkannt, oder wittert er den Tod? Abrupt löst er sich aus seiner Schreckstarre, macht einen gewaltigen Satz zur Seite und zieht mich weg von dem verdursteten Tier.

Die Wüste bewahrt diese Zeichen der Unglücklichen, denen sie den Tod gebracht hat, über Jahrhunderte auf. Wie ist es dann aber möglich, dass einst 50 000 Menschen samt ihren Lasttieren und allem, was sie mit sich führten, spurlos in der Sahara verschwunden sind? Rein gar nichts wurde gefunden vom großen Heer des Perserkönigs Kambyses. Er hatte, ohne selbst mitzugehen, im Jahr 525 v. Chr. den Befehl gegeben, von Theben, dem heutigen Luxor, zur Oase Siwa zu ziehen und sie zu erobern. Überliefert wurde der missglückte Wüstenfeldzug von Herodot, dem berühmtesten Geschichtsschreiber der Antike. Keinem Forscher ist es bisher gelungen, Licht in das dunkle Schicksal der Verschwundenen zu bringen.

Die Oase Siwa gibt es noch heute, damals war sie ein wichtiger Knotenpunkt im Karawanennetzwerk. Aus dem Inneren Afrikas wurden Waren an den Zollstationen im Niltal vorbei durch die Sahara transportiert, ein einträgliches Geschäft. Nachdem Kambyses das Pharaonenreich besiegt hatte, wollte er die Oase Siwa mit ihrem florierenden Handel unter seine Kontrolle bringen. Aber hat er wirklich 50 000 Mann in die Wüste geschickt? Ob sich nicht in den historischen Aufzeichnungen ein Zahlenfehler eingeschlichen hat? Alle späteren Chronisten haben wahrscheinlich von Herodot abgeschrieben und die ungeheuer große Zahl kritiklos übernommen.

Kambyses rüstete ein zweites Heer aus, mit dem er gegen Nubien zog. Auch dieses Unternehmen endete nicht gut für den Eroberer, wie eine nubische Stele beweist. Kambyses wurde besiegt und starb 522 v. Chr. durch sein eigenes Schwert. Das sieht nach einer Verzweiflungstat aus, obwohl Herodot behauptet, es sei ein Unfall gewesen. Als der Perserkönig aufs Pferd stieg, so schrieb Herodot, sei sein Schwert aus der Scheide gesprungen und habe ihn am Bein verletzt, worauf der Herrscher am Wundbrand starb.

Der Tempel des Falken

Unglaubliches Getöse bricht über mich herein. Aton saugt sich voll mit Luft und stößt sie schreiend aus, wieder und immer wieder. Sein Bauch arbeitet wie ein Blasebalg, die Nüstern sind weit geöffnet, aus seinem Maul quillt lautes Geschrei wie aus einer gequälten, verstimmten Orgel. Ausgepumpt endet Aton mit einem letzten Schnapper. Endlich Ruhe! Da saugt er erneut Luft ein, beginnt wieder und will sich gar nicht mehr beruhigen. In der Wüste hatte Aton geschwiegen, nur ein leises Schnaufen gab er ab und zu von sich. Kaum nähern wir uns dem Niltal, schreit er, was seine Lungen hergeben, denn der Wind trägt ihm den Geruch von Artgenossen zu. Mein Aton will allen Eseln weit und breit seine Ankunft verkünden.

Tiefer als es eigentlich meine Absicht war, hatte ich mich in die Wüste hineingewagt, war sparsam gewesen mit dem Wasser und konnte Aton sogar noch aus meinem Kanister etwas abgeben. Nach sechs Tagen erreichen wir auf der Höhe von Esna das Niltal. In einem Kanal sprudelt endlich wieder frisches Wasser, und Aton säuft sich satt. Ich nehme mir Zeit, das Wasser zu filtern. Nie trinke ich ungefiltertes oder unabgekochtes Wasser. Diese Regel hat mich auf allen meinen Reisen vor Durchfallerkrankungen bewahrt.

Am späten Nachmittag schlage ich das Lager unter einer Akazie auf. Atons Iah-Geschrei hat niemanden angelockt. Er hat sich beruhigt, und so klingt der Abend in Stille aus. Leise spielt der Wind mit den Zweigen. Der Baum wölbt seine Krone mit den feinen, gefiederten Blättern vor dem sich verdunkelnden Himmel. Sterne blinken auf. Der Wind wird heftiger, die Wüste schickt mir einen letzten sandigen Gruß zum Abschied.

So zeitlos und ewig die Sahara auch wirkt, in Wahrheit ist sie eine der jüngsten Wüsten der Erde. Kaum 7000 Jahre alt ist sie. Aber in den Jahrmillionen der Erdgeschichte gab es in diesem Gebiet in stetem Wechsel immer wieder Wüste und Fruchtbarkeit, und auch Korallen siedelten mitunter dort, wo heute Sand ist. Die letzte fruchtbare Phase war von 12 000 bis 5000 v. Chr. Damals haben in der Sahara bedeutend mehr Menschen gelebt als im Niltal. Erst ab 5000 v. Chr. existieren am Nil überhaupt Siedlungsspuren.

In der Sahara wuchsen nicht nur Gräser und Büsche, auch Wälder, Flüsse und Seen gab es, denn Monsumwinde brachten genügend Feuchtigkeit ins Land. Die Menschen ernährten sich von der Jagd, ihre Felsmalereien und Petroglyphen zeigen uns eine artenreiche Tierwelt. Dass die Gemälde keine Wunschphantasien waren, sondern die Wirklichkeit abbildeten, beweisen Ausgrabungen, wie die 6500 Jahre alten Knochen eines Flusspferds. Sogar Krokodile haben bis heute in der Wüste in Wasserlöchern zwischen engen Felsen überlebt. Die Wüstenkrokodile, verwandt mit dem Nilkrokodil, wurden erst 1999 von der Wissenschaftlerin Tara Shine entdeckt.

Dann aber veränderte sich das Klima schlagartig, das Land trocknete aus und verwandelte sich in eine Wüste. Gleichzeitig entstand eine bäuerliche Besiedlung am Nil, aus der die pharaonische Hochkultur hervorging. Ohne die Wüste gäbe es wahrscheinlich die Tempel und Pyramiden gar nicht, denn nur wegen der Klimaveränderung suchten die Menschen Zuflucht am Nil; die ehemaligen Nomaden wurden sesshaft und betrieben Ackerbau. Immer größere Ansiedlungen konnten durch den effektiven Landbau entstehen, wodurch eine hochentwickelte Kultur erst möglich wurde. So haben Katastrophen oft auch eine positive Wirkung. Biologen sind sogar der Meinung, ohne Katastrophen hätte sich das Leben auf der Erde nicht entwickeln können, sie seien der Motor der Evolution.

Falkentempel　　　　　　*Edfu*

Morgens weckt mich der Ruf des Muezzins. Wenig später erreiche ich Edfu. Dass ich aus der Wüste kommend die Tempelstadt mit Kompass und Karte genau angepeilt habe, macht mich stolz.

Edfus Tempel gilt als der vollständigste und besterhaltene aller Tempel in Ägypten. Kein Wunder, denn er ist auch einer der jüngsten, stammt aus der letzten Phase des Pharaonenreichs und wurde unter griechischer Herrschaft errichtet. Die Bauzeit dauerte mit Unterbrechung ganze 180 Jahre. Begonnen unter Ptolemäus III., wurde er, nach neun weiteren Herrschern, im Jahr 57. n. Chr. von Ptolemäus XII., dem Vater Kleopatras, vollendet. Nachdem das Pharaonenreich wenige Jahre später mit dem Tod der letzten Pharaonin, Kleopatra, untergegangen war, versank auch der Tempel langsam in der Erde, und die Bewohner von Edfu stellten ihre Lehmziegelhäuser auf das Tempeldach. Auguste Marietta, der Gründer des Ägyptischen Museums in Kairo, ordnete im Jahr 1860 die Ausgrabung des Tempels an. Heute ist er freigelegt, und die Lehmhäuser sind hinter die Umgebungswälle zurückgedrängt.

Obwohl der Tempel am Ende der 4000-jährigen pharaonischen Kultur entstand, ist er nach den Prinzipien altägyptischer Baukunst errichtet und zeigt alle ihre klassischen Merkmale und Eigentümlichkeiten. Die beiden mächtigen 36 Meter hohen und 79 Meter breiten Türme des Eingangspylon stimmen in ihren Maßen in perfekter Symmetrie überein. Geschmückt sind sie mit kämpferischen Reliefs: Der Pharao packt seine Feinde am Haarschopf und erschlägt sie. Gott Horus und Göttin Hathor schauen beifällig zu.

Geweiht ist der Tempel dem Falkengott Horus. Zwei mächtige steinerne Falken bewachen den Eingang, durch ihn gehe ich in einen gepflasterten Hof von eindrucksvoller Größe mit Kolonnaden an den Seiten. Von diesem lichtdurchfluteten Hof gelange ich in den ersten Saal. Zwölf Säulen stützen das Dach. Als einer der wenigen Tempel Ägyptens ist die Dachabdeckung vollständig erhalten. Licht fällt spärlich durch die seitliche schmale Dachöffnung. Der Übergang vom Hellen ins schummrige Dunkel schafft eine geheimnisvolle Stimmung. Ehrfürchtig gehe ich weiter. Langsam wird es immer dunkler, wie der Übergang vom Tag zur Nacht, vom Diesseits in eine jenseitige Welt. Der zweite Saal hat abermals zwölf Säulen, die das Dach tragen. Erstaunt bemerke ich im Weitergehen, dass der Boden langsam ansteigt, während sich das Dach sanft absenkt. Der Himmel kommt der aufwärts strebenden Erde entgegen, bis sich beide am Horizont vereinigen. Im Tempel symbolisiert der hinterste Raum, das Sanktuar, diese Verschmelzung von Himmel und Erde. In diesem Allerheiligsten steht ein vier Meter hoher Stein, geschlagen aus einem einzigen Granitblock. Er stammt aus einem Tausende Jahre älteren Tempel, der einst an dieser Stelle stand.

Eine weitere kolossale Falkenstatue aus blank poliertem schwarzem Granit im Inneren des Tempels beeindruckt mich sehr. Der göttliche Falke trägt die Doppelkrone von Ober- und Unterägypten, die Krone des Pharao. Mit starrem Raubvogelblick schaut er in die Ferne und flößt mir Ehrfurcht ein. Horus, der Schirmherr dieses Tempels, war das Kind, das die göttliche Isis von ihrem fast toten, vom Bruder Seth zerstückelten Gemahl Osiris empfangen hatte. Als Erwachsenem galt Horus' ganzes Streben, seinen Vater zu rächen und Seth zu töten. Grausame Kämpfe spielten sich ab, in die sich auch Mutter Isis und andere Götter einmischten. Mal gewann der eine, dann wieder der andere. Hatten sich die Gegner erholt, begannen sie von Neuem. Keiner konnte den Feind endgültig besiegen. Seth riss seinem Neffen das linke Auge aus, das Mondauge oder auch Udjat-Auge genannt. Noch heute wird es als Amulett getragen, meist ist es aus blauem Glas mit dunkler Pupille und soll Unheil abwenden. Ein solches Glasauge war ja auch in dem Beutelchen über der Tür meines Hauses auf Elephantine. Das Auge wurde Horus vom ibisköpfigen Thot, dem Gott der Weisheit, der Gesetze, des

Schreibens und Lesens, wieder eingesetzt, und der Kampf tobte weiter.

Mythen haben meist reale Abläufe zur Grundlage, in ihnen verbergen sich verschlüsselt historische Ereignisse. Vermutlich widerspiegeln die mythologischen Geschichten von Isis, Osiris, Horus und Seth die Kämpfe zwischen verschiedenen Völkern um die Vorherrschaft am Nil. Hirtennomaden, deren Lebensraum in der sich zur Wüste wandelnden Sahara immer enger wurde, drängten zum Nil. Die frühzeitig hier ansässige bäuerliche Bevölkerung wehrte sich jedoch vehement gegen die Eindringlinge. Es ging um Leben oder Tod, nur eine Bevölkerungsgruppe konnte überleben. Wer würde siegen? Auch die biblische Geschichte von Kain und Abel macht diesen Urkonflikt zwischen sesshafter und nomadischer Lebensweise, zwischen Bauern und Hirten zum Thema.

Die Geschichte des Kampfes, in dem Horus letztlich Seth besiegt, erzählen die Wandreliefs des Edfu-Tempels. Horus ist erkennbar an seinem Falkenkopf, Seth wird dargestellt als Krokodil, dann wieder als Nilpferd. Die alten Ägypter glaubten, dass die mit unerbittlicher Härte geführte Schlacht sich hier bei Edfu abgespielt habe.

Horus vermählte sich mit Hathor, und einmal im Jahr besuchte die kuhköpfige Göttin ihren Göttergatten, um sich immer wieder rituell mit ihm zu vermählen. Fünfzehn Tage dauerte die Prozession den Nil aufwärts von ihrem Tempel in Dendera nach Edfu, für die Ägypter ein großes Fest, an dem alle Arbeit ruhte. Überall, wo Hathor auf der fast 200 Kilometer langen Nilreise anlegte, wurde sie jubelnd empfangen, wurde ihr zu Ehren getrunken, gegessen und getanzt. Mysterienspiele zeigten die Schlacht zwischen Horus und Seth, den Kampf zwischen Gut und Böse, zwischen Licht und Dunkel. Ein Motiv, das sich später in fast allen Religionen wiederfindet, ob in der Lehre des Zarathustra in Persien, den Mithras-Mysterien im Römischen Reich oder schließlich im christlichen Glauben.

Der Tempel in Edfu verläuft in seiner Nord-Südachse parallel zum einen Kilometer entfernten Nil. Der heilige See und die Brunnen waren einst mit Nilwasser gespeist worden, doch die Brunnen sind versiegt, der See ist ausgetrocknet und mit Häusern bebaut. Im Umkreis des Tempels reihen sich dicht an dicht Buden und Souvenirläden. Geduldig warten die Verkäufer auf die Touristen, die mit den Nildampfern fast täglich nach Edfu kommen. Die Ortschaft ist unauffällig, klein und staubig, gilt aber als Handelszentrum dieser Region und Zentrum der Zuckerrohrverarbeitung.

Nachdem ich meine Vorräte ergänzt habe, eile ich zurück zu Aton. Er begrüßt mich mit Geschrei, drückt seinen dicken Kopf an meine Hüfte. Zärtlich kraule ich ihn hinter den Ohren. Für ein wenig Geld durfte ich meinen Esel bei einer Bauernfamilie im kühlen Stall unterstellen. Die freundlichen Leute haben ihm Heu zu fressen gegeben, sogar Hirse, bestes Kraftfutter. Unsicher und zurückhaltend begegnen sie mir, denn sie können mich nicht einordnen. Für sie bin ich wie ein Wesen von einem anderen Stern. Schon meine äußere Erscheinung muss irritierend auf sie wirken. Ich trage meine Djalabija, die Kleidung eines männlichen Ägypters, und einen langen Schal, den ich als Turban um den Kopf gewickelt habe. Meine Füße aber stecken in derben Trekkingschuhen mit griffigem Profil. Zwar bin ich mit einem Esel unterwegs, aber ich schlage ihn nicht, sondern behandle ihn wie einen Freund. Mein Gesicht ist das einer Europäerin, doch ich spreche Arabisch. Was sollen die armen Leute von mir halten? Sie möchten höflich sein, bieten mir Essen und ein Nachtquartier an. Ich bitte sie nur um einen Tee und ziehe dann weiter. Meine Sorge ist die Militärpolizei, ich will fort sein, bevor sich meine Anwesenheit herumgesprochen hat. Mein Ziel war Edfu gewesen. Da ich aber wider Erwarten ohne Kontrolle an allen Posten vorbeigekommen bin, setze ich mir ein neues Ziel: Esna, fünfzig Kilometer von Edfu entfernt.

Nach einem Blick auf die Karte beschließe ich, am westlichen Ufer zu wandern. Auf beiden Seiten gibt es Straßen, die im Osten ist breit und asphaltiert, dort fahren die Konvois mit den Touristen, und es gibt Kontrollstationen. Westlich führt nur eine schmale Straße am Nil entlang, und wenn ich mich abseits von ihr halte, hoffe ich, ohne Probleme durchzukommen.

Zwischen Edfu und Esna ist der fruchtbare Landstreifen schmal, die Wüste reicht fast bis an den Nil heran. Jedes Fleckchen Erde ist bepflanzt, und Bauerngehöfte reihen sich aneinander. Um kein Aufsehen zu erregen, wandern Aton und ich am Wüstenrand entlang und nähern uns nur am Abend vorsichtig dem Uferbereich. An einem der Bewässerungskanäle tränke ich meinen Esel, lasse ihn ein paar Maul voll frisches Gras zupfen, bevor wir wieder im Ödland verschwinden, wo ich unser Nachtlager aufbaue. Aton wird gestriegelt und geputzt, bekommt reichlich Heu und Hirse, das ich für ihn auf dem Markt gekauft habe. Sobald er satt ist, nähert er sich mir, stupst mich auffordernd an, bis ich ihn streichle und kraule. Ich freue mich über seine Anhänglichkeit.

Mein Aton ist geduldig und sanftmütig, er hat Ausdauer, und er vertraut mir. Deshalb plagt mich eine große Sorge: Was mache ich nur mit ihm am Ende unserer Wanderschaft? Sein Besitzer Abd Abdalla will ihn nicht zurück, nicht einmal geschenkt. Er hat gedroht, falls ich den *humar* zurückbringe, wird er ihn an den Schlachter verkaufen.

Warum nur werden Esel oft so lieblos behandelt? Auf meinen Reisen, nicht allein in Ägypten, auch in Spanien, Griechenland und im Jemen habe ich grausame Szenen erleben müssen. Klapperdürre Tiere, nur noch Haut und Knochen, bedeckt mit Narben und Wunden und mit schweren Lasten auf den Rücken, werden mit Stockschlägen traktiert. Dabei sind Esel geradezu prädestiniert zur Freundschaft mit dem Menschen. Esel sind nicht nur zäh, genügsam und anspruchslos, sie haben auch ein sanftes Wesen, sind anhänglich und intelligent. Haben sie Vertrauen zu ihren Herren gefasst, suchen sie, ähnlich wie ein Hund, von selbst den Kontakt. Auch die äußere Erscheinung, die samtigen Augen, der dicke Kopf, ihre flauschigen, langen Ohren, müssten sie eher zum Liebling der Menschen bestimmen. Warum hat sie das Schicksal stattdessen zu Prügelknaben gemacht? Warum werden diese Tiere rücksichtslos ausgebeutet und grausam geschunden? Mit Schlägen zwingt man sie, Lasten zu schleppen, die zu schwer für sie sind, und wenn sie dann nicht weiterkönnen oder zusammenbrechen, werden sie als faul und störrisch beschimpft. Gerade wegen ihrer guten Eigenschaften werden Esel mitleidslos behandelt. Weil sie mit Stroh und Heu zufrieden sind, erhalten sie trotz harter Arbeit zu wenig Futter. Weil sie widerstandsfähig gegen Krankheiten sind, sorgt man sich nicht um ihr Wohlergehen. Weil sie stark sind, belastet man sie übermäßig.

Esel sind die Haustiere der Armen. Durch die niedere Stellung ihrer Besitzer wird auch dem Esel nur eine geringe Achtung entgegengebracht. In den Fabeln und Märchen verkörpert der Esel den Einfältigen, der sich überschätzt und dafür bitter bezahlen muss. Mir ist nur eine einzige Geschichte bekannt, in der ein Esel eine Rolle spielen darf, die seiner Intelligenz und seinem mutigen Wesen entspricht: »Die Bremer Stadtmusikanten«. Der Esel ist es, der Hund, Katze und Hahn ermutigt, sich nicht einfach mit ihrem elendigen Schicksal abzufinden. Er führt seine Freunde aus einer ausweglosen Situation heraus, schlägt mit ihnen sogar eine Räuberbande in die Flucht und verhilft allen zu einem neuen Leben.

Nach drei Wandertagen erreichen wir Esna, dessen Tempel am westlichen Ufer mitten in der alten Stadt steht. Eine breite Brücke verbindet die Altstadt mit der neuen Siedlung am anderen Ufer.

Esna

Schwarzen Qualm speiende Busse, schwer beladene Lkw und wild hupende Personenwagen rollen Stoßstange an Stoßstange über die Brücke.

Der Tempel ist Gott Chnum, dem Widderköpfigem, geweiht. Es war der letzte Tempel, der in ptolemäisch-römischer Zeit in Ägypten gebaut wurde, hat aber die Zeit nicht so gut überstanden wie der Falkentempel von Edfu. Nur eine Säulenhalle ist erhalten geblieben, sie wurde ausgegraben und liegt neun Meter tiefer als die Stadt ringsum.

Vierundzwanzig Säulen, jede dreizehn Meter hoch, tragen das Dach des Saals. Die Säulen schließen oben mit Kapitellen ab. Sie sind unterschiedlich gestaltet, geschmückt mit Weintrauben, Lotosblüten und anderen pflanzlichen Motiven. Nirgendwo sonst sah ich schönere Säulenkapitelle. Sie sind Meisterwerke der altägyptischen Steinmetzkunst, die sich hier zur Vollkommenheit gesteigert hat.

In der prächtigen Säulenhalle befinden sich viele Hieroglyphen an den Wänden, Säulen und Dachstreben. Neben der Beschreibung der Bauzeit des Tempels sind es philosophisch-religiöse Texte über den Beginn der Welt und deren Ende, über das Jenseits und die Auferstehung im Totenreich. Auf gut erhaltenen Reliefs demonstrieren statt der Pharaonen die römischen Kaiser Claudius, Trajan und Hadrian, erkennbar an ihrer Tunika, ihre Macht, indem sie ihre Feinde erschlagen. An der rechten Außenwand fängt Kaiser Commodus Fische und Vögel mit einem Schlagnetz. Horus und Chnum schauen ihm aufmerksam zu. An der Südostecke haben Priester eine Geheimschrift einmeißeln lassen. Der Text besteht auf den ersten Blick nur aus der Aneinanderreihung einer einzigen Hieroglyphe, der für »Widder«. Erst als ich genau hinschaue, bemerke ich an den Zeichen minimale Unterschiede. Ägyptologen haben herausgefunden, dass sich aus den winzigen Abweichungen Wortbedeutungen ergeben, die man als einen Hymnus an den widderköpfigen

Gott Chnum lesen kann, der auf seiner Töpferscheibe den Menschen geschaffen hat.

Ein Prozessionsweg verband einst den Tempel mit dem Fluss. An der antiken Landestelle legen heutzutage Kreuzfahrtschiffe an, und der Prozessionsweg wurde in einen Basar umgestaltet, durch den die Reisenden zwangsläufig hindurchmüssen, denn es ist der einzige Zugang vom Flussufer zum Tempel. Bei jedem Schiff hoffen die Händler auf ihre Chance und überschreien sich gegenseitig. Angeboten werden Souvenirs, ich aber benötige Lebensmittel und frage mich zum Gemüsemarkt durch. Die Gassen sind schmutzig. Vor der eigenen Tür wird sorgsam sauber gemacht, sogar Wasser gesprengt, um den Staub zu bannen, doch dazwischen bleibt der Unrat liegen. Bald wird er vom Wind erfasst und wieder über die ganze Straße verteilt.

Die Kinder lassen sich von meiner arabischen Kleidung nicht täuschen und folgen mir wie der Schweif einem Kometen. Unentwegt schreien sie: »*Give money! Give money!*«

Bei anderen Gelegenheiten hatte es die Kinder stets überrascht und sie verstummen lassen, wenn ich sie auf Arabisch ansprach. Nicht so in Esna. Sie achten gar nicht darauf, was ich sage. Wie eine Schallplatte mit Riss brüllen sie ihren Spruch. Es ist ihre erprobte Methode, die genervten Touristen zum Herausrücken von ein paar Münzen zu bewegen.

Paläste der Unterwelt

Da meine Wanderung mit Aton am Nil entlang bisher so problemlos verlaufen ist, entschließe ich mich zu einer weiteren Etappe: ihr Ende bildet Luxor, ungefähr fünfzig Kilometer Luftlinie von Esna entfernt. Wieder umgehen wir weiträumig das besiedelte Land. Das harte Granitgestein ist inzwischen von Kalksteinfelsen abgelöst worden. In dem weicheren Material konnte sich der Nil weiter ausbreiten, ungefähr zehn Kilometer dehnt sich das Tal in die Breite.

Seit unserem Aufbruch in Assuan ist ein Monat vergangen. Mein Aton lässt sich nicht die geringste Ermüdung anmerken. Seine Sinne sind hellwach, neugierig blickt er in die Welt, seine Ohren spielen nach allen Richtungen, seine Nüstern nehmen ferne Gerüche wahr.

Mittags brennt die Sonne erbarmungslos herab, und ich steuere eine Baumgruppe am Rand eines Weizenfeldes an, um im Schatten zu rasten. Ein Mann mit einem Eselfuhrwerk, voll mit Luzerne beladen, kommt vorbei. Neugierig hält er an, fragt nach Woher und Wohin. Auf meine Bitte, mir etwas Luzerne für meinen Esel zu verkaufen, reicht er mir zwei Bündel herab, weigert sich aber, Geld anzunehmen. »Hadija!«, Geschenk, sagt er lächelnd, schnalzt mit der Zunge, schwingt die Peitsche und fährt davon.

Ich werfe den Kocher an, will mir einen Tee bereiten und dazu Fladenbrot essen. Abends erst werde ich kochen, mittags ist es zu heiß für ein richtiges Mahl. Wenig später nähert sich erneut ein Eselfuhrwerk. Eine Staubwolke hinter sich herziehend galoppieren die Esel zielgenau auf meinen Rastplatz zu, vier Männer springen herab.

Die wussten, dass ich hier bin, schießt es mir durch den Kopf. Sie sind extra wegen mir gekommen. Der freundliche Bauer hat sicherlich von mir erzählt. Vom ersten Moment an sind die ungebetenen Besucher mir unsympathisch. Weder erwidern sie meine höfliche Begrüßung, noch halten sie den nötigen Abstand. Sie umringen mich, rücken immer näher. Erschrocken wird mir klar, dass ich gegen vier Männer keine Chance habe. Sie haben es aber weniger auf mich abgesehen, starren vielmehr mit gierigen Blicken das Gepäck auf Atons Rücken an. Was da drin sei, wollen sie wissen.

»Futter für meinen Esel, Hirse und Heu, und für mich Reis, Mehl, Zwiebeln, Kartoffeln und Tee«, zähle ich auf.

Während ich mein Kochzeug verstaue, verwickle ich die Besucher in ein Gespräch und schaue mich suchend um. Kein Mensch weit und breit, niemand könnte mir zu Hilfe kommen. Ich mustere die Männer, versuche mir ein Bild von ihnen zu machen. Sie sind jung, kaum älter als zwanzig Jahre. Sicherlich haben sie keine Erfahrung mit Raubzügen, sonst hätten sie Aton längst die Last abgenommen und wären mit meinen Sachen auf und davon. Stattdessen machen sie sich gegenseitig Mut, steigern sich in eine immer aggressivere Stimmung hinein, verlangen Geld. Ich solle die Säcke öffnen. Einer hat einen herabhängenden Ast ergriffen, zieht mit seinem ganzen Gewicht daran, schwingt hin und her, will ihn abbrechen, vermutlich um ihn als Waffe zu benutzen. Endlich habe ich das Gepäck verschnürt, nehme entschlossen Atons Führungsseil in die Hand, schaue jeden der Männer scharf an und sage warnend: »Allah sieht alles!«

Ohne mich weiter um sie zu kümmern, ziehe ich davon. Einer rennt schreiend mit dem abgebrochenen Ast hinter mir her. Ich blicke nur über die Schulter zurück und sage: »Hart straft Allah diejenigen, die gegen seine Gesetze verstoßen!«

Der Spruch zeigt Wirkung. Unschlüssig macht der Mann noch wenige Schritte, dann kehrt er zurück zu den anderen, die beim Baum stehen geblieben sind. Erleichtert atme ich tief durch.

Für die jungen Männer war es sicherlich nur ein Spiel, halb ernst, halb Spaß. Sie langweilten sich, hörten von der Ausländerin und machten sich spontan auf den Weg, ohne Plan, ohne zu wissen, was passieren könnte. Wie gut, dass ich die Nerven nicht verloren und sie mit Reden abgelenkt habe, bis ich marschbereit war. Froh, heil davongekommen zu sein, ziehe ich weiter.

Am fünften Tag seit meinem Aufbruch von Esna erreiche ich eine sonnenverbrannte Hochebene, und da liegt er wieder vor mir, der Nil. An das gegenüberliegende Ufer schmiegt sich eine große Stadt, Luxor, das antike Theben. Diesen Namen haben ihr die Griechen gegeben. In pharaonischer Zeit, als über eine Million Einwohner hier lebten, hieß die blühende Metropole Waset. Fünfhundert Jahre lang herrschten hier die Pharaonen des Neuen Reichs über Ägypten, dann fiel die Macht an Memphis zurück, eine Stadt im Norden, die im Alten Reich schon einmal Residenzstadt gewesen war.

Am Westufer, wo ich mich mit Aton noch immer befinde, liegt die Stadt der Toten. Hinter den Feldern, am Fuß der steilen Kalksteinfelsen, wurden die Pharaonen, ihre Gemahlinnen und Kinder begraben. Auch für hohe Beamte und Würdenträger hat man letzte Ruhestätten in die Felsen geschlagen. Nicht einfach Gräber, sondern prachtvolle Säle von atemberaubender Schönheit, einst bis zum Rand gefüllt mit ungeheuren Schätzen, geschmückt mit Wandmalereien in leuchtenden Farben und geheimnisvollen Texten.

Im Alten Reich wurden die Pharaonen in Pyramiden bestattet. Immer höher und größer wurden sie gebaut, denn sie symbolisierten das Streben nach dem himmlischen Jenseits. Doch der Glaube änderte sich im Laufe der Jahrhunderte. Die Toten reisten im Neuen

109

Reich nicht mehr in den Himmel, sondern in die Unterwelt. Deshalb wurden sie in der Tiefe beerdigt, in Felsgräbern, geheim und verborgen, unsichtbar für alle Sterblichen.

Die Ägypter glaubten, die Sonne tauche jede Nacht hinunter in die Unterwelt, und die Könige hofften, sich im Tod mit diesem Sonnenlauf zu verbinden. Mit Re, dem Sonnengott, wollten sie durch die untere Welt reisen und mit ihm am nächsten Morgen wiederauferstehen. In der Vorstellung der Ägypter waren die Gräber keine Stätten des Todes, sondern der Beginn des erneuerten Lebens und der Fortdauer in Ewigkeit. Deshalb stattete man die Grabstätten sorgfältig aus, füllte sie mit allem, was dem Verstorbenen in seinem neuen Leben unentbehrlich sein würde. Denn die Toten leben, das bewies nicht zuletzt Gott Osiris, der Herrscher der Unterwelt. Obwohl durch seinen Bruder Seth verstümmelt, war er doch wieder zu göttlichem Leben erwacht. Der verstorbene Pharao werde nach seinem Tod zu Osiris und als Gott unter Göttern wandeln, so glaubte man. Anscheinend ließ sich mit dem Glauben vereinbaren, dass der tote Pharao sich sowohl mit dem Sonnengott Re auf eine ewig währende kosmische Umlaufbahn begab als auch zum Totengott Osiris wurde.

Die Paläste der Unterwelt liegen in öden Tälern zwischen steil aufragenden, zerklüfteten Felsen, deren höchste Erhebung eine pyramidenförmige Bergspitze ist. Die Eingänge hatte man sorgsam verschlossen und versiegelt, trotzdem waren schon im Altertum fast alle Gräber geöffnet und ausgeraubt worden. Für die Archäologen blieb dennoch genügend Material für ihre Forschungsarbeit, und für Reisende ist West-Theben, die Totenstadt, einer der größten Anziehungspunkte Ägyptens.

Ich habe mich für mehrere Tage im Al Gurna einquartiert. Das Gästehaus liegt in einem Palmenhain, und auch für meinen Esel gibt es dort einen schattigen Platz. Der Innenhof, von dem die geschmackvoll mit einheimischem Kunsthandwerk dekorierten Zimmer abgehen, ist traditionell mit Lehmziegeln gepflastert.

Früh am Morgen, wenn es noch kühl ist, mache ich mich auf den Weg zum Tal der Königinnen im südlichsten Winkel der Bergeinsamkeit. Von Deir el-Medina, wo früher die Handwerker lebten, die die Gräber ausschachteten und dekorierten, führt der Pfad einen steilen, trockenen Hügel hinauf. Dort gabelt sich der Weg und führt linkerhand in ein schmales Tal mit wuchtigen Felsbrocken, das nach einer Wegstunde in das Hochtal der Königinnen mündet. Ein romantischer Name für eine wüste Einöde. Kein Strauch, kein Grashalm wächst weit und breit, überall nur von der Sonne aufgeheiztes Gestein.

In alter Zeit nahmen Grabbauer jeden Tag diesen Weg von ihrer Wohnung zum Arbeitsplatz. Inzwischen wurde auch eine breite Fahrstraße angelegt; bewusst habe ich mich für den alten Pfad entschieden, um mich einzustimmen.

Der Ansturm der Touristen hat die Totenstadt zu einer wahren Goldgrube werden lasen. Für jeden Tempel und jedes Grab muss eine Eintrittskarte gekauft werden, nicht hier, sondern weit unten in einem Tickethäuschen am Nilufer. Eine Vorschrift, damit die Wächter an den Eingängen, die das Ticket abreißen und zusätzlich um ein Trinkgeld bitten, das Eintrittsgeld nicht für sich behalten.

Fünfundsiebzig oder mehr Gräber, die Informationen sind widersprüchlich, wurden in diesem Tal der Königinnen gefunden, einige davon dürfen besichtigt werden. Um mich davor zu warnen, vor lauter Neugierde in ein nicht zugängliches Grab einzudringen, hat mir Refat, der Besitzer des Gästehauses, eine gruselige Geschichte erzählt: Heimlich war eine Touristin in ein unerlaubtes Grab hinabgestiegen. Sie verirrte sich und stürzte in einen Schacht, aus dem es für sie kein Entkommen gab. Entkräftet schrieb sie ihr

Schicksal auf ein Stück Papier, bevor sie verdurstete. Jahre später wurden ihr Skelett und das Schriftstück gefunden. Ob ausgedacht oder wahr, ich muss nichts riskieren, denn es gibt mehr als genug Grabstätten, die zur Besichtigung freigegeben sind.

Die Eingänge sind dunkle Löcher im hellen Gestein. Sie wirken wenig einladend, erinnern an Bergwerkstollen. Steile Treppen oder Rampen führen hinab. Jedes Grab ist anders gestaltet, meist aber folgen nach dem Eingang ein Vorsaal und dann die Totenkammer, manchmal gibt es seitliche Ausbuchtungen für Grabbeigaben. Nicht nur die Räume, auch die stollenartigen Gänge dazwischen sind mit farbigen Reliefs geschmückt.

Bei den Ägyptern hieß das Tal *Ta set neferu,* »Ort der Königssöhne«, denn zuerst wurden hier die Prinzen beerdigt, später auch Prinzessinnen und die Königsgemahlinnen. Das schönste Grab ist das von Nefertari, der Gemahlin von Ramses II. Ihren eindrucksvollen Tempel hatte ich in Abu Simbel besichtigt, nun bin ich neugierig auf ihr Grab.

Archäologen entdeckten die Stätte im Jahr 1904, doch schon Jahrtausende vorher waren Plünderer den Wissenschaftlern zuvorgekommen. Das Grab war leer geräumt, nur das Wanddekor ist noch immer erstaunlich gut erhalten und schmückt diesen prächtigen unterirdischen Palast. Die Treppe führt in die Vorhalle, von der ich weitere Stufen hinab in die Tiefe steige. Anbauten, Nebensäle, Kammern, Treppenkorridore und Pfeilerhallen reihen sich aneinander, eine verwirrende Vielfalt von Räumen. Alle Pfeiler, Decken, Wände sind bunt dekoriert mit Farben, die strahlen und leuchten, als wären sie gerade erst aufgetragen worden. Der Bilderreichtum, dieser atemberaubende Farbenrausch erstaunt mich. Nefertari, die Schönste der Schönen, an allen Wänden ist sie zu sehen. Da steht, sitzt, spaziert sie umher in ihrem weißen, fließenden Gewand aus fast durchsichtigem Stoff, in Gesellschaft der Götter und Göttinnen.

Die Entschlüsselung der Bilder haben Archäologen in mühseliger Detailarbeit übernommen. So weiß man, dass die gesamte Dekoration nur eine Aufgabe hatte, die rituelle Reise der Toten in die unterirdische Welt zu begleiten, ja überhaupt erst zu ermöglichen. Dieser Weg ist im Totenbuch, dem *Amduat,* detailliert aufgezeichnet. Bilder illustrieren die Texte, und jede neue Nachtstunde hat ihre eigene Stundengottheit. In jeder Stunde gilt es, andere Aufgaben und Gefahren mittels magischer Zauberzeichen und Zaubersprüche zu bewältigen. Das Totenbuch geht zurück auf Jenseitsbeschreibungen aus dem Alten Reich, wo die Reise des Sonnengottes Re durch die Unterwelt geschildert wird, aber erst jetzt, im Neuen Reich, nimmt der Verstorbene teil an dieser Fahrt des Sonnengottes durch die zwölf Stunden der Nacht. Bedroht vom feurigen Gifthauch der Unterwelt meistert er Gefahren, und immer stehen Götter beratend und helfend zur Seite. Jede Nachtstunde hat ihre eigenen festgeschriebenen Geschehnisse. Die Toten werden von ihrem Erdenleben gereinigt und reifen heran zu göttlicher Vollkommenheit, um schließlich bei Sonnenaufgang am östlichen Horizont zusammen mit dem Sonnengott wiedergeboren zu werden.

Ursprünglich war diese göttliche Wiedergeburt nur dem Pharao vorbehalten. Im Neuen Reich aber wird die Wiedergeburt nach dem Tod immer mehr zu einer Glaubensvorstellung, an der alle teilhaben wollen, zunächst die Mitglieder des Königshauses, dann auch die Würdenträger und Beamten. Wer es sich leisten kann, lässt sein Grab kostbar ausstatten und seinen Körper in eine Mumie verwandeln, um ihn vor Verwesung zu schützen.

Erst durch Jean-François Champollion, den Entzifferer der Hieroglyphen, haben wir Kenntnis vom Totenbuch *Amduat* und weiteren religiösen Texten. Champollion weilte bei seiner Ägyptenreise im Jahr 1829 nur drei Monate in der Totenstadt, doch diese Zeit reichte ihm, die irrigen Ansichten früherer Forscher zu berichtigen. Sie

113

hatten die Bilder im Totenbuch für diabolische Szenen und die schrecklichen Zwitterwesen mit den menschlichen Körpern und den Tierköpfen für Fieberphantasien von Wahnsinnigen gehalten.

Am späten Nachmittag kehre ich in den Palmengarten von Al Gurna zurück. Mein Esel hat sich sichtlich gelangweilt. Tatenlos herumstehen mag er nach unseren abenteuerlichen Unternehmungen nicht mehr. Er begrüßt mich mit einem dröhnendem Iah. Um ihm etwas Gutes zu tun, unternehme ich mit ihm am nächsten Tag eine Wanderung in der grünen Ebene zwischen Nil und dem schroffen Kalksteingebirge. Unser Weg führt uns zu den auf einer kahlen Fläche aufragenden Memnon-Kolossen, zwei riesigen sitzenden Figuren.

Die achtzehn Meter hohen Statuen wurden jeweils aus einem einzigen Sandsteinblock herausgeschlagen. Allerdings sieht es jetzt so aus, als seien sie aus mehreren Blöcken zusammengestückelt, weil Erdbeben und Erosion ihre Spuren hinterlassen haben. Das Material stammt aus dem Steinbruch Gebel el-Ahmer bei Kairo, also aus über 500 Kilometer Entfernung. Die bombastischen Kolosse stellen den Pharao Amenophis III. dar und bewachten ursprünglich seinen Totentempel. Amenophis war Echnatons Vater und hatte vor 3350 Jahren in Theben-West den vermutlich größten aller ägyptischen Tempel bauen lassen. Nichts ist vom Bauwerk erhalten geblieben außer den beiden Kolossen. Einsam und verwittert wachen sie nur noch über die umliegenden Felder und blicken stumm in Richtung Nil. Dabei hatten sie früher den Sonnenaufgang mit sirrenden Tönen besungen. Risse im Gestein, hervorgerufen von einem Erdbeben im Jahr 27 v. Chr., waren die Ursache des geheimnisvollen Gesangs gewesen. Sonnenstrahlen, die auf den in der Nacht erkalteten Stein trafen, erwärmten die Luft in den Hohlräumen; die dehnte sich aus und drängte ins Freie, wobei harfenähnliche Geräusche erklangen.

Das Phänomen machte die Kolosse berühmt und lockte wohlhabende Reisende der Antike ins Land. Die Griechen fühlten sich an ihre eigenen Sagengestalten erinnert und gaben ihnen den Namen des Helden Memnon, der im Trojanischen Krieg aufseiten der Trojaner kämpfte und dabei getötet wurde. Eos, seine Mutter und Göttin der Morgenröte, überredete daraufhin Zeus, ihren heldenhaften Sohn mit der Unsterblichkeit zu belohnen. Jeden Morgen bedankte sich Memnon mit seinem Gesang für die erwiesene Gunst, fabulierten die Griechen. Im Jahr 199 n. Chr. verstummten die Kolosse für immer, nachdem der römische Kaiser Septinus Serverus die Risse hatte kitten lassen.

Lehmhäuser säumen den Berghang; einige sind trostlos braun und halb zerfallen, andere machen mit ockergelben, himmelblauen oder türkisen Fassaden einen freundlichen Eindruck. Es ist die Ortschaft Qurna, früher das Zuhause von Grabräubern. Heute empfangen die Einheimischen Touristen in ihren Behausungen, bewirten sie mit Tee und bieten ihnen selbst gebasteltes Kunstgewerbe an. Obwohl ich mit Aton in einiger Entfernung vorbeigehe, sind wir erspäht worden. Kinder stürzen mir entgegen und bringen mir die Einladung ihrer Eltern zum Tee. Ich vertröste sie auf später, denn ich will zunächst das Ramesseum von Ramses II., das Medinat Habu von Ramses III., den Totentempel von Sethos I. und die Gräber der Noblen besichtigen.

Zahlreich reihten sich damals im Neuen Reich die Toten- und Gedächtnistempel am Westufer parallel zum Nil zwischen dem fruchtbaren Land und den thebanischen Bergen. Auf einem Netzwerk von Kanälen fuhr man vom Nil bis zu den Tempeln und konnte auch bequem alle Waren transportieren. Die Gräber sollten für alle Zeiten verschlossen und versiegelt sein, und so benötigten die Angehörigen einen Ort, um der Verstorbenen zu gedenken, den Göttern Opfergaben darzubringen, die Jahrestage und Begräbnisriten zu feiern –

dafür errichtete man die Totentempel. Ihr Bau begann, ebenso wie die Anlage der Gräber, schon mit der Thronbesteigung. Bei einer langen Regierungszeit waren die Bauwerke bereits zu Lebzeiten des Pharao fertiggestellt, dann konnte er seinen eigenen Totentempel für feierliche Rituale und Opferzeremonien nutzen. Die meisten dieser Tempel existieren nicht mehr, wie der von Amenophis III., bei dem nur die Memnon-Kolosse anzeigen, wo er einst stand.

Auch der Grabtempel von Ramses II., der Ramesseum genannt wird, wurde durch Nilfluten, Sonnenglut, Winderosion und den Abbruch der Steine weitgehend zerstört. Von der einstigen Pracht künden nur noch Ruinen. Ramses II., der über neunzig Jahre alt wurde und 65 Jahre lang regierte, hat sich weit mehr als einen einfachen Totentempel bauen lassen. Der Haupttempel, von dem noch einzelne Säulen und Mauern mit Reliefs erhalten geblieben sind, war von Nebentempeln für seine Gemahlin Nefertari und seine Mutter Mutui flankiert; Grundmauern zeigen an, wo sie einst standen.

Umgestürzt und zertrümmert liegen Statuen herum, die früher zwanzig Meter hoch waren – die größten jemals frei stehenden Figuren. Ihr Material wurde im Steinbruch von Assuan gebrochen und auf dem Nil transportiert. Der gigantische Kopf einer zerschmetterten Ramsesfigur liegt vor mir auf dem Boden. Es heißt, der Perserkönig Kambyses, dessen Armee im Sandsturm der Sahara unterging, habe die Statuen zerstört. Einen zweiten Kopf hat Giovanni Belzoni im Jahr 1816 nach England transportieren lassen, wo er noch heute im Britischen Museum in London ausgestellt wird. Den englischen Dichter Percy Shelley regte das Kopffragment zu einem Gedicht an. Seine letzten Verse lauten:

Nichts sonst ist geblieben. Rings um den Verfall
der gewaltigen Ruine, grenzenlos, nackt,
erstrecken sich einsam ebene Sande.

Am besten erhalten geblieben ist Medinat Habu, der Totentempel, den Ramses III. bauen ließ. Der gewaltige Eingangspylon wirkt wie die Fortsetzung der Berge im Hintergrund. Geschmückt ist er wie üblich mit kriegerischen Szenen. Hier feiern sie den Sieg des Pharao über die feindlichen Libyer und über die sogenannten »Seevölker«, die von den Inseln im Mittelmeer nach Ägypten hereinströmten.

Der Tempelkomplex ähnelt in seiner gesamten Anlage eher einer Stadt mit einzelnen Tempeln, Kapellen, Wohnungen für Priester und Beamte, Paläste für den König und seinen Harem, alles umgeben von einer hohen Mauer, deren gewaltige Wallanlage noch heute erkennbar ist.

Ramses III. herrschte 32 Jahre lang über Ägypten, von 1185 bis 1153 v. Chr., und war weder verwandt mit seinem berühmten Namensvetters Ramses II, der fast 200 Jahre früher lebte, noch sein unmittelbarer Nachfolger. Die Kosten für die Tempelbauten und die Kriegszüge überstiegen wahrscheinlich die finanziellen Möglichkeiten des Herrschers. Sogar den Handwerkern schuldete Ramses III. zwei Monate lang den Lohn, der aus Naturalien bestand, da es in Ägypten kein Geldsystem gab. Als die Lieferungen ausblieben, litten die Arbeiter und ihre Familien Hunger. Sie wussten keinen anderen Ausweg, als die Arbeit niederzulegen – der erste in der Menschheitsgeschichte dokumentierte Streik datiert auf das Jahr 1152 v. Chr.

Was die Streikenden forderten, hat der Schreiber Neferhotep auf Papyrus wörtlich festgehalten; Ägyptologen haben den in Turin aufbewahrten Text entziffert: »Wir haben Hunger und Durst! Wir haben keine Kleidung, kein Fett, kein Gemüse!« Daraufhin erhielten sie eine Monatsration. Damit nicht zufrieden, streikten sie weiter, mit Erfolg. Auch für den zweiten Monat bekamen sie die vereinbarte Entlohnung.

In der Turiner Papyrussammlung befindet sich ein weiteres Dokument, das von einer ungeheuerlichen Verschwörung am selben Königshof berichtet, der wahrscheinlich Ramses III. zum Opfer fiel. Das Verbrechen geschah im Jahr 1153 v. Chr. und wurde hier in Medinat Habu ausgeführt. Mehr als dreißig Personen waren an dem Komplott beteiligt, hochrangige Beamte, Würdenträger, sogar Richter und Befehlshaber der Armee. Anstifterin war eine Frau – Tije, die Nebenfrau des Pharao. Sie wollte ihren Sohn Pentawer auf den Thron setzen, der kein legitimiertes Recht darauf hatte. Unfassbar, wie es Tije gelingen konnte, ihre Fäden so weit zu spinnen und zahlreiche Personen der Oberschicht in das Verbrechen zu verwickeln. Die machtbesessene, offensichtlich außerordentlich fähige Frau wollte den Moment der Bestürzung nach dem Mord am König nutzen und ihren Sohn mittels ihrer Helfer und Helfershelfer krönen lassen. Die Attentäter sollten während des turbulenten »Schönen Talfestes« zuschlagen, wenn in einer heiligen Prozession Gott Amon-Re auf einer Barke über den Strom gefahren wurde, um die Toten in den Tempeln zu ehren. Bei diesem Fest wurde im Übermaß gegessen und getrunken, beste Vorraussetzungen für den Mord. Das Gelingen beschwor Tije mit »schwarzer Magie«, dazu benutzte sie Wachspüppchen, heute bekannt als Voodoo-Zauber. Wofür finden sich eigentlich keine Vorbilder im alten Ägypten?

Nur durch die Vernehmungsprotokolle, die zufällig erhalten geblieben sind, wissen wir überhaupt von dem Vorgang. In keinem anderen Dokument sonst wurde der Mordanschlag auf den Pharao festgehalten. Die Haupttäter verurteilte man zum Tode, darunter sechs Frauen. Pentawer zwang man, den Giftbecher zu leeren. Sein Blut durfte nicht vergossen werden, da er als Sohn des Pharao göttlicher Abstammung war. Was mit Tije geschah, weiß man nicht. Ihre Schuld war so groß, dass ihr Schicksal totgeschwiegen wurde. Auch die anderen Übeltäter sind in dem Dokument zwar mit ihren Titeln, aber mit falschen Namen benannt. So auch Pentawer – wie er richtig hieß, wissen wir nicht. Pentawer heißt übersetzt: »Der, dessen Name nicht genannt wird«.

Meine Phantasie entführt mich in längst vergangene Zeiten, die für mich lebendig werden. Durch Wissen um die Ereignisse, die sich vor rund 3200 Jahren an diesem Ort abspielten, wirkt der Tempel Medinat Habu auf mich wie verzaubert. In meiner Vorstellung füllen sich die Räume mit Menschen, gekleidet in weiße, plissierte Leinentücher, der üblichen Mode von damals. Diener bringen Wein und füllen die Tafeln mit köstlichen Speisen. Musikanten spielen auf, und Tänzerinnen erfreuen die Gäste mit ihren Darbietungen.

Ramses III. war der letzte große Pharao Ägyptens. Nach seinem Tode folgten ihm noch acht weitere Herrscher mit Namen Ramses, doch der Untergang des großen Pharaonenreichs war nicht mehr aufzuhalten. Die innere Stärke war zerbrochen, durch schwache und zugleich verschwenderische Herrscher, durch Missernten und durch Aufruhr unter der Bevölkerung wegen zu hoher Steuern. Die feindlichen Völker an den Nord- und Südgrenzen des Landes hatten nur auf die wirtschaftliche, politische und militärische Schwächung gewartet und setzten zu Eroberungszügen an.

Aton und ich gehen weiter zu unserem nächsten Ziel, dem Totentempel von Sethos I., dem Vater des berühmten Ramses II., der rund 300 Jahre vor dem geschilderten Verbrechen lebte. Fast acht Kilometer misst die Strecke von Medinat Habu zum Sethos-Tempel in nördlicher Richtung. Aton stürmt mit ungebremster Bewegungsfreude voran, als wolle er seinen gestrigen Ruhetag wettmachen.

Der Tempel liegt in völliger Einsamkeit wie die vorherigen in der Ebene nahe beim Nil. Kein Wächter fordert Trinkgeld, denn kaum ein Tourist verirrt sich zu diesem wenig bekannten Bauwerk. Nicht einmal auf der Liste der sehenswerten Tempel ist er zu finden, dabei liegt er am Weg zum Tal der Könige. Er war der erste Tempel, bei dem die Prozession zum »Schönen Talfest« nach der Nilüberquerung Station machte, bevor sie weiterzog zum Tempel des Sohnes, Ramses II.

Sethos I. entstammte keinem königlichen Geschlecht. Nach den Wirren, die Echnatons Regierung folgten, als nur noch die Sonne und ihre Leben spendenden Strahlen als göttlich galten, hatte Haremhap, der oberste Befehlshaber der Armee, die Macht an sich gerissen. Ramses I., Sethos Vater, war eng befreundet mit Haremhap und ebenfalls Heeresführer, und so gelangte er durch die Protektion seines Freundes auf den Pharaonenthron. Nach drei Jahren starb er, sein Sohn Sethos wurde der Nachfolger. Erst ihm gelang es, die Ordnung im Reich völlig wiederherzustellen, und er vergrößerte es durch militärische Eroberungen. Als Sethos I. nach fünfzehn Regierungsjahren starb, war sein Totentempel noch nicht ganz fertig. Sohn Ramses II. ließ ihn vollenden.

Der Tempel war leider mit Lehmziegeln erbaut worden, daher sind die Pylonen, Kapellen und Nebengebäude verschwunden. Nur der mittlere, aus Stein errichtete Tempelbezirk mit der Vorhalle, dem Säulensaal und dem Sanktuar ist erhalten geblieben. Die mächtigen Säulen haben die Form von Papyrusbündeln, die Wände sind mit stilisierten Reliefs verziert, die sehr elegant wirken.

Die Sonne brennt heiß herab, wir rasten im Schatten des Tempels. Hungrig hole ich meine Wegzehrung hervor, Aton grast gierig die trockenen Pflanzen ringsum ab. Eine Frau im schwarz-grünen Gewand aus dem nahen Dorf mit einem Korb voller Fladenbrot auf dem Kopf geht vorbei.

»*As salam aleikum!*«, grüße ich.

»*Sabah al ward!*« Mit blumigen Worten wünscht mir die Frau einen Morgen voller Rosen und fragt, ob ich *aisch* wolle.

»Gerne, wie viel kostet das Brot?«

Sie reicht mir einen knusprigen Fladen, will aber kein Geld annehmen. Ich könne ihr eine Freude machen, wenn ich ihrem Sohn ein paar Alabastervasen abkaufen würde. Sobald die nette Brothändlerin außer Sicht ist, mache ich mich auf den Weg zu den Gräbern der Noblen, denn ich befürchte, dass sie den Sohn gleich zu mir schicken wird, will mich aber nicht mit Vasen aus schwerem Alabaster belasten.

Der Berghang ist von mehr als 500 Grabstätten durchlöchert. Hofbeamte, königliche Schreiber, Wesire und andere hochgestellte Persönlichkeiten versuchten mit aufwendig gestalteten Begräbnissen, sich einen Platz im Jenseits zu sichern. Einige der tief in den Berg hineingegrabenen Stollen sind für die Öffentlichkeit zugänglich, doch sie werden kaum besichtigt. Während bei den Ruhestätten der Pharaonen Massenansturm herrscht, sich sogar Schlangen vor den Eingängen bilden, bin ich hier die einzige Besucherin.

Im Unterschied zu den Herrschergräbern mit ihren spirituellen und abstrakten Darstellungen der jenseitigen Welt, entdecke ich in den Gräbern der Noblen Abbildungen von spielenden und raufenden Kindern, Tänzern und Musikanten, Handwerkern und Landarbeitern. Von Entdeckerfieber getrieben, wandere ich von einem Grab zum nächsten. In jedem erschließt sich mir ein neuer Aspekt des Lebens im alten Ägypten. Ausgerechnet in den Grüften der Toten begegnet mir die menschliche und alltägliche Seite des Lebens vor 3500 Jahren.

Der Zugang zum Grab des Sennefer – er war der Stadtvorsteher von Theben – ist besonders beschwerlich. Aton und ich stolpern durch das Geröll am Berghang, das unter unseren Schritten und Tritten zu rutschen beginnt. Die Sonne steht im Zenit, es ist brütend heiß, die Hitze wird vom Gestein zurückgestrahlt. Nirgendwo Schatten. Hemd und Hose kleben mir am Körper. Um kein Aufsehen in dieser von Touristen besuchten Gegend zu erregen, habe ich die für das Klima besser geeignete Djalabija abgelegt und europäische Kleidung angezogen.

Endlich erreichen wir das Grab hoch oben am Hang. Von dort überblicke ich das Schwemmland des Nil mit dem Ramesseum und den anderen Totentempeln, die ich zuvor besucht hatte. Wie mag diese Aussicht zur Pharaonenzeit gewesen sein? In meiner Phantasie verwandeln sich die Ruinen in prunkvolle Paläste und prächtige Tempel, deren helle Steine im Sonnenlicht glänzen. Im Altertum nannte man diese Bauwerke »Schlösser der Millionen Jahre«.

Aus dem Schatten einer Nische tritt ein Wächter hervor, fragt nach dem Ticket, das ich wie üblich bei der Touristenzentrale unten am Nilufer kaufen musste. Ich binde Aton gut fest und folge dem Wächter in das Innere des reich dekorierten und beleuchteten Grabes. Die Bemalung ist ungewöhnlich. In eindringlicher Wiederholung wird Sennefer mit seiner Gemahlin in trauter Zweisamkeit dargestellt, stets sich an den Händen haltend oder sich zart berührend. Auf breiten Pfeilern ist das Paar gleich vierzehn Mal fast lebensgroß zu sehen, und auch an den Wänden sind sie das Hauptmotiv. Nichts anderes scheint in ihrem Leben eine Rolle gespielt zu haben als ihre Liebe. Eine Liebe, die über das irdische Leben hinausgeht, der göttlichen Liebe ähnlich, die Osiris und Isis vereinte.

Das Grab von Rechmire, der als Wesir eine besonders hohe Stellung im Pharaonenreich innehatte, liegt noch höher am Hang. Auch hier wacht ein Wächter, der aber lieber sitzen bleibt und auf Aton aufpasst. So kann ich allein und in aller Ruhe die Bilder betrachten. Von einem Vorhof gelange ich in eine Querhalle, wo Handwerker und ihre Erzeugnisse abgebildet sind, die vom Wesir und seinen Schreibern registriert werden. Töpfer, Goldschmiede, Kürschner, Maurer, Bildhauer, Steinmetze, Schreiner, auch Winzer und Fischer, dann wieder Landarbeiter beim Säen, Pflügen und Ernten – kaum ein Lebensbereich der nicht erfasst worden wäre. Die Aufgabe des Wesirs war es unter anderem, die Tribute der unterworfenen Völker entgegenzunehmen, um mit ihnen die Tempel und königlichen Schatzkammern zu füllen. Rechmire ist zu sehen, wie er die Waren aus Nubien kontrolliert. Dunkelhäutige Menschen bringen Elfenbein, Tierfelle, Straußeneier und Gold, andere führen Giraffen, Leoparden und Paviane. Die Syrier liefern Pferde, Wagen und Waffen. Aus Äthiopien kommen Weihrauch, Affen und Tierfelle. Eine Szene gefällt mir besonders: Zwei Nubier führen eine Giraffe, an deren Hals sich ein kleiner, grüner Affe mit rotem Köpfchen festklammert.

Vom Vestibül gelange ich durch eine Pforte in die Längshalle. Die Decke, am Eingang drei Meter über mir, steigt immer höher, bis sie am Ende des Ganges zehn Meter hoch und völlig mit Bildern bemalt ist. Leider sind die Darstellungen schlecht erkennbar, obwohl sie von Lampen beleuchtet werden. An der Westwand sehe ich weitere Szenen aus der Tätigkeit des Wesirs. Auf der östlichen Wand sind seine Gemahlin, seine Mutter und die Kinder abgebildet.

Schon zu Lebzeiten hat Rechmire sein eigenes Begräbnis darstellen lassen: Neun seiner Freunde tragen den Sarg. Die Angehörigen opfern den Göttern Blumenkränze. Tänzerinnen treten auf, und Musiker spielen. Bei dieser Szene verweile ich länger und schaue mir die Instrumente genau an. Es sind die gleichen, die wir heute noch kennen: Flöte, Harfe, Kastagnetten, Laute, Tamburin. Dienerinnen tragen Speisen und Getränke auf. Eine fröhliche Totenfeier mit vielen Gästen kann beginnen.

Die lebensnahen Darstellungen berühren mich tief. Die Übersetzung einer der Hieroglyphentexte an der Wand lautet: »Ich habe niemanden getötet, habe mir kein fremdes Eigentum angeeignet, niemanden geschädigt und verleugnet. Keinem Schmerz zugefügt, niemanden hungern lassen, keine Tränen veranlasst.« Die biblischen Zehn Gebote sind hier teilweise bereits formuliert. Die grundsätzlichen Probleme der Menschheit waren auch vor Jahrtausenden nur allzu bekannt, von deren Lösung wir heute ebenso weit entfernt sind wie damals.

Grabräuber, Fälscher und Schlitzohren

Die Sonne steht bereits tief am Himmel, als ich mich mit Aton auf den Rückweg mache. Kinder aus Qurna kommen angerannt, und nun nehme ich ihre Einladung zum Tee gern an. Sie führen mich zu einem Haus mit blau gestrichener Holztür, wo mich Faisa begrüßt, die mir den Fladen geschenkt hatte. Faisa stellt mich vielen ihrer Verwandten vor und ihrem Sohn Ahmed, der seine Alabastervasen anpreist. Gleich mehrere Familien scheinen in dem schmalen Häuschen zu leben, oder sollten sie sich nur wegen mir versammelt haben? Aber niemand konnte wissen, ob es den Kindern gelingen würde, mich ins Haus zu lotsen, wobei ich gar nicht wusste, dass dort die Fladenbäckerin wohnt. Nur weil ich Durst hatte und Tee trinken wollte, war ich den Kindern gefolgt, doch dann wurde es für mich einer der denkwürdigsten Nachmittage.

»Die Regierung will uns vertreiben«, klagt Faisa.

»Wir bleiben! Uns Qurnami kann niemand zwingen! Schon zur Pharaonenzeit haben unsere Vorfahren an diesem Berghang gewohnt!«, sagt Ahmed. »Wir sollen nach Neu-Qurna umgesiedelt werden, aber wir verlassen unsere Häuser nicht. Niemals!«

In das von der Regierung in Auftrag gegebene und vom Architekten Hassan Fathy bereits im Jahr 1946 entworfene Modelldorf zog tatsächlich bisher kein einziger Bewohner von Alt-Qurna, nur Wohnungssuchende aus anderen Orten. Neugierig auf das Projekt des berühmten Architekten, hatte ich Neu-Qurna, das sich in der Nähe der Tempelanlagen von West-Theben befindet, am Vortag besichtigt. Hassan Fathy orientierte sich bei seinem Entwurf an der altägyptischen Lehmbauweise, denn kein Baumaterial außer Lehm eignet sich besser für dieses trockenheiße Wüstenklima mit seinen kalten Nächten. Lehm schützt gleichermaßen vor Hitze wie vor Kälte. Fathy hatte die Wohnungen mit Kuppeln ausgestattet. In den hoch gewölbten Räumen kann die Luft zirkulieren und bleibt so angenehm kühl. Trotz der hervorragenden klimatischen Eigenschaften und des Wohnkomforts hatte der Architekt keinen Erfolg mit seinen Gebäuden. Die Menschen in der Provinz sind nicht offen genug für Neuerungen. Vor allem wenn diese von der Obrigkeit angeordnet werden, reagieren sie misstrauisch und beharren lieber auf Altgewohntem.

Leider sind nur noch wenige der von Fathy entworfenen Häuser in Neu-Qurna vorhanden, denn wenn luftgetrockneter Lehm nicht vor Feuchtigkeit geschützt wird, zum Beispiel durch wasserabweisende Anstriche, löst er sich auf. Seine zukunftsträchtigen Ideen konnte Hassan Fathy nur bei einigen internationalen Hotelbauten verwirklichen. 1989 starb er in dem traurigen Bewusstsein, sein Ziel nicht erreicht zu haben.

Ich erzähle Faisa und ihrer Familie von meinen Eindrücken in Neu-Qurna. Auch dass ich im Jemen in der Wüstenstadt Shibam in einem Haus aus luftgetrocknetem Lehm gewohnt habe und wie angenehm kühl es innen war, obwohl draußen an die vierzig Grad Celsius herrschten.

»Gegen den Lehmbau haben wir nichts. Wir wollen nur nicht von unserem Ort wegziehen.«

»Aha, ich verstehe, weil die antiken Gräber unter euren Häusern liegen und vielleicht noch manche Schätze?«, provoziere ich meine Gastgeber ein wenig, um vielleicht mehr zu erfahren.

Alle lachen. Ob ich denn auch auf die Geschichten von den Grabräubern hereingefallen sei?

»Stimmen die etwa nicht? Die Brüder Rassul stammten doch aus Qurna und wurden wegen Grabräuberei verurteilt.«

»Die Rassuls kennt hier jeder, wir sind sogar entfernt mit ihnen verwandt, was aber nichts zu bedeuten hat, denn in Qurna sind alle miteinander verwandt. Die Geschichte von der Grabräuberei wird immer wieder erzählt, obwohl es vor fast hundert Jahren geschah: Eine von Abdul Rassuls Ziegen war in eine Höhle eingebrochen, und so entdeckte Abdul das Pharaonengrab. Es war ein Geschenk Allahs, das konnte er doch nicht zurückweisen! Die Familie hat dann die Antiquitäten verkauft, immer nur wenige, doch es ist trotzdem aufgefallen.«

»Das ist Vergangenheit!«, mischt sich Faisas Bruder Saiid ein. »Von uns raubt keiner mehr Gräber aus. Das überlassen wir den Archäologen, die unglaubliche Schätze aus Ägypten fortgeschafft haben und in den Museen anderer Länder ausstellen. Wir müssen nicht graben, wir machen unsere Antiquitäten selber.« Er ruft seinem Sohn etwas zu. Der verschwindet, kurz darauf schleppt er Skulpturen von Göttern und Pharaonen, Skarabäen, Ibissen, Katzen und Krokodilen aus Alabaster, Marmor, Granit und Speckstein herbei. »Alles selbst gemacht!«, sagt Saiid stolz.

Während dieses ersten Besuchs bei Faisas Familie schlürfe ich mehrere Tassen süßen, heißen Tee. Es wird viel gelacht und erzählt. Ich lausche den Geschichten. Vielleicht sind sie nur gut erfunden, doch sind es nicht Legenden, die am wahrhaftigsten die Wirklichkeit widerspiegeln? Zu Faisas Freude kaufe ich auch manches Souvenir aus Alabaster, allerdings keine Vasen, sondern handliche Tier- und Götterfiguren.

Herzlich werde ich verabschiedet und eingeladen, jederzeit wiederzukommen. Noch einige Male besuche ich die Familie in den nächsten Tagen, und Saiid weiht mich in seine Geheimnisse ein: Der Entstehungsprozess einer »Antiquität« dauert einige Tage. Saiid benutzt gerne Speckstein, weil der sich leicht auf alt trimmen lässt. Als Vorlage dienen ihm Abbildungen in Museumskatalogen.

Auf die Unterseite eines Skarabäus etwa graviert er Hieroglyphen eines wirklich existierenden Textes. Für die Alterung wird das Objekt mit heißer Asche bedeckt und dann in eine Flüssigkeit getaucht, die fürchterlich stinkt. Deren genaue Rezeptur verrät mir Saiid nicht, nur dass einer der Bestandteile zerstampfte und aufgelöste Mumienbinden seien, über deren Herkunft sich Saiid in Schweigen hüllt. So behandelt, sieht der Skarabäus nicht nur alt aus, ihn umweht auch die Aura vergangener Zeit.

Saiid ist stolz auf sein Handwerk, etwas Unrechtes tue er nicht. Er sei Künstler und kein Fälscher, beteuert er. Was er herstelle, seien Originale, ganz und gar echt. Gott habe ihm diese Gabe geschenkt, damit er die Tradition der Vorfahren fortführe. Damit ich verstehe, was er meint, erzählt er eine tolle Geschichte: Die Polizei habe ihn wegen Grabräuberei und Verkaufs antiker Waren verhaftet. Saiid lächelt listig, als er mir die Gerichtsverhandlung schildert: »Ich sagte dem Richter, er solle die angeblich antike Skulptur aufbrechen lassen, innen sei eine Münze. Der Richter riss ungläubig die Augen auf, als tatsächlich ein Geldstück aus heutiger Zeit herausrollte.« Die Unschuld des Künstlers war bewiesen, er wurde freigesprochen.

Saiid schenkt mir später zur Erinnerung einen wundervollen, grün schimmernden Skarabäus. Eine Kostbarkeit, die habe er zwischen alten Mumienbinden gefunden. Skarabäen wurden den Toten auf das Herz gelegt, um es zu schützen. Das Herz war das einzige Organ, das im Körper verblieb, denn beim Gericht in der Unterwelt wurde das Herz gewogen. In die eine Waagschale kam eine Feder, in die andere das Herz. Nur dessen Herz war federleicht, der keine Sünden begangen hatte. Der Skarabäus sollte helfen, diese alles entscheidende Prüfung zu bestehen. Damit ich beim Zoll keine Schwierigkeiten mit meinem pharaonischen Mistkäfer bekomme, beglaubigt Saiid in einem Schriftstück seine Urheberschaft.

Nach meinem ersten Tag bei Faisas Familie begleitet eine Kinderschar mich und Aton, der ein Bündel Luzerne bekommen hatte, durch das Dorf. Einige Hauswände sind bemalt, die bunten Bilder weisen auf eine Bäckerei oder Wäscherei hin, andere auf den Beruf des Hausherrn oder stellen eine Pilgerreise dar. Wie schade, dass diese phantasievolle Kleinkunst dem Abrissbagger zum Opfer fallen wird. Zahlreiche Wohnungen sind bereits verlassen. Es ist wohl beschlossene Sache, dass Qurna geräumt wird, denn der Ort ist tatsächlich auf einem antiken Friedhof errichtet worden. Unter den Häusern sehe ich Eingänge zu Gräbern, die als Keller, Vorratsräume und Ställe benutzt werden. Da es keine Kanalisation gibt, tropft das Abwasser in den Untergrund und löst die Farben der Grabmalereien auf.

Qurna hat auch keinen Strom und keine Wasserleitung. Das Trink- und Nutzwasser muss vom Brunnen im Tal bis hinauf zu den Häusern am Berghang gebracht werden. Esel sind die Lastenträger. Ach, was sind das für magere Tierchen! Sie reichen mir nur bis zur Hüfte und schleppen ein oder sogar zwei Fässer. Sie werden von Jungen angetrieben, und die finden es lustig, die Tiere trotz der schweren Last mit Stockschlägen zum Galopp zu zwingen – und das den steilen Hang hinauf!

»Allah liebt alle Wesen! Er will nicht, dass seine Geschöpfe leiden!«, rufe ich den Kindern zu. Sie blicken mich ungläubig an.

»Tiere fühlen Schmerzen genauso wie ihr!«, versuche ich Mitgefühl bei den kindlichen Tierquälern zu wecken. Vielleicht kann ich den einen oder anderen zum Nachdenken bewegen. Doch eine einmalige Ermahnung reicht nicht. Vor allem die Erwachsenen müssten Vorbild im richtigen Umgang mit Tieren sein.

Am nächsten Morgen lasse ich Aton im Palmengarten des Gästehauses Al-Gurna zurück, wo ich immer noch wohne. Er soll nicht in der prallen Sonne stehen, während ich die Königsgräber besichtige. Der Hotelbesitzer wird mir am Abend erbost mitteilen, mein Esel habe fortwährend geschrien, und ich müsse einen anderen Platz für ihn suchen.

Um mich auf die Vergangenheit einzustimmen, entscheide ich mich für den Weg durch die Berge. Mit ihren Klippen und senkrechten Wänden erinnern sie mich an die Dolomiten. Doch während dort Almmatten grüne Tupfer zwischen die kahlen Felsen setzen, gedeiht in der thebanischen Bergwelt nicht ein einziges Pflänzchen.

Beim ersten Morgenlicht bin ich aufgebrochen, denn der Weg zu den Königsgräbern dauert etwa drei Stunden. Steil geht es bergauf. Die letzten Sterne blinken am blasser werdenden Nachthimmel. Bald wird die Sonne aufgehen, noch ist es angenehm kühl. Es ist ruhig, totenstill, nur meine Schritte knirschen im Geröll.

Wieder führt mich der Pfad an der antiken Arbeitersiedlung Deir el-Medina vorbei, die damals unter dem Namen Pa Time, »Ort der Wahrheit«, bekannt war. Nicht Sklaven arbeiteten hier, sondern geschickte Handwerker, ausgebildete Spezialisten und talentierte Künstler. Mit ihren Familien lebten sie mitten in den Bergen in einer Gemeinschaft von ungefähr 400 Personen. Thutmosis I., der Vater von Hatschepsut, der legendären altägyptischen Herrscherin, hatte diese Siedlung gegründet. Er war der erste Pharao, der sich sein Grab in den Felsen hineinschlagen ließ.

Eine Mauer aus ungebrannten Lehmziegeln umschloss die etwa 120 Häuser der Arbeitersiedlung, in der 500 Jahre lang Grabbauer mit ihren Familien gelebt hatten. Die Häuser bestanden aus drei bis vier hintereinanderliegenden Räumen mit Böden aus Stein, eine innere Treppe führte zu einer Terrasse im oberen Stockwerk und von dort hinauf auf das Flachdach. Die Zimmer waren mit Stühlen, Hockern, Truhen und Betten möbliert, in geflochtenen Körben und Tontöpfen wurden Lebensmittel aufbewahrt. Die Männer erhielten als Bezahlung für ihre Arbeit Naturalien, vor allem Getreide, aber auch Obst, Gemüse, Honig, manchmal Geflügel. Bier, hergestellt aus vergorenen Getreidekörnern, war das traditionelle Getränk.

Neben dem Eingang war eine kleine Kapelle mit einer Stele für den Ahnenkult und einem Schrein der Göttin Mertseger, die als Beschützerin des Dorfes galt. Mertseger, »Diejenige, die die Stille liebt«, ist eine Schlangengöttin und hat die Gestalt einer Frau mit dem Kopf einer Kobra.

Steil steigt der Pfad nach Norden an. Es ist der Weg, den auch die Männer von Pa Time täglich nahmen, um zu ihrer Arbeitsstelle zu gelangen. Sie begannen ihr Tagwerk im Morgengrauen und arbeiteten insgesamt acht Stunden, unterbrochen von einer Essenspause. Nach zehn Tagen konnten sie sich zwei Tage ausruhen. Dieser Rhythmus war schon Jahrhunderte früher üblich, als die Pyramiden aufgeschichtet wurden. Freie Zeit gab es auch während der zahlreichen religiösen Feste und aus privaten Gründen, die von den Schreibern detailliert festgehalten wurden. Kurioserweise hatte ein Arbeiter sich entschuldigt, er müsse seiner Frau beim Wäschewaschen helfen. Vielleicht brauchte seine Frau Hilfe, weil sie krank und gebrechlich war, oder hatte er bei ihr etwas gutzumachen? Was damals auf Papyrus dokumentiert wurde, regt heute die Phantasie von Schriftstellern historischer Romane an.

Drängte die Arbeit, weil etwa ein Pharao vor der Fertigstellung seines Grabes starb, dann kehrten die Männer nicht täglich zu ihren Familien zurück, sondern übernachteten in Unterkünften am Weg. Zerfallene Steinmauern zeigen an, wo sich diese befanden.

Nahe am Pass sehe ich die Mauerreste einer Wachstation. Die Posten kontrollierten den Zugang zu den königlichen Nekropolen und sicherten sie gegen Grabräuber. Wer aber wusste besser, wie man ungesehen in die Felsengräber eindringen konnte, als diejenigen, die sie gebaut hatten? Gerichtsprotokolle aus damaliger Zeit berichten uns über diese Einzelfälle und über grausame Bestrafungen. Aber erst am Ende des Neuen Reiches, in der Phase des Niedergangs der Pharaonenherrschaft, als Hunger und Chaos das Land heimsuchten, begannen die Grabräubereien im großen Maße.

Sonnenaufgang! Schnell steigt die leuchtende Kugel am Horizont empor, als ich den Bergkamm erreiche. Sie beleuchtet die grüne Ebene mit den Palmen und Feldern; silbern glitzert der Nil in ihrem Licht. Nach Süden reihen sich Felsen und Schluchten aneinander, in denen verborgen das Tal der Königinnen liegt. Nach Norden ragen ebenfalls Klippen hoch hinauf, die dann senkrecht zum Tal der Könige abfallen. Im Westen sehe ich den pyramidenförmigen Gipfel el-Qurn und beschließe hinaufzusteigen. Nach einer halben Stunde, vom Bergkamm aus gerechnet, stehe ich oben auf dem höchsten Punkt der thebanischen Berge. Das Panorama belohnt die Mühe des Aufstiegs. Überall schroffe Felsspitzen und tief dunkle Einschnitte, ein bizarres Gebirge in ockergelben und rostroten Tönen, ausgeglüht in der Hitze der Sonne. Einst lag hier ein Ozean, was versteinerte Meeresfossilien beweisen.

Vom Gipfel folge ich einem Pfad nach Norden und blicke von oben auf eine beeindruckende Tempelanlage, die rechter Hand unterhalb der Felsklippen liegt. Breite Rampen führen zu den dreifach gestaffelten Säulenkolonnaden hinauf. Es ist der mit viel Mühe restaurierte Tempel von Hatschepsut, der einzigen Frau, von der wir annehmen, dass sie auf dem Pharaonenthron saß. Sie nannte ihr Bauwerk Djeser-djeseru, »Das Heiligste der Heiligtümer«, heute heißt es Deir el-Bahari. Den Besuch ihres Tempels plane ich für einen der nächsten Tage, denn ich will mir Zeit nehmen, um mich mit der Geschichte dieser geheimnisvollen Frau zu beschäftigen.

Endlich, nach über drei Wegstunden seit meinem Start am Morgen, gelange ich in ein breites Tal, das Biban el-Muluk. Hier wurden von 1540 bis 1070 v. Chr. alle Könige des Neuen Reichs bestattet, auch Königin Hatschepsut ließ sich in diesem Tal ihr Grab anlegen. Doch ihr Sarkophag war leer. Erst im Jahr 2007 wurde ihre Mumie identifiziert. Hatschepsut lag ohne Sarkophag, auch die Mumienbinden waren entfernt worden, auf dem Boden des Grabes ihrer Amme Sat-Re, zusammen mit anderen Mumien, die von Grabräubern dort zurückgelassen worden waren.

Der besseren Übersicht wegen haben die Archäologen die Gräber nummeriert; die Zahlen orientieren sich an der Reihenfolge ihrer Entdeckung. Tief in die Felsen aus hartem Kalkstein wurden die Gräber horizontal angelegt, das längste misst 200 Meter. Vom Boden bis zur Decke sind die Wände der Gänge, Schächte, Treppen, Korridore, Pfeilerhallen, Vor-, Seiten-, Neben- und Grabkammern bemalt. Dass die Farben so leuchtend und frisch sind wie am ersten Tag, beeindruckt mich sehr.

Es gibt wohl kaum einen Ägyptenreisenden, der diese Grabstätten der Gottkönige nicht besucht, doch ohne Verständnis für die komplizierte Mythologie wirken die Gräber wie bemalte Bergwerkstollen. Wer sich nicht in die Gedankenwelt der alten Ägypter hineinversetzt, wird die Besichtigung bald ermüdet aufgeben.

Einst herrschte Stille in diesem Tal. Aber längst ist die Abgeschiedenheit der Totenwelt zerstört. Eine breite Zufahrtstraße befördert Besucher hierher, auf dem riesigen asphaltierten Parkplatz reiht sich ein Reisebus an den anderen. Taxifahrer hupen, um auf sich aufmerksam zu machen, Händler preisen ihre Waren an – ein Rummel wie auf dem Basar. Wie soll es da möglich sein, eine andächtige Stimmung zu bewahren und dem heiligen Ort mit Respekt zu begegnen? Sobald ich aber eingetreten bin in den unterirdischen Totentempel, ist es still, und eine rätselhafte Welt empfängt mich. Schritt für Schritt gehe ich weiter hinein und bin mir bewusst: Nie sollte ein Lebender hier eindringen.

Mein erster Besuch gilt dem hundert Meter in den Berg hineinführenden Grab von Sethos I., dem Vater von Ramses II. Dieses Grab wurde 1817 von Giovanni Belzoni entdeckt und war schon Jahrtausende früher restlos ausgeraubt worden. Einzig einen leeren Alabastersarg hatten die Plünderer zurückgelassen. Der fast durchsichtige Sarkophag – seine Wände sind nur fünf Zentimeter dick – wurde von Belzoni nach England gebracht und von einem britischen Privatsammler erworben, in dessen Museum er noch heute steht.

Belzoni fertigte von einigen Bildern Aquarelle an, dann machte er, wie damals üblich, feuchte Abdrücke von den Malereien. Die vorher kraftvollen Farben wurden stumpf, einige Gemälde sind dabei völlig zerstört worden, und der Ruß der Fackeln schwärzte den Sternenhimmel an der Decke. Andere Altertumsforscher wollten sogar die schönsten Szenen aus den Grabwänden herausschneiden und nach Europa schaffen.

Lange war das Grab von Sethos I. für Besucher geschlossen. Inzwischen sind die beschädigten Stellen restauriert worden und können wieder bewundert werden. Dabei waren die Dekorationen einzig für den toten Pharao bestimmt und dienten keineswegs der Freude an Schönheit und Schmuck. Sie waren Wegweiser in die Unterwelt, Zauberformeln für die Transformation, Vorschriften für den Übergang vom sterblichen Leben in die Ewigkeit. Denn der Weg zu den Göttern war gefährlich, Sümpfe mussten durchwatet, Berge bestiegen, Ströme überquert werden. Symbolisch hieß es im Totenbuch *Amduat*: »Sinke nicht ein, habe Mut, den Gipfel zu erklimmen, lass dich von keiner Grenze abhalten.«

Die Dekoration ist das Abbild dieses riskanten Weges, gewissermaßen ein Reiseführer durch die Unterwelt mit hilfreichen Tipps, Unterweisungen für das richtige Verhalten, magischen Wörtern, die das Böse bannen. Trotz gemeinsamer Merkmale gibt es nicht zwei Gräber, die gleich sind. Jeder Pharao hat Wert auf andere Auszüge aus dem Totenbuch gelegt. Nur in der Grabkammer des Amenhotep II., des Sohnes von Tuthmosis III. und Enkel von Hatschepsut, hat man den gesamten komplizierten Text des *Amduat* vollständig in Bilder umgesetzt.

Der Zyklus beginnt in der linken Ecke hinter dem Sarkophag und umrundet im Uhrzeigersinn den gesamten Raum: In der ersten Nachtstunde, wenn die Sonne am Horizont versinkt, stirbt der Sonnengott. Als Sterbender taucht er mit der Sonnenbarke in die Unterwelt ein. Seine Seele trennt sich vom Körper. In der zweiten und dritten Nachtstunde fährt das Sonnenschiff durch fruchtbare Gebiete, dargestellt von Korngöttern mit Ähren im Haar. Das friedliche Szenario endet abrupt in der vierten Stunde. Die Landschaft ist öd und wüst. Schlangen wimmeln überall. Ungeheuer gilt es mit magischen Formeln zu bannen. In der fünften Stunde muss der Sonnengott den Grabhügel des Osiris überwinden, der von Dämonen bewacht wird. Mit Zauberworten können sie besänftigt werden. Das Boot erreicht die sechste Stunde und damit die tiefste Tiefe der Unterwelt. Die Seele kehrt in den Körper des toten Sonnengottes zurück. Den Gefahren der siebten Stunde kann er nun mit erneuter Kraft standhalten, denn in dieser Stunde sitzt Osiris auf seinem Thron, der von einer Riesenschlage umgeben ist. Sie sperrt ihren fürchterlichen Rachen auf, kann aber von hilfreichen Göttern gefesselt und zerstückelt werden. In der achten und neunten Stunde wird die Uräusschlange besiegt, und die Unterweltwesen werden mit Kleidung und Nahrung versorgt. In der zehnten Stunde begegnet der Sonnengott den Ertrunkenen, die nicht bestattet werden konnten. Die elfte Stunde dient der Vorbereitung auf den Sonnenaufgang. Die Bösen brennen in feuergefüllten Gruben – vielleicht ein Vorbild für die Hölle im Christentum? Die Erdschlange, sie hat eigentümlicherweise Flügel, trägt die königliche Mumie ins Himmelreich. Nach der zwölften Nachtstunde taucht die Sonne wieder am Horizont auf und mit ihr der Pharao, der den Tod überwunden hat und in den kosmischen Kreislauf eingetreten ist.

Den Auftrag zum Bau seines Grabes, der zum Ort seiner Umwandlung und Wiedergeburt bestimmt war, erteilte der jeweilige Pharao gleich nach seiner Thronbesteigung. Ein geeigneter Platz wurde ausgewählt. Das Gestein durfte nicht brüchig sein, und die Himmelsrichtung musste beachtet werden. Der Hohepriester arbeitete gemeinsam mit dem Baumeister einen Plan aus, und wenn er dem Pharao gefiel, genehmigte er ihn. Exakt wurden der Verlauf der Stollen und Kammern und deren Dekoration mit Texten und Bildern festgelegt. Dann begannen sogleich die Ausschachtungsarbeiten. Wie konnte es gelingen, mit Werkzeugen aus Stein den harten Felsen auszuhöhlen? Was für eine schwere Arbeit, mit Meißeln aus Feuerstein, mit Brechstangen aus Diorit und mit quellendem Holz das Gestein zu spalten und zu sprengen. Die Luft war angefüllt mit Gesteinsstaub, die Hammerschläge dröhnten, die Hitze war mörderisch. Im Inneren der Gruft war es düster, spärlich erhellten mit Sesamöl gefüllte Lampen die Dunkelheit. Als Docht diente ein gezwirbelter Fetzen Leinen. Damit die Flamme weniger rußte, gab man Salz ins Öl.

Um die Wände exakt senkrecht anzulegen, diente als Messinstrument eine Vorrichtung aus Holzleisten, zwischen denen ein kegelförmiges Lot befestigt war. Die Handwerker waren in Gruppen organisiert, jeder war mit einer speziellen Aufgabe betraut. Während die Steinbrucharbeiter immer tiefer in den Berg vordrangen, glätteten im vorderen Bereich die Gipser die Mauern, trugen mit Spateln und Bürsten mehrere Schichten Ton und Kalk auf. War der Anstrich getrocknet, wurden die Flächen in Rechtecke aufgeteilt, um Figuren und Texte in den richtigen Proportionen platzieren zu können. Mit Rötel wurden die Umrisse der Bilder vorgezeichnet, mit Holzkohle brachten Vorarbeiter letzte Korrekturen an, dann meißelten die Bildhauer die Reliefs heraus. Nun kamen die Maler zum Zug und trugen Farben auf, die aufwendig aus zerriebenen Mineralien hergestellt werden mussten.

Jede Farbe hatte eine eigene symbolische Bedeutung. Schwarz bedeutete Tod und ewiges Leben. Mit Rot, aus eisenoxidhaltigen Steinen hergestellt, malte man Feuer und Blut. Grün, aus Malachit gewonnen, verwendete man für Fruchtbarkeit und Wiedergeburt.

Das Grab des Haremhab, der durch Heirat mit einer Tochter Nofretetes auf den Thron gelangte, vermittelt mir anschaulich, wie die zauberhaften Ornamente entstanden sind. Da der ehemalige Oberste Armeeführer nicht aus der königlichen Linie stammte, hatte man für ihn kein Grab im Tal der Könige vorgesehen. Als er nach Tutanchamuns Tod auf den Thron gelangte, konnte seine Grabanlage nicht schnell genug fertiggestellt werden. An einigen Wänden sind die Zeichnungen nur im Entwurf vorhanden, an anderen kann man die aus dem Gips herausgemeißelten Reliefs und verschiedene Stadien der Farbauftragung sehen.

Die mit Beschwernis und Mühe angelegten Grabmonumente, die das ewige Leben des Königs sichern sollten, haben die Jahrtausende überdauert. Den Mumien erging es da viel schlechter. Die Körper der Verstorbenen wurden einbalsamiert, damit die Seele bei der Wiedergeburt in den Leib zurückkehren konnte. Aber gegen Ende des Neuen Reiches stürzte das Land in Chaos und Aufruhr. Die in den königlichen Nekropolen beschäftigten Arbeiter konnten nicht mehr bezahlt werden. Niemand wusste besser als sie, wo die unermesslichen Schätze lagen. Bei der Suche nach Gold und Edelsteinen wurden nicht nur die Grabbeigaben geplündert, man beschädigte auch die Mumien.

Zutiefst besorgt um die heiligen Körper der Pharaonen, starteten die Priester Thebens eine Rettungsaktion. Sie holten Ägyptens Könige aus ihren Grabkammern und versteckten sie im Grab von

Amenhotep II. und im Familiengrab des Hohepriesters Pinodjem, die auch im Tal der Könige liegen. Als das Tal keine Schätze mehr aufzuweisen hatte, verloren die Diebe ihr Interesse, und Stille senkte sich über die heiligen Stätten – bis die Archäologen kamen. Es wurde fast zu einer Manie, die inzwischen von Schutt und Geröll unkenntlich gewordenen Eingänge aufzuspüren.

Die Mumien in Pinodjems Grab entdeckten aber nicht die Archäologen, sondern zuerst die Brüder Rassul aus Qurna. Den Fundort verschwiegen sie auch unter der Folter, bis ein Streit die Brüder entzweite und der älteste, Mohammed el-Rassul, das Geheimnis preisgab. Er führte Beamte der Altertümerverwaltung zu einem senkrechten Schacht. Emil Brugsch, Konservator des Ägyptischen Museums in Kairo, seilte sich in den Schacht ab, um die Mumien zu bergen. Es ist nicht nachvollziehbar, was den deutschen Ägyptologen zu solcher Eile antrieb. Er dokumentierte nicht die Lage der einzelnen Mumien, machte weder Fotos noch Aufzeichnungen. Die sterblichen Überreste der Pharaonen wurden eiligst aus dem dunklen, kühlen Versteck herausgeholt, den Schacht hinaufgezogen und draußen in der Hitze abgelegt. Stundenlang lagerten sie in der Sonne, bis sie verpackt und der Abtransport organisiert war. Auf dem Nil machten die Gottkönige ihre letzte Reise. Die Bewohner strömten am Ufer zusammen, einige stumm vor Trauer, andere schrien und klagten.

In Kairo erging es den Mumien nicht besser. Von den Gelehrten wurden sie nicht als tote Könige betrachtet, sondern als archäologische Kuriositäten. Nicht wie sie es sich erträumt hatten, reisten sie mit der Sonnenbarke übers Firmament, sondern man wickelte sie aus, röntgte sie und entnahm ihnen Gewebeproben. Entblößt, allen Blicken preisgegeben, liegen die großen Könige Ägyptens heute in den Glasvitrinen der Museen.

Der König mit der goldenen Maske

Als Dorothy Brooke nach Kairo kam, war der Erste Weltkrieg vorbei. Für mehr als 5000 Pferde gab es keinen Bedarf mehr bei der britischen Kavallerie. Was sollte mit ihnen geschehen? Die Pferde per Schiff nach England zu transportieren, dafür wollte man kein Geld ausgeben, so verkaufte man sie an ägyptische Fuhrunternehmer. Ein elendes Los für die edlen Reittiere. Lebenden Skeletten gleich und mit Wunden bedeckt, zogen und schleppten sie Lasten durch Kairos Straßen. Dorothy Brooke war entsetzt über den unerträglichen Anblick, schaute aber nicht weg. In Schottland auf einem Landgut aufgewachsen, war sie von Kindheit an vertraut im Umgang mit Tieren und wollte die geschundenen Kreaturen von ihrem Leid erlösen. Dorothy verfasste einen Bericht und schickte ihn zusammen mit Fotos zur *Morning Post* nach London. Die Wirkung war verblüffend. Die Höhe der Spenden übertrafen die Erwartungen bei Weitem, man konnte fast alle Tiere freikaufen. Für die meisten war es allerdings zu spät. So furchtbar waren die Pferde zugerichtet, dass man sie einschläfern musste.

Um in Zukunft etwas gegen das Tierelend zu tun, gründete Mrs. Brooke im Jahr 1934 in Kairo das »Old War Horse Memorial Hospital«. Diese Initiative wurde eine weltweite Bewegung; nicht allein in Ägypten, auch in Pakistan, Indien, Jordanien, Israel, Kenia, Äthiopien und Guatemala gibt es Tierkliniken, die in Erinnerung an die engagierte Engländerin »The Brooke Hospital for Animals« genannt werden. Dorothys Prinzip wurde beibehalten: Für die Behandlungen wird kein Geld verlangt, die Finanzierung geschieht allein durch Spenden.

Um Brooks Tierklinik in Luxor zu besuchen, setze ich mit der Fähre über den Nil. Obwohl die Klinik gut erreichbar in der Altstadt an der Abzweigung zum Tempel von Karnak gelegen ist, muss ich lange suchen, denn das Gebäude liegt ziemlich versteckt in einer schmalen Gasse. Die sonst so freundlichen und hilfsbereiten Ägypter geben mir keine Auskunft. Ihre Gesichter verschließen sich, kaum hören sie meine Frage. Von einem Mann mit rotem, hennagefärbtem Bart erfahre ich schließlich den Grund: »Geh dort nicht hin! Grausame Bilder erwarten dich. Du wirst eine schlechte Meinung von Ägypten mit nach Hause nehmen. Dabei gibt es doch so viel Schönes bei uns. Warum schaust du dir nicht die Tempel an? Die sind es wert, bestaunt zu werden.«

Wie überall auf der Welt möchten auch hier die Menschen gut dastehen und schämen sich für ihre Schwächen und Fehler. Sie zu verbergen scheint leichter zu sein, als sie zu verändern.

Durch einen Torbogen gelange ich in einen viereckigen Hof, der ringsum von kleinen Ställen umgeben ist, daneben auch Aufenthalts- und Umkleideräume für Tierpfleger und Ärzte, Büros und ein kleiner Operationsraum.

Doktor Imads rundes Gesicht wirkt gutmütig, doch seine dunklen Augen funkeln zornig, als er mich zu einer Box mit einer weißen Eselin führt. Sie sieht erbarmungswürdig aus, der Kopf hängt tief herab. Teilnahmslos drückt sie sich in eine Ecke des mit sauberem Stroh gepolsterten Stalls. Ihre Augen wirken wie erloschen.

»Die Eselin hatte ein gebrochenes Becken, seit Wochen schon, dennoch wurde sie zur Arbeit gezwungen.«

»Warum brachte der Besitzer das Tier denn nicht sofort zur Behandlung?«

»Tiere sind Gegenstände, sie werden so lange benutzt, wie sie funktionieren.«

»Und wie kam sie hierher?«

»Allmählich trägt unsere Überzeugungsarbeit Früchte, wenige nur, aber immerhin. Das gibt uns Kraft, weiterzumachen. Wir fahren hinaus in die Dörfer, behandeln Pferde, Esel, Kühe, Hunde und wer sonst noch unsere Hilfe braucht, natürlich immer kostenlos. Wir impfen, schneiden Hufe und Klauen, reparieren Zähne und versorgen Wunden.«

Ich erzähle dem Tierarzt von meinem Esel, den ich bei der Weiterreise nicht mitnehmen kann. Es war schon ein Glück, dass ich mit ihm bis Luxor gekommen bin. Weiter flussabwärts ist das Niltal zu stark kontrolliert, da muss ich mich für ein offizielles Fortbewegungsmittel entscheiden. Ob er eine Fellachenfamilie kenne, die Aton gut behandeln würde?

Der Doktor denkt kurz nach. Seine Augen leuchten auf, und er sagt: »Natürlich, Mohamed Saad Osman und seine Frau Fatima.«

Am Nachmittag nimmt mich der Tierarzt mit auf seine Tour von Dorf zu Dorf und führt mich dann zum Haus der Familie Osman. Hohe Bäume beschatten das Gehöft. Ein Torbogen überspannt den Eingang zu einem Innenhof aus gestampftem Lehm, dort ist Fatima mit ihren beiden Töchtern beim Waschen. Die Wäsche liegt eingeweicht in großen Zinkwannen, wird geknetet und gerubbelt, dann gespült und aufgehängt. Das Wasser muss aus der Tiefe hochgepumpt werden. Sohn Ahmed zeigt mir die Pumpe. »Aus England!«, betont er stolz. Der Brunnen ist gemauert und 35 Meter tief.

Ahmed geht mit mir zu den Tierställen, alle sind mit frischem Stroh ausgelegt. In den Raufen hängt Heu, in den Krippen häuft sich Körnerfutter. Vier Kühe, zwei Esel und einen Wasserbüffel besitzt die Familie. Zwei schwarze und ein schwarz-weißes Kälbchen rennen draußen herum, bringen mich mit ihren akrobatischen Luftsprüngen zum Lachen. Im Schatten dösen zwei Hunde. Auch sie sind gut genährt und gepflegt, was mich erstaunt, denn Hunde gelten als unrein, weshalb man sie meistens schlecht behandelt. Die

140

jüngste Tochter hält ein Kätzchen im Arm, das sie zärtlich streichelt. Ein Miteinander von Mensch und Tier, wie ich es auf meinen Reisen in arabischen Ländern selten erlebt habe.

Ihr Mann komme erst in einigen Tagen zurück, sagt Fatima, doch er werde bestimmt einverstanden sein. Ich könne meinen Esel gleich oder sobald ich es wolle, zu ihnen bringen. Hier habe er die Gesellschaft der anderen zwei Esel und werde nicht einsam sein, meint Fatima verständnisvoll.

Auf der Rückfahrt bestätigt mir Doktor Imad meinen positiven Eindruck: »Diese Familie behandelt ihre Tiere als das, was sie sind: empfindsame Lebewesen.«

Am folgenden Tag wandere ich mit Aton zu seiner neuen Heimstatt und nehme mir vor, ihn dort während meines Aufenthalts in Luxor öfter zu besuchen. Zuerst aber will ich mich jetzt der Geschichte Tutanchamuns widmen, der vor rund 3300 Jahren lebte und ein Sohn Echnatons war. Die Ironie des Schicksals wollte es, dass einer der eher unbedeutenden Pharaonen für uns zum bekanntesten Herrscher Ägyptens wurde. Als Marionette der Priester und Hofbeamten hat Tutanchamun nicht eigenständig herrschen können. Mit neun Jahren wurde er auf den Thron gesetzt und starb schon mit achtzehn. Sein Tod ist rätselhaft. Starb er an einer Krankheit, bei einem Unfall, oder wurde er gar ermordet? Seine Mumie ist mehrmals geröntgt, gescannt und auf Gewaltspuren untersucht worden. Zwar entdeckte man Verletzungen am Schädel, konnte aber nicht eindeutig feststellen, ob diese die Todesursache waren oder sie beim Prozess der Mumifizierung entstanden sind, bei dem das Gehirn entfernt wird.

Auch seine Herkunft ist nicht eindeutig. War er ein Sohn Echnatons mit seiner Gemahlin Nofretete oder mit der Nebenfrau Kija? Verheiratet wurde der junge König jedenfalls mit seiner Schwester Anchesenamun, der dritten Tochter Nofretetes und Echnatons. Mit

Tutanchamun erlischt die Königslinie. Nach ihm setzte sich Eje, ein hoher Beamter, danach der Feldherr Haremhab auf den Thron. Die folgende 19. Dynastie beginnt mit Haremhabs Zögling Ramses I., der aber ebenso wie seine beiden Vorgänger keineswegs königlicher Abstammung war.

Berühmt geworden ist Tutanchamun nur wegen seines Grabes, das einzige, das nicht von Dieben leergeräumt worden war. Der Bauschutt des riesigen Felsengrabes, das für Ramses VI. ausgehoben wurde, verschüttete den Eingang zu seiner Grabstätte und bewahrte den Toten mehr als 3000 Jahre vor dem Zugriff goldgieriger Plünderer.

Bewohner von Qurna hatten ihre Hütten auf dem Schutthügel gebaut. Wahrscheinlich hätte das Grab niemand entdeckt und Tutanchamun wäre das Glück ewigen Vergessens beschieden gewesen, hätte es nicht Howard Carter gegeben.

Carter, der Sohn einer kinderreichen Künstlerfamilie, verließ England bereits mit siebzehn Jahren. Fasziniert von der ägyptischen Kultur begann er als bescheidener Hilfszeichner und fertigte Kopien der Altertümer an. Er arbeitete sich hoch und wurde zum Inspektor der Altertümerverwaltung von Oberägypten ernannt. Wegen eines Streites mit betrunkenen französischen Touristen verlor er sein Amt. Carter hatte die arabischen Wachposten zum Eingreifen ermutigt, doch in den Augen des französischen Konsuls war es eine Beleidigung, wenn Angehörigen der *grande nation* von Arabern zur Ordnung gerufen wurden. Der Konsul forderte eine Entschuldigung von Carter, die dieser, sich im Recht fühlend, entschieden verweigerte. Der Franzose ruhte nicht eher, bis der Engländer aus dem Dienst entlassen wurde.

Howard Carter musste sich wieder als mittelloser Zeichner durchschlagen, bis er George Edward Stanhope Molyneux Herbert, Fifth Earl of Carnarvon traf, kurz Earl of oder Lord Carnarvon ge-

nannt, einen exzentrischen und reichen Mäzen, der Grabungs-
rechte erworben hatte. Carter wurde ihm als wissenschaftlicher
Grabungsleiter empfohlen. Zwischen den ungleichen Männern entwickelte sich eine Freundschaft, von der beide profitierten.

Die thebanische Nekropole war durchwühlt und bot kaum Hoffnung auf neue Funde. Doch Carter war fest davon überzeugt, dass
es ein unentdecktes Königsgrab geben müsse, denn anhand der Königslisten des Chronisten Manetho wusste man, wie viele Herrscher
es im Neuen Reich gegeben hatte, und wessen Gräber schon gefunden worden waren. Ein Königsgrab fehlte, das von Tutanchamun.
Carter ging systematisch vor, zeichnete in eine Karte alle Stellen ein,
die schon durchforscht waren, und grub an den noch unberührten.
Als er aber nach fünf Jahren immer noch nichts zutage gefördert
hatte, kamen dem Earl of Carnarvon ernsthafte Zweifel, ob es wirklich sinnvoll sei, riesige Summen in Geröll und Sand zu setzen. Carter gelang es unter Aufbietung all seiner Überredungskunst, seinem
Auftraggeber noch eine Grabsaison abzuringen. Er bot sogar an,
die Kosten zu übernehmen, sollte sie nicht zum Erfolg führen.

Am 1. November 1922 begannen Carters Arbeiter, den Schutt
unterhalb des Grabes von Ramses VI. wegzuräumen. Bereits drei
Tage später stießen sie auf eine steinerne Stufe. Von nun an mussten
die Arbeiter Schaufel und Hacke weglegen und zu Spatel und Pinsel
greifen – für Carter war diese sorgfältige Arbeitsweise selbstverständlich. Es dauerte einige Tage, Stufe für Stufe wuchs aus dem
Geröll, bis sechzehn von ihnen freigelegt waren. Die Treppe endete
vor einer versiegelten Tür. Das Siegel war intakt und zeigte den
schakalköpfigen Anubis, den Wächter des Totenreichs.

Während ich die gleiche Treppe hinabsteige, die Howard Carter
damals freipinseln ließ, stelle ich mir seine Gefühle vor. Vor Auf-
regung und Freude muss ihm das Herz bis zum Hals geschlagen
haben, so nah am Ziel seiner Träume! Von Jugend an hatte er sein

Leben der Erforschung altägyptischer Kultur geweiht, und nun sollte ihm vergönnt sein, worum ihn alle seine Kollegen beneiden würden – die Entdeckung eines noch unberührten Königgrabes. Noch keinem Forscher war das bisher gelungen.

So ganz sicher konnte er sich aber nicht sein, denn an der Tür befand sich der Rest eines zweiten Siegels. Das Grab war demnach also doch aufgebrochen worden. Als die Wächter damals den Einbruch bemerkten, hatten sie die Tür vermutlich neu verschlossen. Carter konnte nicht wissen, ob der Raubzug erfolgreich gewesen war. Trotz der Ungewissheit – immerhin konnte er nur eine Treppe und die versiegelte Tür vorweisen – sandte er ein Telegramm an den Lord: »Habe endlich wundervolle Entdeckung im Tal gemacht. Ein großartiges Grab mit unbeschädigtem Siegel. Bis zu Ihrer Ankunft wieder zugeschüttet.«

Drei Wochen musste Howard Carter sein Entdeckerfieber zügeln, so lange dauerte es, bis der Earl of Carnarvon und seine Tochter Lady Evelyn am Grabungsort eintrafen. Die gemauerte Tür wurde durchbrochen, dahinter stießen sie auf einen Gang, der bis zur Decke angefüllt war mit Schutt.

Ich gehe den etwa acht Meter langen, abwärts geneigten Gang hinunter. Die Wände sind undekoriert, denn für den jungen, so unerwartet verstorbenen König war kein Grab vorbereitet worden. Innerhalb von siebzig Tagen musste der Tote bestattet werden, so lange dauerte die Einbalsamierung, und so wollte es die rituelle Vorschrift.

Beim Ausräumen des Gangs stieß man auf Tonscherben und Gefäße aus Alabaster, die einen Diebstahl vermuten ließen. Tatsächlich waren sogar zweimal Plünderer eingedrungen. Der erste Einbruch geschah kaum zehn Jahre nach der Grablegung, wie man an dem Siegel sehen konnte. Die Nekropolenwächter hatten ihn rechtzeitig bemerkt und den Gang mit Kalksteinschutt aufgefüllt, um ein

Fluss des Lebens – der Nil bei Assuan

Feluken vor der Insel Elephantine bei Assuan

Imen, meine Nachbarin auf Elephantine, zeigt mir ihren Garten.

Bewässerung mit Nilwasser bringt reiche Ernte

Mit Imen und ihren Nachbarinnen beim Verlesen der Molochija-Blätter

Hühner auf dem Markt in Edfu, hundert Kilometer südlich von Luxor

Eselfuhrwerk, das bevorzugte Transportmittel auch für größere Lasten

Einkauf in einem Suq vor der Wanderung

Fachmännische Eselschau auf dem Viehmarkt in Darau

Mein Wegbegleiter Aton

Begegnung am Wegesrand

Erfahrungsaustausch mit Ziegenhirten

Rast mit Dorfkindern

Totentempel der Königin Hatschepsut

Tempel von Luxor ...

... der Stolz auch moderner Ägypter

Die Wüste war noch vor 7000 Jahren grün und besiedelt.

Bei Fatima – Gastfreundschaft einer Fellachenfamilie bei Luxor

Das Old Cataract Hotel in Assuan, ein geschichtsträchtiger Ort

Nilfahrt – Stunden und Tage vergehen in gleichmäßigem Rhythmus.

Gewürzpyramiden auf einem Suq in Kairo

Weltwunder – die Pyramiden von Giseh

Dromedare warten auf Touristen, die größte Einnahmequelle Ägyptens.

Kairo, die dichtbesiedelste Stadt der Welt

Koptische Felsenkirche St. Samaan in den Mokattam-Bergen bei Kairo

Koptin aus der Müllsiedlung Mokattam am Rande Kairos

Verzaubernde Abendstimmung am Nil

erneutes Eindringen zu verhindern. Beim zweiten Mal, einige Jahrzehnte später, gruben sich die Räuber tunnelförmig durch den Schutt und gelangten bis in die Grabkammer. Sie hatten es auf Schmuck und Amulette abgesehen, kleine Kostbarkeiten, die sich leicht wegtragen ließen. Carter schätzte später, dass sechzig Prozent des Schmucks gestohlen worden waren.

Den Wächtern dürfte die unzureichende Aufsicht unangenehm gewesen sein, eiligst versiegelten sie erneut die Tür. Zweifellos hätte sich dieser traurige Kreislauf stets aufs Neue wiederholt, wie bei allen anderen Gräbern auch, wäre der Eingang nicht vom Abraum verschüttet und somit vergessen worden.

Am Ende des Gangs, als er endlich freigeräumt war, befand sich eine zweite gemauerte Tür, ebenfalls versiegelt. Der entscheidende Moment war gekommen. Was würde sich dahinter befinden? Geröllschutt, von Dieben geleerte Kammern, oder ...?

Carter entfernte einen Mauerstein und steckte eine Stange durch das Loch. Sie stieß auf keinerlei Widerstand, also war der Raum nicht mit Schutt gefüllt wie zuvor der Gang. Eine Kerze wurde an der Stange befestigt. Der Forscher führte sie vorsichtig hinein und späte durch das Loch. Zuerst konnte er im Schein der im Luftzug flackernden Flamme nichts sehen, doch dann tauchten aus der Dunkelheit nach und nach Einzelheiten auf: Tierfiguren, Statuen und Gold – überall schimmerte Gold! Howard Carter war sprachlos. Endlich hielt der neben ihm stehende Lord Carnarvon die Ungewissheit nicht länger aus und fragte: »Können Sie etwas sehen?« Carter vermochte nur zu erwidern: »Ja, wunderbare Dinge.«

Am nächsten Tag wurde die Mauer durchbrochen, und im hellen Licht der Lampen erblickten die Ausgräber eine Ansammlung all der Dinge, die ein König im Jenseits brauchen könnte: Möbel, Kleidung, sogar einen Streitwagen. Die Kostbarkeiten, viele aus Gold und Elfenbein, waren achtlos übereinander aufgehäuft, es herrschte ein heilloses Durcheinander wie in einer Rumpelkammer. Vermutlich war das Chaos von den Dieben verursacht worden, und die Grabwächter hatten sich nicht die Zeit genommen, die Ordnung wiederherzustellen.

Mit meinen Schritten messe ich die rechteckige Kammer aus, etwa vier Meter breit und acht Meter lang. Sie ist völlig leer. Alle Schätze lagern im Ägyptischen Museum in Kairo.

In einer kleinen Seitenkammer, etwa vier auf drei Meter groß, stapelten sich noch mehr Möbel, Truhen, Kisten, Kästen, Vasen, Statuen. Es dauerte Monate, bis beide Kammern ausgeräumt, alle Dinge in Listen eingetragen, mit Nummern versehen, fotografiert, gezeichnet und verpackt waren. Es war schwierig, die ineinander verknäulten Stücke zu trennen und dabei möglichst nicht zu beschädigen. Carter verglich die Arbeit mit einem Mikadospiel. Wie viel Mühe es kostete, empfindliche Gegenstände zu erhalten, beschrieb er am Beispiel einer perlenbestickten Sandale. Das Material war brüchig, bei geringster Berührung hätte sie sich in Staub aufgelöst, und die kunstvolle Stickerei wäre für immer verloren gewesen. Um diese zu erhalten, musste die Sandale mit Paraffin haltbar gemacht werden.

Der dritte Durchgang, derjenige zur Grabkammer, war noch immer vermauert. Dort musste der Pharao liegen. Noch nie zuvor hatten Archäologen einen Gottkönig so vorgefunden, wie er zu Grabe gelegt worden war. Ein Pharao, der unberührt die Jahrtausende überdauert hatte, würde eine Sensation sein. Noch war nicht sicher, ob Tutanchamun wirklich unberührt war, nicht einmal, ob er sich überhaupt in der Kammer befand. Löcher in der Mauer, hastig mit Mörtel verschlossen, ließen vermuten, dass die Grabräuber auch hier einst eingedrungen waren.

Der Lord und sein Ausgräber Carter bewiesen Selbstbeherrschung, übten sich monatelang in Geduld, denn die vollgestopften

Kammern mussten zuvor geräumt werden. Täglich kamen mehr Besucher. Das Pharaonengrab zog Menschen wie ein Magnet an. In Europa löste der Fund eine Welle der Ägyptomanie aus. Wer es sich leisten konnte, reiste nach Luxor. Sogar die belgische Königin kam mit ihrem Hofstaat und brachte die Arbeit im Grab für drei Tage zum Erliegen.

Erst am 17. Februar 1923 war es soweit. Carter öffnete den vermauerten Eingang zur Sargkammer. Diesmal war er mit seinem Mäzen und dessen Tochter Evelyn nicht allein; prominente Gäste waren versammelt, Staatsbeamte und namhafte Archäologen. Knisternde Spannung breitete sich aus. Alle warteten schweigend auf das Wunder – und sollten nicht enttäuscht werden.

Die Steine wurden einer nach dem anderen aus der Mauer entfernt, von einem Besucher zum anderen weitergereicht, in einer langen Kette bis nach draußen. Dann endlich war der Blick frei. Kaum einen Meter von der Türöffnung entfernt erstrahlte ein Schrein aus Gold. Der riesige Schrank aus Ebenholz, mit Blattgold belegt und mit blauen Intarsien geschmückt, war fünf Meter lang, über drei Meter breit und drei Meter hoch. Er füllte die Kammer fast aus, nur ein Meter Abstand zu den Wänden war frei.

Carter öffnete vorsichtig die Türen des goldenen Schreins. Was für eine Überraschung, als sich im Inneren ein zweiter befand und dann ein dritter und vierter, und alle waren sie vergoldet. Vier ineinandergeschachtelte Schreine. Erst als er die Türen des vierten öffnete, wurde ein gelb schimmernder Quarzitsarg sichtbar. Der steinerne Deckel wog über eine Tonne. In diesem Steinsarg lagen, nach dem Prinzip der russischen Puppen, drei ineinandergesteckte, dem menschlichen Körper nachgeformte Särge. Mühevoll musste man sie, die kaum einen fingerbreiten Abstand voneinander hatten, einen nach dem anderen herausheben, eine schwierige Arbeit in der Enge der Grabkammer.

147

Die ersten beiden Särge waren ebenfalls aus vergoldetem Ebenholz, der dritte jedoch aus purem Gold. Der goldene Deckel wurde abgehoben. Carters Herz blieb fast stehen – da lag der tote König. Sein Körper war sorgfältig mit Binden umwickelt und mit Salböl übergossen, das sich zu einer harzigen Masse verdickt hatte. Das Gesicht aber war bedeckt von einer Maske aus purem Gold, dem Symbol für die Unsterblichkeit, denn Gold ist die Farbe der Sonne, wenn sie nach nächtlicher Reise wieder am Himmel emporsteigt.

Die Maske zeigt ein vollendet schönes Antlitz mit harmonischen Zügen, sanft geschwungenen Lippen, Augen aus Quarz und Obsidian, die melancholisch in eine unbestimmte Ferne schauen. An der Stirn befinden sich die Uräusschlange und der Geierkopf, die Zeichen für Ober- und Unterägypten. Elf Kilo wog die goldene Maske und lag dem Gesicht direkt auf.

Als ich in die Sargkammer eintrete, fällt mein Blick sofort auf den gelblichen Quarzitsarkophag, der in der Mitte des Raumes steht. Abgedeckt ist er mit einer Glasplatte. Innen befindet sich einer der vergoldeten Holzsärge mit der Mumie des jungen Pharao. Nachdem er ausgewickelt worden war und vielfache Untersuchungen über sich hatte ergehen lassen müssen, ist er in sein Grab zurückgebracht worden – darauf hatte Howard Carter bestanden. Tutanchamun ist der einzige Gottkönig, der sich wieder dort befindet, wo er bestattet wurde, allerdings den neugierigen Blicken vieler Menschen ausgesetzt.

Am Gedränge der Besucher schiebe ich mich vorbei und betrachte die Wandmalereien, die es nur in dieser Kammer gibt. Großflächig bedecken sie alle vier Wände. Szenen an der Ostwand beschreiben das Begräbnis. An der Nordwand ist die wichtige Zeremonie der »Mundöffnung« zu sehen, damit die Seele nach der Einbalsamierung in den Körper zurückkehren kann, weil sonst die

Wiederauferstehung nicht möglich ist. Als Mundöffner ist der Wesir Eje dargestellt, der Tutanchamun nach dessen Tod auf dem Thron folgte. An der Südwand steht der junge Pharao zwischen Anubis und Hathor, während die Westwand mit Bildern aus der Unterwelt geschmückt ist. Die Gemälde wirken wie unter großer Eile hingemalt, nicht vergleichbar mit den sorgfältig gestalteten Kunstwerken in anderen Königsgräbern.

Für den Besuch wird ein Preisaufschlag erhoben, dabei verdient das Grab gar keine besondere Beachtung. Nicht für die Sehenswürdigkeit muss bezahlt werden, sondern für den Mythos. Und der wirkt noch immer. Vor kaum einem anderen Eingang bilden sich so lange Schlangen. Geduldig warten die Menschen in der prallen Sonne. Keiner möchte versäumen, den Ort aufzusuchen, wo sich einer der großartigsten Augenblicke der Archäologie abspielte. Doch sie finden nur, was ihnen ihre eigene Phantasie ausmalt.

Howard Carters Haus, in dem er während der Ausgrabungszeit lebte, existiert noch. Es liegt rechts an einem Abzweig von der Straße zum Tal der Könige, erkennbar am kuppelförmigen Dach. Die Idee, es zu einem Museum auszubauen, wurde bisher aus Mangel an Geld und Engagement nicht verwirklicht.

Die Entdeckung des Königgrabes war für Carter Segen und Fluch zugleich. Segen, weil er weltweit berühmt wurde. Sein Name wird für immer mit dem von Tutanchamun verknüpft bleiben. Ein Fluch, weil seine Laufbahn als Ausgräber praktisch beendet war. Den Rest seines Lebens war er nur noch damit beschäftigt, die Funde zu dokumentieren, zu konservieren und auszuwerten. Carter benötigte allein neun Jahre, um 3500 Gegenstände mit akribischer Sorgfalt zu katalogisieren.

Der Neid seiner Kollegen verfolgte ihn. Trotz seiner gewissenhaften Arbeitsweise wurden Vorwürfe laut, er habe nicht sorgfältig gearbeitet oder sich sogar Schmuckstücke angeeignet. Unsinnige Unterstellungen, denn Carter führte weiter das bescheidene Leben eines seiner Arbeit verpflichteten Wissenschaftlers.

Der Tod seines Mäzens Lord Carnarvon bald nach der Öffnung des Sarkophags wurde zum Stoff für unzählige Gruselgeschichten. Immer wieder war vom »Fluch des Pharao« die Rede. Es wurde behauptet, die Mumie habe sich für die gestörte Grabesruhe gerächt. Doch in Wirklichkeit erkrankte Lord Carnarvons an einem entzündeten Moskitostich, der zu einer Blutvergiftung führte. Die ohnehin schwache Konstitution des Lord verhinderte eine Genesung. Er verstarb in Kairo am 5. April 1923.

Die geheimnisvolle Königin auf dem Pharaonenthron

Einige Tage habe ich meinen Esel nicht gesehen, der bei Fatima und ihrer Familie gut untergebracht ist. Er begrüßt mich lautstark, drängt sich an mich, kann es kaum erwarten, dass ich ihm das Halfter anlege und das Gepäck für die geplante Tageswanderung aufschnalle. Bevor wir losziehen, lädt mich Fatima zum Tee ein. Im schattigen Innenhof hocken wir auf kleinen Schemeln, vor uns auf einem Tischchen Teegläser und Fladenbrot. Tochter Irina bedient uns und verschwindet dann im Haus.

»Aton hat jetzt das Kommando über meine beiden Eselinnen«, berichtet Fatima.

Ich habe mir einen Tag Auszeit genommen, will mich von der anstrengenden Beschäftigung mit Ägyptens Vergangenheit erholen. Anstrengend, weil es in der Totenstadt des Neuen Reichs besonders viel zu sehen gibt, und dabei habe ich mich noch gar nicht mit den Tempeln am Ostufer beschäftigt.

Mit Aton spaziere ich entlang der saftig grünen Felder. In unzähligen Bewässungskanälen sprudelt das Wasser aus dem Nil. Die Kanäle sind nicht aus Beton, sondern schmale Erdrinnen, dann wieder bachbreit, die Ufer mit Gras und Gesträuch bewachsen. Die Rufe des Muezzins klingen gedämpft vom weit entfernten Minarett. Tauben gurren. Ein schwarz-weißer Vogel, ein großer Verwandter unseres Eisvogels, stößt plötzlich senkrecht ins Wasser und taucht mit einem kleinen Fisch im Schnabel wieder auf. Wir wandern an Dörfern vorbei mit Lehmhäusern und engen Gassen. Barfüßige Kinder folgen uns eine Weile, schüchtern, weil sie nicht an Touristen gewöhnt sind. Dann sind wir wieder allein, und ich kann ungestört nachdenken. Diese geheimnisvolle Frau geht mir nicht aus dem Sinn, Hatschepsut, die als Pharaonin über Ägypten herrschte.

Was kann man von einer Person wissen, die vor 3500 Jahren starb und deren Spuren verweht sind? Nicht einmal ihren Namen sollten wir erfahren, denn bald nach ihrem Tod hatte jemand nichts unversucht gelassen, ihre Erdenspur zu tilgen. In keiner Königsliste ist sie verzeichnet. Gründlich wurden alle Texte von ihr und über sie entfernt. Jedes Relief, das sie darstellte, wurde weggemeißelt, ihre Statuen wurden zertrümmert und ihr Name ausgekratzt. Wer war es, dessen Hass so groß war, dass er die Existenz dieser Frau über ihren Tod hinaus auslöschen wollte? Eine Rache, wohlüberlegt und grausam zugleich. Die Zeitgenossen sollten sie vergessen, und die Nachwelt sollte nie von ihr erfahren. Schlimmer noch, mit der Tilgung ihres Namens und aller Abbilder wurde ihr das ewige Leben im Jenseits verwehrt, die über den Tod hinaus wirkende Lebenskraft vernichtet. Die schlimmste aller Strafen, die man einem Menschen im alten Ägypten antun konnte. Was hatte Hatschepsut verschuldet, dass man sie vernichten wollte?

Fast wäre ihre Auslöschung gelungen, doch nicht immer wurde die Zerstörung sorgfältig genug ausgeführt. Manchmal blieb der Bruchteil eines Textes erhalten, eine Namenskartusche – die ovale Form um den Hieroglyphennamen eines Königs oder einer Königin – wurde übersehen, oder eine zerstörte Statue konnte rekonstruiert werden. Mit detektivischer Raffinesse und nie versiegender Geduld begaben sich Archäologen auf Spurensuche. Voraussetzung aber war, die Hieroglyphen lesen zu können. Dem Schriftgelehrtem Jean-François Champollion war das Kunststück gelungen, im Jahr 1829 besuchte er die Ruinen des Tempels von Deir el-Bahari und konnte als Erster entziffern, dass dieser Tempel im Auftrag einer Frau, einer Pharaonin, erbaut worden war. Bei späteren Ausgrabungen kam ein Relief zum Vorschein, das von einer Handelsreise ins

Land Punt berichtete, organisiert von ebendieser Herrscherin. Ihr Name war: Hatschepsut.

Die Archäologen forschten weiter, fanden ihre Spur auch an anderen Orten, im Tempel von Karnak und auf Elephantine. Immer war ihre Namenskartusche weggemeißelt, ihr Antlitz zerstört. Doch dem amerikanischen Ägyptologen Herbert Wintock gelang es, die Trümmer zusammenzufügen, nach und nach nahm das Bild Formen an. Allmählich bekam Hatschepsut ein Gesicht und eine Geschichte.

Es geschah im Jahr 1495 v. Chr. in Theben, dem heutigen Luxor. Der Nil war nach vier Monaten der Überschwemmung gerade wieder in sein Bett zurückgekehrt, als Hatschepsut das Licht der Welt erblickte. Ihre Geschichte ist untrennbar mit Ereignissen verwoben, die lange vor ihrer Geburt stattfanden: Die Macht der Pharaonen war am Ende des Mittleren Reichs geschwächt. Eine lang andauernde Dürre hatte die Lebensgrundlage zerstört, unzählige Menschen verhungerten. In dieser Zeit von Not und Bedrängnis konnte sich Ägypten nicht gegen den Einfall der Hyksos, der kriegerischen Nomaden aus dem Norden, erwehren.

Die Hyksos waren kein einheitliches Volk, sondern Angehörige verschiedener asiatischer Stämme. Als ungestüme Reiterhorden und in Kampfwagen, vor die sie Pferde gespannt hatten, brausten sie daher. Diese Tiere, bis dahin unbekannt in Ägypten, riefen Angst und Entsetzen hervor. Die zu Fuß kämpfenden ägyptischen Soldaten waren der Übermacht hoffnungslos unterlegen. Die Hyksos zerstörten Heiligtümer, brandschatzten Dörfer und Städte, töteten Frauen, Männer, Kinder.

Hundert Jahre schon dauerte die entsetzliche Fremdherrschaft. Zuerst geheim, dann im offenen Widerstand verbanden sich Volk, Adel und Priesterschaft, und es gelang, das bedrückende Joch abzuschütteln. König Ahmose – mit ihm beginnt das Neue Reich und die

18. Dynastie – schlug die Hyksos mit ihren eigenen Waffen. Er hatte seine Armee auch mit Pferden und Kampfwagen ausgerüstet, sowie die Soldaten in der neuen Kampftechnik, mit Pfeil und Bogen, ausgebildet. Mit seinem Heer jagte er die Eindringlinge nach Norden und drängte sie aus dem Nildelta hinaus. Als sein Sohn Amenophis zum Herrscher gekrönt wurde, wendete der sich nach Süden gegen die Nubier, die während der Fremdherrschaft bis zum 2. Katarakt vorgedrungen waren. Amenophis hatte keine männlichen Nachfolger, und so vermählte er seine Tochter Ahmose, die den gleichen Namen wie ihr berühmter Großvater trug, mit Heerführer Thutmosis, der sich in den Kriegen mutig und siegreich gezeigt hatte. Als Thutmosis I. setzte er das Werk seiner Vorgänger fort, eroberte Nubien bis zum 4. Katarakt und dehnte das Reich nach Norden bis Syrien aus.

Der kriegerische König hatte eine Tochter, Hatschepsut. Ein Relief zeigt, wie sie das Licht der Welt erblickt. Die Große Königliche Gemahlin Ahmose hockt auf einem Podest aus vier Lehmziegeln, gehalten von zwei Hebammen. Beim Anblick ihrer Tochter ruft sie: »Hat-Shepesut« – die »Herrlichste der Edelfrauen«. Es war Sitte, das Neugeborene nach dem ersten Ausruf der Gebärenden zu benennen.

Hatschepsut wuchs im Palast ihrer Eltern in Theben heran, umsorgt von ihrer Amme Sat-Re, der sie später eine Totenkapelle und eine Grabstelle neben ihrem Königsgrab errichten ließ. Wie alle Kinder der Adligen und hohen Beamten erhielt sie Unterricht in Schreiben, Rechnen, Geschichte, Religion.

Thutmosis I., der die außerordentliche Begabung seiner Tochter erkannte, wünschte, dass sie in allen Aspekten des ägyptischen Lebens unterwiesen werde, einem Leben, das sich auf die Landwirtschaft gründete, die wiederum von der Nilschwemme abhängig war. Astronomisches Wissen und Kenntnis des Kalenders waren notwendig in Verbindung mit Ritualen und Anbetungen der Götter, um die Fruchtbarkeit der Felder zu sichern.

Hatschepsut zeichnete sich nicht allein durch Klugheit aus, sie war auch besonders liebreizend, wie ihre aus Bruchstücken zusammengefügten Büsten und Statuen beweisen. Ihr graziler, geschmeidiger Körper ist selbst auf zerstörten Reliefs erkennbar, denn dort, wo ihre Figur sorgfältig weggemeißelt wurde, blieben die Umrisse erhalten. So ergibt sich aus allen Details doch ein recht genaues Bild. Die Stirn war breit und hoch, die Nase klein und der Mund herzförmig. Das runde, aber zugleich herausragende Kinn verlieh dem Gesicht einen entschlossenen Ausdruck. Das Erstaunlichste aber waren ihre Augen. Übergroß blicken sie dem Gegenüber mit bezwingender Ruhe und Gelassenheit entgegen. Diesen Blick hatte sie schon in ganz jungen Jahren.

Die fürsorgliche Aufmerksamkeit, die ihr der Vater entgegenbrachte, bestärkte die Prinzessin in ihrem Glauben, zur Herrscherin geboren zu sein. Es gab allerdings ein Problem – Frauen konnten nicht Pharao werden. Niemals, seit uralten Zeiten, als der sagenhafte König Narmer Ober- und Unterägypten vereinigte und somit Ägypten schuf, hatte eine Frau geherrscht, und wenn doch, dann nur stellvertretend für einen noch unmündigen Sohn. Hatschepsut aber setzte alles daran, mit dieser Tradition zu brechen. Um Pharaonin werden zu können, erfand sie die Legende ihrer göttlichen Geburt. Vielleicht wurde sie darin auch vom Hohepriester unterstützt; dokumentiert ist die Hilfe ihres Vertrauten Senenmut, des Großen Haushofmeisters. Ihn sandte sie nach Heliopolis, wo die alten Zauber- und Mysterienbücher aus der Frühzeit Ägyptens archiviert wurden. Senenmut fand dort das Material, um die göttliche Abstammung Hatschepsuts zu inszenieren. Die oberste Gottheit in Theben hieß Amon, er sollte ihr Vater sein. Nicht Thutmosis habe Hatschepsut gezeugt, sondern Gott Amon. Diese Legende ließ die Herrscherin als Abfolge von Bildern mit erklärenden Hieroglyphentexten in ihrem Tempel darstellen. In unendlicher Mühe setzten Archäologen die kaum noch sichtbaren Spuren zusammen. Das erste Relief zeigt Gott Amon mit zwölf Göttern, die sich um seinen Thron versammeln. Er teilt ihnen seine Absicht mit, ein irdisches Kind zeugen zu wollen. Sogleich sendet er den ibisköpfigen Thot, den Gott der Weisheit, als Götterboten zur Königin Ahmose, der zukünftigen Mutter von Hatschepsut, um ihr die Geburt eines göttlichen Kindes zu verkünden. Die Szene erinnert an den Engel Gabriel, der Maria die Geburt von Gottes Sohn verheißt. Bezaubert von der Anmut Ahmoses, kehrt Thot zu Amon zurück. Sie sei die Schönste unter den Sterblichen, berichtet er und bittet Amon, nicht länger zu zögern. Das nächste Bild zeigt, wie der Gott das Gemach der schlafenden Königin betritt. Zur Tarnung hat er sich in ihren Gemahl Thutmosis verwandelt. Später bedienten sich die Griechen dieser Anekdote. Sie ließen ihren Gott Zeus in vielerlei Gestalt schlüpfen, damit er ungestraft seinen amourösen Abenteuern frönen konnte.

Amon aber wurde beim Anblick der Königin von Liebe überwältigt und offenbarte sich seiner Geliebten in seiner wahren Wesenheit als Gott. Das Relief zeigt, wie Amon und Ahmose sich züchtig und würdevoll gegenübersitzen. Sie stützt mit ihren Händen seine Ellenbogen. Die sich überkreuzenden Beine der Sitzenden symbolisieren die körperliche Vereinigung. Im Gegensatz zu der diskreten, bildlichen Darstellung überbietet sich der Text in überschwänglicher Schilderung und ist überraschend offenherzig und eindeutig: »Sie erwachte vom Duft des Gottes und lächelte angesichts seiner hoheitsvollen Würde. Da ging er zu ihr, bereit sie zu nehmen, und schenkte ihr seine brennende Inbrunst. Seine Liebe ging in ihr Fleisch ein, von seiner Männlichkeit übertragen.«

Der Bilderzyklus spielt dann weiter im Götterhimmel, wo der Widdergott Chnum auf seiner Töpferscheibe das Kind formt, und

156

endet mit der göttlichen Geburt. Die Schwangere wird von der krötenköpfigen Heket, Göttin der Hebammen, in das Geburtszimmer geleitet. Die Silhouette der Ahmose zeigt die Rundung ihrer Schwangerschaft, ein in der ägyptischen Kunst sonst nie gezeigtes anatomisches Detail. Freudig begrüßt Amon seine Tochter, und in seinen Worten schwingt der Stolz eines Vaters mit: »Ruhmreiches Glied, das aus mir selbst hervorging. König der ›Beiden Länder‹ auf dem Thron des Horus für ewig.«

Um dem Makel ihrer Weiblichkeit zu entfliehen, legt Hatschepsut dem Gott die männliche Form des von ihr erwünschten Königtums in den Mund: Nicht Königin, sondern König, lässt sie ihn sagen. Weiter spricht der Gott: »Ich werde dir alle Ebenen und Berge geben. Du wirst alle Lebewesen regieren. In deiner Regierungszeit soll es ergiebige Nilschwemmen geben, und jeder, der den Namen der Majestät beleidigt, dem werde ich auf der Stelle das Leben nehmen.«

Diese Legende ihrer göttlichen Geburt hat Hatschepsut als Erwachsene ersonnen, doch schon in der Kindheit sprach ein Orakel ihr die Königswürde zu. Durch Bewegen seines erhabenen Hauptes, prophezeite Amon der zehnjährigen Prinzessin die Herrscherwürde. Hatschepsut ließ später in der Roten Kapelle in Stein meißeln, was der Gott mit donnergewaltiger Stimme verkündet hatte: »Er hat mich über jenen, der im Palast ist, erhoben.« Mit »jenen« meinte sie ihren Halbbruder, den Sohn ihres Vaters mit seiner Nebenfrau Mutnotfred. Nach Sitte und Tradition war er der rechtmäßige Erbe, obgleich er ebenso wenig wie sein Vater göttlicher Abstammung war. Das Problem war leicht aus der Welt zu schaffen, er müsste nur eine Königstochter aus der Verwandtschaft Ahmoses heiraten. Die Einzige, die dafür infrage kam, war Hatschepsut.

Thutmosis I. machte die durch das Orakel gekürte Tochter mit Regierungsaufgaben vertraut und nahm sie mit auf eine Inspektionsreise nach Norden. Sie besuchten Memphis, die frühere Hauptstadt des Reichs, und segelten auf dem Nil weiter bis ins Delta. Voller Trauer sahen sie die durch die Hyksos zerstörten Tempel, und die dreizehnjährige Prinzessin schwor, sie wieder aufzubauen.

Den Schwur ihrer Kindheit hat sie nie vergessen und später keine Mühe gescheut, die Tempel zu erneuern, wie zum Beispiel das Heiligtum der löwenköpfigen Göttin Pachet in Speos Artimidos, einem Ort in Mittelägypten. Selbstbewusst ließ sie ihre Gedanken und Gefühle in Stein meißeln: »Diese Dinge zu tun hat mein Herz mir eingegeben. Selbst im Schlaf habe ich nie meine Pflicht vergessen, sondern habe befestigt, was verfallen war. Ich habe aufgebaut, was die Hyksos niedergerissen hatten, damit das was geschaffen war, erhalten bleibt.«

Doch dann – sie war ahtzehn Jahre alt – kam es zu einer dramatischen Wende. Hatschepsut wurde noch zu Lebzeiten ihres Vaters mit ihrem Halbbruder verheiratet. Er, nicht sie, wurde durch die Heirat Anwärter auf den Thron. Hatschepsut blieb nur die Aussicht, einmal Große Königliche Gemahlin zu werden. Kein Dokument gibt Aufschluss, was passiert ist. Steckten die Priester dahinter, denen eine Herrscherin nicht geheuer war, obwohl sie selber Jahre zuvor die Weissagung inszeniert hatten? Oder hatte die Mutter des Halbbruders ihre Hand im Spiel, hatte sie Druck ausgeübt mithilfe eines starken Familienclans? Oder waren dem Vater Bedenken gekommen, dass seine geliebte Tochter sich später der Intrigen am Hof nicht erwehren könnte? Schutz konnte er ihr nur zu Lebzeiten bieten. Hat Hatschepsut freiwillig in die Heirat eingewilligt, oder wurde sie gezwungen? Diese Fragen werden wohl nie eine Antwort finden. Wir wissen nur, dass Hatschepsut eine ungewöhnliche Frau war, stark und eigenwillig. Nie würde sie ihre Ziele aufgeben und mit Klugheit und Einfallsreichtum ihren Weg gehen.

Sie heiratete den ein Jahr jüngeren Halbbruder, der nach dem Tod des Vaters zum König gekrönt wurde und den Namen Thutmosis II.

erhielt. Er war von zarter Statur, nur ein Meter sechzig groß. In seinem Gesicht fiel eine hervorstechende Nase auf. Er galt als kränklich, der Chronist Ineni charakterisiert ihn verächtlich als: »Ein Falke im Nest, zu spät gekommen, mit einem Vogelhirn.« Hatschepsut gebar zwei Töchter, ihr Gatte zeugte mit der Nebenfrau Isis einen Prinzen, den späteren Thutmosis III.

Die verhinderte Herrscherin war 25 Jahre alt, als ihr Gemahl Thutmosis II. in seinem dritten Regierungsjahr starb. Sein Sohn war erst zwei Jahre alt, gleichwohl wurde nicht sie, sondern das Kind zum König gekrönt. Bis zu seiner Mündigkeit übernahm die junge Witwe die Regierungsgeschäfte, auf die sie ja allseitig vorbereitet war. Sie zeigte sich verantwortlich für ihren Stiefsohn, ließ ihn von den besten Lehrern ausbilden und bemühte sich, Thutmosis III. gründlich auf seine zukünftige Königsrolle vorzubereiten.

Nach sieben Jahren im Schatten des Kindkönigs, zu diesem Zeitpunkt war er neun Jahre alt, hielt sie die Gelegenheit für günstig, sich selbst zu krönen. Gleich dreimal hat sie die Krönungszeremonie darstellen lassen: auf dem dritten Pylon in Karnak, in Deir el-Bahari und in der Roten Kapelle. Fand die Krönung wirklich statt, oder hat sie nur ihren Wunschtraum abbilden lassen? Die Historiker sind sich da uneins.

Künftig erscheint Hatschepsut bei öffentlichen Auftritten in maskuliner Königstracht mit kunstvoll gefaltetem Lendenschurz, um das Kinn den knebelartigen Zeremonienbart gebunden und mit den Königsinsignien Zepter und Geißel in den Händen. Ihre weibliche Figur verwandeln die Künstler bei jedem Abbild etwas mehr in eine männliche Gestalt. Stets an ihrer Seite der Stiefsohn, von gleicher Größe und gleichem Aussehen und Alter, identisch wie Zwillinge, nur durch die Königskartuschen unterscheidbar. Selbst nach ihrer Krönung hat sie ihm nicht die Krone geraubt, wie es ihr manche Ägyptologen mit gekränkter männlicher Eitelkeit vorwarfen, sondern sie mit Thutmosis III. geteilt, gleichsam ein Tandem mit ihm gebildet.

In dieser Phase des Doppelthrones entstand das Wort »Pharao«. Die Schreiber waren bald der ständigen Wiederholung aller obligatorischen Titel und der jeweils fünf Königsnamen beider Herrscher müde und ersetzten sie durch einen einzigen Begriff »Hoher Wohnsitz«, nichts anderes bedeutet »Pharao«. Spätere Herrscher schmückten sich dann mit diesem Titel, heute bezeichnen wir alle ägyptischen Könige als Pharaonen, ohne zu bedenken, wie das Wort entstanden ist.

Zwei glückliche Jahrzehnte lenkte Hatschepsut die Geschicke ihres Landes. Es waren Jahre in Wohlstand und Frieden, keine kriegerischen Darstellungen von ihr sind überliefert. Statt Kriege zu führen, wie ihre männlichen Vorgänger, sandte sie Handelsexpeditionen aus, zum Beispiel in das geheimnisvolle Land Punt, weit in Afrika gelegen.

Besonders wichtig war der Königin die Architektur, denn die Bauwerke wurden nicht der Kunst wegen errichtet, sondern stellten die Wege zu den Göttern dar. Architektur war in Ägypten die Sprache, um mit dem Jenseits zu kommunizieren.

Auf Djeser-djeseru, den Totentempel der Pharaonin, der heute Deir el-Bahari genannt wird, war ich durch Fotos vorbereitet. Bei meiner Wanderung ins Tal der Könige, hatte ich vom Bergpass auf die gewaltige Anlage herabgeblickt. Mein erster oberflächlicher Eindruck: monumental, bombastisch, protzig, raumgreifend. Dennoch will ich nun versuchen, mich unvoreingenommen diesem für Hatschepsut wichtigsten Bauwerk zu nähern. Ich komme vom Nilufer und sehe vor mir das Felsengebirge. In dem braungelben, von der Sonne verbrannten und vom Wind zernagten Gestein liegt ein nach Osten offener Kessel. Die breite Vertiefung kann als weiblicher Schoß gedeutet werden, ein Symbol für Hathor, die Große Mutterkuh, die für Fruchtbarkeit sorgt und alle Lebewesen mit ihrer Milch nährt. Sicherlich hat Hatschepsut bewusst diesen Ort für ihren Totentempel gewählt. Um Hathor zu ehren, ließ sie neben ihrem Totentempel eine Kapelle für die Göttin in den Felsen hineinbauen.

Djeser-djeseru, das Heiligste des Heiligen, schmiegt sich an die Gebirgswand, verschmilzt mit der Hintergrundkulisse, schiebt sich aus dem Schoß der steilen Felswand wie ein gewaltiges Naturtheater, schwingt sich mit zwei Terrassen in die Höhe. Sanft geneigte Rampen führen zu den Säulenhallen hinauf. Trotz seiner gewaltigen Größe integriert sich der Tempel in die natürliche Felsenlandschaft, bemüht sich um ästhetisches Gleichmaß. Und doch – er weckt in mir keine Begeisterung, spiegelt für mich nicht den Zauber der geheimnisvollen Königin wider. Ich bin mir sicher, dass ihr Tempel anders ausgesehen hat. Von ihm aber ist nichts erhalten geblieben, nicht einmal eine Ruine.

Seit 1961 arbeiten polnische Archäologen an der Wiederherstellung des Tempels, die immer noch andauert. Da nur Trümmer zur Verfügung stehen, ist die Authentizität der Rekonstruktion umstritten. Eigentlich handelt es sich um einen totalen Neubau, der allerdings zu eckig und zu geradlinig geraten ist. Die Pfeiler, aus neuem Gestein mit modernen Maschinen geschnitten, wirken auf mich unschön. Sie stehen zu eng zusammen, aus der Ferne ähneln sie einem Gitter. Die breiten, kahlen und staubigen Rampen laden nicht ein, auf ihnen zu den Terrassen hinaufzugehen.

Lieber stelle ich mir vor, wie Hatschepsut ihren Tempel erlebte: Mit einer prachtvollen Fähre überquert sie den Nil. Am Ufer steigt sie in eine Sänfte. Als die Felsenbucht vor ihr liegt, hält sie den Atem an, so schön ist das Bauwerk, das sie sieht. Schöner noch, als sie es sich ausgemalt hatte, wenn sie mit ihrem Baumeister Senenmut die

Pläne begutachtete. Scheinbar frei schwebend die Terrassen, wie durch Zauberhand an der Felswand festgehalten. Die Säulen der Fassaden schimmern rosig im Licht der Morgensonne. Den Eingang bildet ein Pylon aus Rosengranit, seitlich von zwei Mauern eingefasst, die die Kultstätte umgeben. Eine Allee, 800 Meter lang, beidseits gesäumt von 120 Sphinxen mit Löwenmähne, die alle ihr Gesicht tragen. Ein Garten umgibt den Tempel, Palmen, Mimosen, Obstbäume spenden Schatten. Wasservögel beleben die Teiche, an deren Ufer Blumen und Gräser wachsen, und die Weihrauchbäume aus Punt erfüllen die Luft mit ihrem herb-würzigen Duft.

Hatschepsut ist erfreut über den lieblichen Anblick. Ergriffen spricht sie die Formel, die als preisende Inschrift üblicherweise an ägyptischen Bauten zu lesen ist, und hier mit ihrem wahren Gefühl übereinstimmt: »Nichts Vergleichbares ist jemals seit der Zeit des Gottes geschaffen worden.«

Senenmut, der es so hervorragend verstanden hatte, ihre Ideen und Wünsche umzusetzen, stand der Königin nahe wie sonst kein Untergebener. Er hatte über achtzig Ämter inne; neben dem des obersten Baumeisters war er auch Erzieher ihrer beiden Töchter. Er stammte es dem Südreich, jenseits des 1. Katarakts, war demzufolge wahrscheinlich nubischer Herkunft.

Historiker schmähten Senenmut wegen seiner einfachen Herkunft als ehrgeizigen Emporkömmling und unterstellten ihm eine intime Beziehung mit Hatschepsut. Denn es gibt eine Stele, auf der beide sich gleich groß gegenüberstehen, was den Anschein von Ebenbürtigkeit verleiht. In ihrem Tempel durfte er sich abbilden lassen, was sonst keinem Untergebenen erlaubt war, und die große Anzahl seiner Statuen lassen keinen Zweifel daran, dass er in der Gunst der Königin an oberster Stelle stand. Aber ob er auch ihr Geliebter war, wird wohl für immer ihr Geheimnis bleiben.

Im Juli 2007 ging eine Meldung durch die Presse: Hatschepsut gefunden! Dabei kannte man ihre Mumie schon seit über hundert Jahren. Sie lag mit anderen Mumien zusammen in einem von Howard Carter entdeckten Grab. Er ließ sie dort liegen, zu unbedeutend wirkte sie, während er die Mumie ihrer Amme Sat-Re, ohne jedoch deren Namen zu wissen, ins Museum nach Kairo übersiedeln ließ. Durch einen Zahn und DNA-Vergleiche mit Familienmitgliedern gelang es Zahi Hawass, dem Generalsekretär der ägyptischen Altertümerverwaltung, Hatschepsut zu identifizieren.

Sie starb mit 45 Jahren. Stiefsohn Thutmosis III. war inzwischen zu einem jungen Mann herangereift und alt genug, die Regierungsgeschäfte zu übernehmen. Ihm haben Ägyptologen stets unterstellt, er habe seine Stiefmutter gehasst, weil sie ihm den Thron vorenthalten habe. Aus Rache habe er ihre Bildwerke zerstört und sie vielleicht sogar ermordet. Doch da irrten die Gelehrten, denn der Bildersturm setzte erst zwei Jahrzehnte nach ihrem Tod ein, bis dahin hatte der Stiefsohn alle Bauwerke der Königin in Ehren gehalten. Warum sollte Thutmosis III. seinen Groll auf die Stiefmutter dermaßen verzögert freien Lauf lassen?

Wer aber war es dann und warum? Es liegt nahe, dass das Vernichtungswerk aus religiösen Gründen in Gang gesetzt wurde, und zwar von den Priestern des Gottes Osiris. Hatschepsut hatte Amon über alles verehrt, ebenso die Göttin Hathor, sich aber wenig um Osiris gekümmert. Im ganzen Land hatte sie Heiligtümer aufgebaut, Stelen und Tempel gestiftet, doch keinen in Abydos, dem Kultzentrum des Osiris. Sie hatte ihn aber weder geschmäht noch geächtet, in ihren Tempeln fehlt Osiris nicht. Sie hat ihn nur auf den ihm gebührenden Rang eines Gottes unter vielen verwiesen. Das jedoch schmälerte die Einkünfte und das Ansehen der Osiris-Priester. Es dauerte Jahrzehnte, bis sich der Klerus in Abydos gegen die Rivalität der Priesterkollegen anderer Kultzentren durchgesetzt hatte, dann waren sie wieder stark genug, um grausame Rache zu nehmen.

Warum Terroristen – auch sie religiöse Fanatiker – gerade Hatschepsuts Tempel für ihren Anschlag gewählt hatten? Am 17. November 1997 richteten radikale Islamisten unter den Besuchern von Deir el-Bahari ein Massaker an. Die Moslem-Extremisten waren Angehörige der schon 1970 gegründeten Terrorgruppe Al-Dschama'a al-islamiyya, der »Islamischen Gemeinschaft«, die auch den ägyptischen Präsidenten Anwar Sadat getötet hatte. Mit Maschinenpistolen schossen sie in die Menge, 68 Personen starben, 36 wurden schwer verletzt. Die Opfer stammten aus unterschiedlichen Nationen, es waren Engländer, Franzosen, Deutsche, Schweizer, Bulgaren, Japaner, Kolumbianer, Ägypter.

Seit diesem Anschlag bewachen Soldaten der ägyptischen Armee diesen Tempel und andere touristische Sehenswürdigkeiten. Was auch immer die Motive der Terroristen waren, mit ihrer Tat haben sie das Andenken Hatschepsuts beschmutzt. Eine Frau, die ohne Mann an ihrer Seite eine kluge und mutige Herrscherin war, die statt Kriege zu führen, Tempel baute.

Das hunderttorige Theben

Sonnenaufgang über Luxor. Golden steigt die Sonne am östlichen Horizont empor, keine Wolke trübt den tiefblauen Himmel. Die Luft ist kalt so früh am Morgen. Das Thermometer zeigt sechs Grad, mittags wird es sicherlich wieder über dreißig Grad steigen. In der Thermik kreisen schwarze Milane über den Dächern. Doktor Imad von der Brooke-Tierklinik hat mir eine Wohnung vermittelt, im neunten Stock eines Hauses in der Altstadt. Einen Fahrstuhl gibt es natürlich nicht. Sein Fehlen macht eine Dachterrasse wett, die mir allein zur Verfügung steht. Jeden Morgen begrüße ich von hier oben die Sonne. Spatzen schilpen, Tauben gurren. Zur Gebetsstunde schallt der Ruf der Muezzine weithin und übertönt eine Zeit lang alle anderen Geräusche.

Da die flachdächigen Häuser unterschiedlich hoch sind, wirkt die Altstadt von meiner Dachterrasse aus wie ein dreidimensionales Labyrinth. Von hier oben gesehen ist das Häusermeer eine bizarre Welt, und ich fühle mich abgeschieden von allem menschlichen Leben, denn niemand außer mir scheint jemals auf das flache Dach seines Hauses zu steigen. Vielleicht weil nur mein Dach zu einer Terrasse ausgebaut ist, die anderen Dächer sind gefüllt mit Bauschutt, zerbrochenen Flaschen, kaputten Möbeln. In dieser Umgebung wirken die übergroßen Satellitenschüsseln wie futuristische Fremdkörper. Auf jedem Dach funkeln sie in der Sonne. Ihr metallischer Glanz kontrastiert hart mit der verwahrlosten Umgebung, die sich in lehmbraune und erdgraue Farben kleidet.

Weiter lasse ich meinen Blick schweifen, sehe das glitzernde Band des Nil und das Grün der Dattelpalmen. Am jenseitigen Ufer schimmert rosa das thebanische Gebirge im frühen Morgenlicht und lässt die Totenstadt mit ihren Gräbern und Tempeln freundlicher erscheinen.

Da mir das Restaurantessen nicht besonders schmeckt, koche ich selber. Die Zutaten kaufe ich auf dem Suq. Jeder Einkauf ist ein Erlebnis und bietet Gelegenheit, mit den Leuten ins Gespräch zu kommen, neue Kontakte zu knüpfen. Die Menschen begegnen mir mit herzlicher Freundlichkeit, die nichts Anbieterisches hat. Sie sind auf natürliche Weise neugierig, ohne aufdringlich zu wirken. Da ist die Brotverkäuferin Huda zum Beispiel. Als ich das erste Mal bei ihr einkaufte, entwickelte sich sogleich ein Gespräch über ihren Heimatort Assuan und meine Erlebnisse auf der Insel Elephantine. Jeden Tag, wenn ich ihren Laden betrete, schenkt sie mir ein strahlendes Lächeln. Auch auf dem Gemüsemarkt nehmen sich die Händler Zeit zu einem Wortwechsel und bemühen sich, mir die frischesten Waren herauszusuchen.

Am Ende meiner Einkaufstour in der Altstadt gönne ich mir einen Besuch bei Jasser, dem besten Pizzabäcker Luxors. Wie ein Zauberer verwandelt er eine faustgroße Teigkugel in eine rotierende Scheibe, groß wie ein Wagenrad und hauchdünn. Schneller als meine Augen folgen können, schleudert und schwingt er den Teig durch die Luft. Den Belag wähle ich aus dem reichlichen Angebot. Während die Pizza im Ofen bäckt, setze ich mich draußen an einen der Tische, und schon erscheint der Kellner von der Teestube gegenüber und serviert mir einen Tee. Er hat sich daran erinnert, was ich am Tag zuvor bestellt hatte.

Die schmale Gasse pulsiert von Leben. Laden reiht sich an Laden. Was gibt es da nicht alles zu kaufen! Halbierte Tierkörper hängen an Haken, Hammelköpfe liegen auf der Theke. Ein Geschäft ist vollgestopft mit Elektroartikeln. Im Laden daneben wird Kleidung verkauft, und ein anderer Händler bietet schreiend bunte Haushaltswaren aus Plastik an. Alabastervasen und ähnliche Souvenirs wird man hier vergeblich suchen, denn in diese Altstadtgasse verirrt sich selten ein Tourist.

Neben der Teestube sitzen bärtige Männer in langen Gewändern mit kunstvoll geschlungenen Tüchern um den Kopf, die ihre Schischas, die Wasserpfeifen, rauchen. Ein Bursche schlängelt sich zwischen den Sitzenden hindurch, befüllt die Pfeifenbehälter mit glühenden Kohlestückchen.

An seinem Stammplatz auf den Stufen eines Hauseingangs sitzt der Schuhputzer. Wie immer trägt er zu seiner dunkelblauen, etwas verblichenen Djalabija einen himmelblauen Turban. Seine Gehilfen, zwei elfjährige Jungen, eilen in der Teestube flink von Kunde zu Kunde, ziehen ihnen die Schuhe aus und bringen sie zum Alten, der sie putzt und poliert. Die beiden sind Zwillinge und seine Söhne, erfahre ich vom Schuhputzer. »Nein, sie gehen nicht mehr in die Schule. Sie haben alles gelernt, Lesen, Schreiben, Rechnen, das ist genug. Was sie noch wissen müssen, erfahren sie von mir«, erklärt der Vater. »Bis zum fünften oder sechsten Lebensjahr haben Kinder Narrenfreiheit«, eröffnet mir der Schuhputzer sein Erziehungskonzept, das ich so ähnlich schon öfter in arabischen Ländern gehört habe. Kleine Kinder können falsch und richtig nicht unterscheiden, so die Meinung. Es wäre deshalb unsinnig, sie zu strafen. In dieser Phase müsse das Vertrauen und die Liebe des Kindes errungen werden. Die Väter erfüllen den kleinen Tyrannen jeden Wunsch, verzärteln und verwöhnen sie über die Maßen. In der Zeit von sechs bis zwölf liegen meist die Jahre der Erziehung. Was zuvor versäumt wurde, wird ihnen nun mit absoluter Strenge und Härte eingebläut. Für Kinder muss es die Hölle sein, wenn der zärtliche, liebevolle Vater sich in eine unerbittlich strafende Person verwandelt. Dann folgen die Jahre der Reifung zum Erwachsenen. Jetzt heißt es für das Familienoberhaupt, den jungen Mann auf seinem Lebensweg mit Rat und Tat zu unterstützen.

Die Zwillinge, im leidvollen Alter der Erziehung, wirken auf mich wie dressiert. Ein Blick, eine Handbewegung des Vaters genügt, schon zucken sie erschrocken zusammen und sausen los zum nächsten Kunden. Ich kann mir nicht vorstellen, dass sie es wagen würden, dem Vater zu widersprechen.

Auf die Erziehung der Mädchen haben Männer weniger Einfluss. Sie wachsen in der Obhut ihrer Mütter heran. Die wichtigste Regel für sie ist, ihre Unschuld zu bewahren, bis sie verheiratet werden. In Oberägypten haben die Töchter auch in heutiger Zeit immer noch die Ehre der ganzen Familie in ihrem Schoß.

An den Abenden spaziere ich gern die Uferstraße am Nil einlang. Dann hocke ich mich auf die steinerne Begrenzung und lasse die Beine baumeln. Ein angenehm kühler Wind streichelt meine Haut, gelbe Lichtbänder spiegeln sich im Strom, und wie magisch wird mein Blick über die von den Straßenlaternen beleuchtete Wasserfläche hinweg zum anderen Ufer gezogen, das schwarzviolett unterm Nachthimmel liegt – zur Totenstadt von Theben.

Hinter mir braust der Verkehr, und ich versuche mir vorzustellen, wie das Leben hier Jahrtausende früher gewesen sein mag. Die Städte und Dörfer lagen nahe am Nilufer und waren aus luftgetrockneten Lehmziegeln erbaut. Bei Überschwemmungen und Kämpfen sind viele historische Orte zerstört worden, die Reste wurden später überbaut oder als Steinbruch für Neubauten genutzt. Deshalb ist von den Wohnorten weniger erhalten geblieben als von den Stätten der Toten.

Da die Gräber im Wüstenklima über die Jahrtausende so gut konserviert wurden, vermittelt sich uns der Eindruck, als habe das alte Ägypten vor allem aus Friedhöfen bestanden, und die Menschen seien zeitlebens vom Gedanken an den Tod besessen gewesen.

Die antike Stadt Theben war riesig. Das heutige Luxor – der Name
entstand durch die Verballhornung des arabischen Wortes für »Palast« *al-Luqsor* – und der Tempelbezirk von Karnak mitsamt den umliegenden Dörfern sollen das ursprüngliche Gebiet nicht abdecken
können. In seiner *Ilias* hat der griechische Dichter Homer das hunderttorige Theben gerühmt. Stadttore kann er nicht gemeint haben,
denn es gab keine Stadtmauer, nur die Reichsstadt Memphis hatte
eine Mauer.

Von Theben erfuhr ich das erste Mal während des Schulunter-
richts in einem Gedicht von Bertolt Brecht. Das Gedicht hatte mich
beeindruckt, denn darin wurde gefragt: »Wer baute das sieben-
torige Theben? In den Büchern stehen die Namen von Königen.
Haben die Könige die Felsbrocken herbeigeschleppt?« Wie wahr,
dachte ich: Die Menschen, die die Arbeit gemacht haben, die allen
Prunk und alle Pracht schufen, sind für immer vergessen. Die Namen der Herrscher aber bleiben erhalten. Dabei haben diese nur die
Aufträge erteilt und die Bauten mit dem finanziert, was aus der Bevölkerung herausgepresst wurde.

Warum aber hatte Brechts Theben nur sieben Tore und nicht hundert wie bei Homer?, fragte ich mich lange Zeit. Bis ich herausfand,
dass sich der schwäbische Dichter auf die gleichnamige Stadt in
Griechenland bezog, in der sich die Geschichten von Ödipus, Anti-
gone und den anderen Helden der griechischen Sagenwelt abgespielt hatten.

Der Tempel von Luxor und der Tempel von Karnak sind etwa drei
Kilometer voneinander entfernt. Früher waren sie mit einem von
löwenköpfigen Wächterfiguren gesäumten Prozessionsweg verbunden. Als Giovanni Belzoni die Tempel im Jahr 1816 erblickte, waren
sie fast ganz im Sand versunken, und dennoch muss der Anblick
überwältigend gewesen sein. Denn er schrieb in seinen Aufzeichnungen: »Ich hatte den Eindruck, als beträten wir eine Stadt von Rie-

sen, die nach langem Kampf alle untergegangen waren und nur die Trümmer ihrer verschiedenen Tempel hinterlassen hatten als Beweis ihrer einstigen Existenz.«

Auch Gustave Flaubert reiste durch Ägypten, noch bevor er durch seinen Roman *Madame Bovary* berühmt wurde. 34 Jahre nach Belzoni besuchte der 28-jährige Schriftsteller im Jahr 1850 Theben. In seinem Reisetagebuch hielt er fest: »Wir irren zwischen Ruinen umher, die uns ungeheuer erscheinen ... zwei bis an die Brust vergrabene Kolosse ... Häuser sitzen zwischen den Kapitellen der Säulen; Hühner und Tauben kauern und nisten in den steinernen Lotosblüten; Hunde laufen bellend über die Mauern. So pulsiert ein kleines Leben in den Ruinen eines Großen.«

Inzwischen sind die Tempel ausgegraben, die Bewohner der Häuser mitsamt ihren Tieren hinausgedrängt. Dafür strömen täglich Besucher als aller Welt in die alten Heiligtümer, die nach und nach viele ihrer Geheimnisse preisgegeben haben.

Bereits in der 12. Dynastie war in Theben ein bescheidener Schrein errichtet worden für den damals noch kleinen Lokalgott Amon, der allen Wesen das Leben einhauchte und den Beinamen »Der Verborgene« trug. Dennoch zeigte er sich in verschiedener Gestalt: als Mensch mit zwei hohen Federn auf dem Kopf, als Nilgans, die auf den Urgewässern schwimmt, und als Widder, der Fruchtbarkeit symbolisiert. Als Gott hat Amon eine erstaunliche Karriere erlebt. Zunächst nur einer der unzähligen Götter im ägyptischen Pantheon, bekam er durch die erstarkende politische Rolle Thebens neue Aufgaben. Er wurde zum Hauptgott erhoben, zum Höchsten aller Götter. Damit er im ganzen Land akzeptiert wurde, vereinigte man ihn mit dem Sonnengott Re zu Amon-Re. Ihm zur Seite stellte man seine Gemahlin Mut und ihrer beider Sohn Chons mit dem Kopf eines Vogels. Dieser göttlichen Trinität war der Tempel in Karnak geweiht. Auch das Christentum kennt die göttliche Dreifaltigkeit

Luxor-Tempel

und nennt sie Vater, Sohn und Heiliger Geist. Der Geist wird meist als Taube dargestellt – ob Chons mit dem Vogelkopf da Pate gestanden hat?

Ursprünglich lebten die Götter mitten unter den Menschen. Die Anwesenheit eines Gottes wurde durch einen Fetisch, eine Holzstange oder einen Stein angezeigt, später durch geschnitzte Figuren. Irgendwann baute man den Figuren ein kleines Haus, um sie vor Witterungseinflüssen zu schützen. Dieses Haus bekam ein Tor, dann einen Torraum. Die Götter verschwanden immer mehr in den hintersten Teil des Hauses, woraus sich das Allerheiligste, das Sanktuar, entwickelte. Später wurden Säulenhallen, Kapellen und Höfe angelegt, die heiligen Bezirke wuchsen und wuchsen. Jeder Herrscher fügte neue Areale hinzu, bis schließlich die Monumentalbauten entstanden.

Der Tempel von Luxor liegt eingebettet in der Stadt. Auf einer Länge von 260 Meter erstreckt er sich parallel zum Nil, so nahe am Fluss, dass er sich fast im Wasser spiegeln kann. Der harmonische Bau wird von einer mitten in den Tempel hineingesetzten Moschee gestört. In ihr wird der Ortsheilige Abu el-Hagag verehrt. Die Bewohner Luxors weigerten sich entschieden, die Moschee an einen anderen Ort zu versetzen. So blieb sie wie ein Stachel im Fleisch des antiken Tempels stecken.

An die Stelle des kleinen Vorgängertempels hatte Amenophis III., der Vater Echnatons, ein weiträumiges Heiligtum gesetzt. Er ließ am Westufer auch einen riesigen Totentempel errichten, von dessen einstiger Größe nur noch die Memnon-Kolosse künden. Den Eingangspylon gab Ramses II. in Auftrag. Die gewaltigen Mauern der Türme verfehlen ihre Wirkung nicht. Sie verkörpern Größe und Ewigkeit und vermitteln mir das Gefühl, klein und unbedeutend zu sein. Zwei gewaltige Sitzfiguren stellen Ramses II. dar. Doch damit nicht genug, im Inneren beim Eingang zum Säulensaal thront er ebenfalls in stattlicher Größe. Sechs riesige Ramsesstatuen zähle ich insgesamt. Er wollte den Eindruck erwecken, nicht Amenophis III., sondern er sei der eigentliche Bauherr gewesen.

Ramses II. hatte in seinem neunzigjährigen Leben viel Zeit, zahlreiche Bauten in Auftrag zu geben, doch lieber noch drückte er bereits bestehenden Tempeln seinen Stempel auf. Alles, was er schuf, musste von überdimensionaler Größe sein. Zudem hatte er die unschöne Angewohnheit, Namenskartuschen seiner Vorgänger durch seinen Namen zu ersetzen. Selbst in die Statuen früherer Könige ließ er seine Gesichtszüge meißeln. Fühlte er sich minderwertig, weil er nicht von einer Königslinie, sondern aus einer Militärdynastie abstammte? Musste er deswegen beweisen, dass er der Größte sei? Wie bescheiden wirkt im Vergleich zu seiner Gigantomanie eine Kapelle von Hatschepsut mit vier harmonisch proportionierten Säulen, die im ersten Hof steht.

Der Luxor-Tempel hat viel mitgemacht. Nachdem die glorreiche Pharaonenzeit vorüber war, diente er den Römern als Militärcamp, den Christen als Kirche und der Bevölkerung als Steinbruch. Die bilderfeindlichen Gläubigen der frühchristlichen Kirche haben besonders großen Schaden angerichtet. Sie zerstörten Reliefs und Skulpturen, denn für sie waren es heidnische »Götzenbilder«. Leider haben sie auch die Szenen des wichtigsten Festes im Neuem Reich, des Opet-Festes, stark beschädigt. Immerhin vermitteln mir aber die Friese an den Tempelwänden eine gewisse Vorstellung von den Feierlichkeiten. Ganze 28 Tage dauerte das Fest, bei dem die göttliche Familie, Amon, Mut und Chons, im Luxor-Tempel Einzug hielt. In einer prachtvollen Prozession verließen die drei Götterstatuen, jede in einem vergoldeten Boot, das von Priestern getragen wurde, den Karnak-Tempel. Die Bevölkerung versammelte sich entlang des drei Kilometer langen Prozessionswegs, jubelte begeistert, tanzte und musizierte.

Im Luxor-Tempel, der damals *Ipet-reset,* »Harem des Südens«, genannt wurde, vollzog sich die göttliche Vermählung von Amon und Mut jedes Jahr aufs Neue. Auf rituelle Weise wollte man die Schöpfungskräfte erneuern, damit sichergestellt wurde, dass der Nil in seiner Fruchtbarkeit nicht nachlässt. Kräfte verbrauchen sich, deshalb muss dafür gesorgt werden, dass sie sich wieder aufladen können; auch das Königtum muss immer wieder gestärkt werden. Während der Opet-Zeremonie fließt die Ka-Seele des Gottes in den König und verbindet sich mit dessen Seele zu göttlicher Kraft. Die Kulthandlung wurde als Akt der Welterneuerung angesehen und war untrennbar mit der Fruchtbarkeit des Nil verbunden. Die Zeugungskräfte des Gottes, des Pharao und des Nil stellten eine Einheit dar, waren voneinander abhängig und beeinflussten sich gegenseitig. Das Opet-Fest fand während des Höhepunkts der Überschwemmung statt und begann mit dem ersten Vollmond, nachdem der Nil über seine Ufer getreten war. Dann ruhte auf den Feldern die Arbeit.

Statt des Opet-Fests feiern die Bewohner Luxors heutzutage das Mulid-Fest, zu Ehren ihres Lokalpatrons Abu el-Hagag. Diese muslimische Feier wirkt wie eine abgespeckte Kopie des pharaonischen Fruchtbarkeitsfestes. Drei Boote werden aus der Abu-el-Hagag-Moschee heraus und durch die Stadt getragen, singende, tanzende und klatschende Gläubige säumen die geschmückten Straßen. Mulid-Feste sind Feiern für einen bestimmten Heiligen; in Ägypten gibt es etwa 300 Mulid-Feste je nachdem, wann der Heilige seinen Namenstag hat.

Die Sphinxen-Allee zwischen Luxor und Karnak gibt es nicht mehr, deshalb lege ich die drei Kilometer auf der Uferstraße zurück und werde dabei von Pferdekutschen regelrecht verfolgt. Der fordernde Ruf »Madame, Kalesche!« strapaziert meine Nerven. Kaum habe ich einen Kutscher bewegen können weiterzufahren, hält schon der nächste oder fährt im Schritttempo neben mir her. Endlich ergebe ich mich meinem Schicksal und steige in die Droschke eines besonders eindringlich bittenden Kutschers. Das Fuhrwerk ist mit allerlei buntem Zierrat geschmückt, im Gespann ein erschreckend mageres Pferd, abgearbeitet und müde. Bei seinem erbarmungswürdigen Anblick fallen mir die Militärpferde wieder ein, denen Dorothy Brooke zu helfen versucht hatte. Die Brooke-Tierklinik hat für die Pferde in Luxor einen Unterstand gebaut, damit sie in der größten Mittagshitze im Schatten rasten können.

Der Kutscher heißt Machmud, und nachdem er überrascht festgestellt hat, dass ich Arabisch spreche, erzählt er mir seine traurige Geschichte. Machmud ist mit seiner Kalesche in eine Falle getappt. Ihm war ein sagenhafter Gewinn versprochen worden, er hatte nur nicht bedacht, dass es bereits mehr Fahrzeuge gab als Touristen. Sein Geld reichte nicht, um die Kutsche zu kaufen, er konnte sie nur mieten. An den Besitzer muss er mehr Geld abtreten, als er einnimmt. Machmud arbeitet von früh bis spät und sinkt trotzdem immer tiefer in den Schuldensumpf.

»Die Ausländer, die haben doch genug Geld«, sagt er bitter. »Mit mir aber feilschen sie um jeden Piaster.«

Was könnte ich Machmud raten? Fast alle Einwohner Luxors profitieren von den Ausländern, ob als Tempel- oder Grabwächter, Souvenirverkäufer, Hersteller von Papyrus und Alabastervasen, Angestellte in Hotels, Pensionen und Restaurants. Es heißt, 85 Prozent aller Einnahmen stammen aus dem Tourismus. Bisher habe ich wenig unter überhöhten Preisforderungen gelitten, denen Reisende in Ägypten ausgeliefert sind, weil ich mich abseits touristischer Zentren aufhielt. Auch konnte ich mich durch meine Sprachkenntnisse mit den Einheimischen unterhalten, daher habe ich sie als uneigennützig und herzlich erlebt. Ich muss nur an meinen Aufenthalt auf der Insel Elephantine denken oder an Faisa mitsamt ihren zahlreichen Verwandten in der Gräberstadt Qurna. Auch Fatima mit

Karnak – T.

ihren Kindern fällt mir ein, die bereitwillig meinen Esel aufgenommen hat und mich bei jedem meiner Besuche herzlich begrüßt, mich mit Tee bewirtet und mit mir plaudert.

Aber jetzt in der Rolle als Touristin bin ich plötzlich eine Geldquelle, und nie kann man genug geben. Mit einem guten Trinkgeld versuche ich, Machmud ein Lächeln zu entlocken, aber sein Gesicht bleibt verschlossen. An seiner Situation können ein paar Piaster mehr oder weniger nichts ändern.

Machmut hat mich bis nahe an den Karnak-Tempel herangefahren. Dieser Tempel ist größer, unübersichtlicher und imposanter als Ipet-reset. Fast alle ägyptischen Könige haben sich an ihm verewigt. Die ältesten Teile stammen aus dem Mittleren Reich, doch weitere 2000 Jahre lang wurde angebaut, umgebaut, erweitert, Statuen wurden aufgestellt und abgerissen, Königskartuschen entfernt und dafür der eigene Name eingemeißelt. So wuchs das Heiligtum zu einem verwirrenden religiösen Zentrum, zur wohl größten Tempelanlage aller Zeiten. Zugleich ist es ein steinernes Freilichtarchiv der Geschichte. Denn je tiefer ich in die Gottesstadt eindringe, umso älter wird die Bausubstanz.

Göttin Mut und Göttersohn Chons haben ihre eigenen Tempel. Ich entscheide mich für den Amon-Tempelbereich und benötige fast den ganzen Nachmittag für die Besichtigung. Mir wird ganz wirr im Kopf von all den Kolonnaden, Höfen, Hallen. Als ich den Säulensaal betrete, überfällt mich ein Schwindelgefühl. Seine Dimensionen sind überwältigend. Ich traue meinen Augen kaum, und in meinem Kopf formt sich ein Gedanke: Das kann kein Menschenwerk sein! Wie in aller Welt haben sie die riesigen Säulen gemacht? Wie wurden diese Gesteinsmassen bewegt? Was hatten sie für Werkzeuge, mit der Granit derart exakt bearbeitet werden konnte?

Sethos I. hat diesen Saal in Auftrag gegeben, fertiggestellt wurde er von seinem Sohn Ramses II. Es heißt, dieser Saal gleiche einem

Wald, doch selten wachsen Baumstämme zu so gigantischer Größe. Ich wandle zwischen den Säulen umher und kann mir doch kein rechtes Bild machen. Es ist zu gewaltig, um alles optisch zu erfassen. Zahlen geben nur einen ungefähren Eindruck. Es sind 134 Säulen, jede 23 Meter hoch und so dick, dass sechs Erwachsene nötig sind, um sie zu umspannen. Von oben bis unten sind sie mit eingravierten Bildern bedeckt. Ich frage mich, und jedem, der diesen Saal betritt, wird sich die gleiche Frage aufdrängen: Wie konnten Menschen dieses Wunder vollbringen? Wie konnte der Granit aus den Steinbrüchen von Assuan so gleichmäßig rund geschliffen werden? Wie hat man diese Riesensäulen transportiert? Wie sie auf Boote verladen, wieder entladen und schließlich im Tempel in die Höhe gewuchtet? Sie so fest verankert, dass sie noch heute, nach über 3000 Jahren, aufrecht stehen? Unglaublich! Und doch – sie konnten es! Als Beweise dienen Reliefs an den Tempelwänden, welche die Steinbrucharbeiten und den Transport von Kolossen in allen Details dokumentieren.

In pharaonischer Zeit hatte der Saal eine Abdeckung. Spärlich fielen Strahlen durch schmale Oberfenster, tauchten ihn in dämmriges Licht, und zwischen den gigantischen Säulen standen die Statuen der Götter. Die Stimmung muss furchterregend gewesen sein. Ein mystischer Raum, allein den Priestern und Herrschern zugänglich. Das Volk durfte sich bei festlichen Anlässen nur in den Vorhallen versammeln.

Der Saal überwältigt mich durch seine enorme Wucht, doch es fehlt ihm die Eleganz und Leichtigkeit, die ich sonst an den antiken Tempeln bewundere. Gerade weil er so gewaltig ist, berührt er nicht mein Herz.

Ich wandere weiter. Unter dem nachwirkenden Eindruck des gigantischen Saals verblassen die anderen Bauten. Wie Schatten gleiten sie vorüber, ohne in mir einen tieferen Eindruck zu hinterlassen.

Erst bei Hatschepsuts Obelisk – ursprünglich waren es zwei steinerne Nadeln – werden meine Sinne wieder hellwach. Er ist der höchste und schönste Obelisk von Karnak, 23 Meter hoch aus Rosengranit, 320 Tonnen soll er schwer sein. Hatschepsut hat Hieroglyphen eingravieren lassen und berichtet stolz: »Sie machte es als Denkmal für ihren Vater Amon. Mein Herz leitete mich, ihm zwei vergoldete Obelisken zu schenken, deren Spitzen sich mit dem Himmel vermischen sollen.«

Die Inschrift teilt mit, dass es sieben Monate dauerte, bis sie aus dem Steinbruch herausgeschlagen waren. Die Spitzen ließ Hatschepsut mit kostbarem Elektron überziehen, einer Gold-Silber-Legierung. Ich stelle mir vor, wie die Sonne sich in den Spitzen spiegelte und die Obelisken wie Stein gewordene Strahlen aufleuchteten. Als Sonnenfackeln überfluteten sie das Land mit Lichtblitzen. Und am Abend, wenn die Sonne am Horizont versank, glühten sie geheimnisvoll im roten Widerschein.

Religion des Lichts

Abschied von Luxor. Abschied zu nehmen ist immer schmerzvoll. Als ich mich zur Weiterreise entschließe, spüre ich, wie tief ich hier inzwischen verwurzelt bin, und wie schwer es mir fällt, die Stadt zu verlassen. Abschied auch von meiner Dachterrasse, dem Blick über Stadt und Fluss. Abschied von den Gemüsehändlern und von Jasser, dem besten aller Pizzabäcker, vom Kellner, der mir ungefragt Tee serviert, dem Schuhputzer und den Zwillingen, den Schischa-Rauchern, dem Fleischer mit den Schafsköpfen in der Auslage. Abschied von den liebenswürdigen Menschen in dieser kleinen Gasse, die für mich zu einem vertrauten Ort geworden ist. Noch einmal besuche ich Faisa am anderen Nilufer im Gräberdorf Qurna, wo ihr Bruder Saiid mir zum Andenken den Herz-Skarabäus geschenkt hat. Noch schwerer fällt mir der Gang zu Fatima und der Abschied von meinem Esel Aton. Zwar habe ich das Tier vor dem Schlachter in Assuan bewahrt und für ihn den denkbar besten Platz gefunden. Dennoch – ihn zu verlassen fühlt sich fast an wie Verrat. Ich mag mir nicht eingestehen, dass es wahrscheinlich ein Abschied für immer ist, und tröste mich und meine Gastgeber, dass ich so bald wie möglich wiederkommen möchte.

Bevor ich gehe, vertraut Fatima mir ihren Kummer an. Ihr Mann will Tochter Irina verheiraten.

»Irina ist erst vierzehn«, klagt sie. »Ich selbst wurde mit zwölf verheiratet. Meiner Tochter hätte ich gern eine so frühe Ehe erspart.«

Das Mädchen ist verzweifelt, sie möchte weiter zur Schule gehen. Sie erzählt mir ihren Wunschtraum. Am liebsten würde sie Ärztin werden, wenigstens aber Krankenschwester. Die Familie hat nicht das Geld, um eine Ausbildung zu finanzieren, deshalb will sie der Vater jung verheiraten, damit sie versorgt ist, erklärt mir die Mutter.

»Wenn ich eine Patenschaft für Irina übernehme und Geld für ihre Ausbildung überweise, würde der Vater die Hochzeit dann absagen?«, frage ich.

Fatima ist sich nicht sicher. Ihr Mann habe bereits Kontakt zur Familie des Bräutigams aufgenommen. Eine Absage ist eine delikate Angelegenheit, niemand darf dabei sein Gesicht verlieren. Fatimas Mann Mohammed habe ich nicht kennengelernt. Stets war er unterwegs, wenn ich die Familie besuchte. Ich schlage vor, mit Doktor Imad zu sprechen. Ihn will ich bitten, sich an Irinas Vater zu wenden. Wenn die geplante Hochzeit rückgängig gemacht werden kann, werde ich die Kosten für Irinas Ausbildung tragen.

An meinem letzten Abend in Luxor besuche ich Huda, die Brotverkäuferin. Sie lebt mit Sohn und Schwiegertochter in einem schmalen Haus in der Altstadt.

»In Ägypten ist alles möglich«, meint Huda. »Gute Ausbildung und Berufstätigkeit für Frauen, fast gleiche Freiheiten wie bei euch in Europa, aber auch totale Unterdrückung und Abhängigkeit. Die Tochter meiner Nachbarin lebt fast wie eine Gefangene. Allein darf sie das Haus nicht verlassen. Selbst wenn sie mich besuchen will, muss eine Aufsichtsperson dabei sein.«

»Wie war es bei dir, Huda, als du ein junges Mädchen warst?«

»Die Kontrolle durch die Familie habe ich damals nicht als Zwang empfunden. Ich fühlte mich geborgen und sicher. Es sind ja nicht nur die Eltern, die über dich bestimmen, sondern alle mischen sich ein, Onkel und Tanten, der ganzer Familienclan. Für mich war das ein gutes Gefühl. Ich wusste, da sind viele, die mich auffangen, mir helfen und mich unterstützen.«

»Auf mich wirkst du aber ganz anders, nämlich eigenständig und selbstbewusst.«

»Mein Mann starb früh, mein Achmed war noch ein Kleinkind. Sonst übernimmt manchmal der Sohn die Vormundschaft über die Mutter oder der Bruder des Mannes. Beides war bei mir nicht der Fall, und meine eigene Familie lebte weit entfernt. Mir war zumute, als würde ich in den Nil geworfen, ohne Schwimmen zu können. Allmählich habe ich gelernt, Entscheidungen zu treffen. Es war eine schwere Zeit, und ich weiß bis heute nicht, was für mich als Frau besser ist: im Schutze der Familie zu leben oder allein den Lebenskampf bestehen zu müssen. Als junges Mädchen hätte ich nicht so leben wollen, wie ich es heute kann.«

Ein roter Sonnenball versinkt im Westen. Die Lichter der Restaurants, der Hotels und der Laternen an der Promenade spiegeln sich in den Fluten des Nil, als ich in Mostafas harte, schwielige Hand einschlage. Wir sind uns einig geworden. Er wird mich mit seiner Feluke nilabwärts bis Dendera mitnehmen, ungefähr sechzig Kilometer nördlich von Luxor. Noch weiter zu fahren ist verboten; Mostafa hatte schon jetzt genug Mühe, das *tashri,* den Schein der Militärpolizei, für Dendera zu bekommen. Von Luxor nach Süden zu segeln sei kein Problem, erklärt mir der Kapitän, nach Norden aber sei es schwierig, wegen terroristischer Unruhen. Mittelägypten gilt als Hochburg islamischer Fundamentalisten. Diese Gebiete darf man nicht einmal im bewachten Konvoi besuchen. Sehr bedauerlich für mich, denn im gesperrten Abschnitt liegt Achetaton, die Stadt Echnatons.

Am nächsten Morgen bin ich zur verabredeten Zeit am Kai, wo die Feluken festgemacht sind. Mostafa ist schon an Bord und hat zwei Gehilfen mitgebracht, doch er klettert selbst am Mast hoch, um die Verschnürung des Segels zu lösen. Einer der Jungen entfernt das Tau von der Anlegestelle, und schon treiben wir auf den Strom hinaus. Der Nil kann ohne Motor in beiden Richtungen befahren werden, flussabwärts wird das Boot von der Strömung getragen, flussaufwärts treibt es der Nordwind vorwärts. Im Pharaonenreich wurden fast alle Waren auf dem Nil hin und her transportiert, und auch die Reisenden nutzten diese bequeme Fortbewegungsart.

Die Wellen plätschern an die Bordwand. Mein Blick schweift über das dunkelgrüne Wasser hinüber zum Ufer. Mais und Zuckerrohr wechseln ab mit Dattelpalmen und Gemüsegärten, hin und wieder sehe ich ein Dorf aus einfachen würfelförmigen Lehmhäusern. Fellachen, mit einem Leinentuch um die Hüften, bearbeiten ihre Felder wie in Vorzeiten mit Hacken oder Holzpflügen, vor die sie Ochsen oder Esel gespannt haben. Schwarz gekleidete Frauen jäten Unkraut, Kinder laufen barfuß zum Fluss, um Wasser zu holen, und beladen Esel mit den Behältern. Im Schatten hoher Palmen dösen Kamele, Wasserbüffel suhlen sich in Schlammlöchern oder grasen am Ufer.

Eine sanfte Brise weht. Schaukelnd treibt das Boot auf dem breiten Wasser dahin. Stille liegt über dem großen Strom, nur das leise Murmeln der Wellen klingt an mein Ohr. Ich lasse meine Hand herabhängen und spüre, wie der Nil durch meine Finger fließt. Was für ein Glück, dass ich so reisen kann, frei und selbstbestimmt. Wohlig lehne ich mich zurück, fühle das Holz der Bordwand angenehm fest an meinem Rücken. Meine Sinne sind hellwach, dennoch erlebe ich diese Flussfahrt wie einen Traum.

Strahlend gießt die Sonne ihr Licht über das Land, lässt die Wellen glitzern. Mein Blick ruht auf dem Gefunkel der Wogen, während meine Gedanken mich in weite Fernen entführen. War es nicht naheliegend, das Sonnenlicht als göttlich zu empfinden? Nur durch die Sonne konnte Leben auf der Erde entstehen. Sie ist der Ursprung allen Seins. Ob Echnaton so gedacht hat? Ob er aus dieser Einsicht heraus seine religiöse Revolution durchführte? Er schaffte die Vielfalt der Götter ab, ließ allein das Licht der Sonne als göttlich gelten. Nicht mehr der Sonnengott Re durfte verehrt werden, sondern nur das Licht selbst, das Echnaton Aton nannte. Dieses Aton war körperlos, ohne Gestalt, reines Licht – und deshalb eigentlich nicht darstellbar. Doch Echnaton fand eine Lösung, er ließ seinen Gott als Sonnenscheibe mit einem Strahlenkranz abbilden. Jeder einzelne Strahl endete in einer Hand, zusammen verkörperten sie das Leben spendende Element. Gegen alle Einwände und Widersacher beharrte der Pharao darauf, die Existenz von Pflanzen, Tieren und Menschen aus einem einzigen Prinzip herzuleiten, dessen Quelle das Sonnenlicht war. Es war eine radikale geistige Wende, ein Umsturz aller bisherigen Werte. Die alten Götter wurden verstoßen, alle religiösen Bräuche und Riten abgeschafft. Es gab keine festlichen Prozessionen mehr, keine Reise der Götter von einem Tempel zum anderen, auch die Jubelfeste fielen aus. Die Totenbücher verloren ihre Bedeutung, und die Sonnenbarke fuhr nicht mehr durch die Unterwelt. Echnatons Lehre war ganz auf das Diesseits ausgerichtet, auf das Licht, das alles geschaffen hatte und täglich neues Leben schuf. Er ließ die Decken der Tempel entfernen, damit das göttliche Licht überall scheinen konnte. Die Sonnenstrahlen sollten das Dunkle und Verborgene erhellen und mit Leben füllen.

Die Vermutung liegt nahe, dass die Priester von Echnatons Razzia am Götterhimmel, von diesem religiösen Umsturz tief getroffen waren. Mit einem Schlag hatten sie ihren Beruf und ihre Privilegien verloren und somit keinen Einfluss und keine Macht mehr. Der Hohepriester von Theben bekam eine neue Aufgabe zugewiesen; er musste fortan die Arbeiten in den Steinbrüchen überwachen. Echnaton brauchte für seinen Sonnenkult keine Priester. Das Licht war einfach da und bedurfte nicht ihrer Fürsorge.

Das Priesteramt in Ägypten entsprach nicht unserer heutigen Vorstellung von einem geistlichen Beruf. Priester betreuten keine Gemeinden von Gläubigen, sie mussten nicht predigen oder für das Seelenheil ihrer Mitmenschen Sorge tragen. Ihre alleinige Aufgabe war es, die Verbindung zwischen der irdischen Welt und der der Götter aufrechtzuerhalten. Dabei war es wichtig, für das Wohlwollen der Götter zu sorgen. Man glaubte, sie hätten ähnliche Bedürfnisse wie Menschen. Deshalb boten die Priester ihnen Speisen und Getränke an, reinigten, salbten, schmückten und bekleideten die Götterstatuen. Voller Ehrerbietung verließen sie rückwärtsgehend den Raum und verwischten dabei mit einem Wedel ihre Fußspuren. Dieser Gottesdienst fand unter Ausschluss der Öffentlichkeit statt, in den dunklen Räumen des Allerheiligsten.

Die Priesterkaste hatte im Neuen Reich ungeheure Schätze angehäuft und großen politischen Einfluss gewonnen. Um sie zu entmachten, musste Echnaton schnell und radikal handeln. Er sandte verlässliche Personen in alle Teile des Landes mit dem Auftrag, die Götterstatuen zu zerschlagen, die Reliefbilder zu zerstören und die Namenskartuschen der Götter zu entfernen. Sein Verfolgungswahn richtete sich besonders gegen Amon, den Obersten der Götter. Die Amonpriester von Theben waren die Einflussreichsten und Mächtigsten gewesen, sie musste er zuerst entmachten. Arbeiter kletterten an den Obelisken in Theben empor und meißelten den Namen Amons heraus. Aber kaum war Echnaton tot, kleideten die Steinmetze die Obelisken erneut mit Gerüsten ein und hämmerten Amons Namen wieder in den Stein. Die Tempel wurden wie zuvor mit Dächern abgedunkelt und die Götter zurück an ihren Platz gestellt. Nun war Echnatons Name verfemt. Er wurde aus den Königslisten gestrichen, und alles, was an ihn und seine bedrohliche Lehre erinnerte, wurde gewaltsam zerstört.

Was für ein Wunder, dass wir heute dennoch von ihm wissen. Wie im Fall Hatschepsut sollte die Erinnerung an ihn ausgelöscht werden, aber den Feinden ist es trotz aller Mühe nicht gelungen, seinen Namen und seine Taten dem Vergessen auszuliefern. Im Gegenteil, Echnaton ist für uns, neben seinem Sohn Tutanchamun, einer der bekanntesten ägyptischen Herrscher. Wir wissen ziemlich viel über ihn, rätselhaft bleibt er uns dennoch. Da ist viel Spielraum für die unterschiedlichsten Deutungen. Als was wurde er nicht alles bezeichnet: Reformator, moderner aufgeklärter Monarch, Philosoph, Religionsstifter, Visionär, Verkünder der ersten monotheistischen Lehre, Vorläufer von Christus, Friedensfürst. Aber auch: weltfremder Träumer, Phantast, Fanatiker, falscher Prophet, religiöser Eiferer, machtbesessener Egozentriker. Sogar des Inzests mit der eigenen Mutter, mit seinem Bruder und seinen Töchtern hat man ihn beschuldigt.

Wohlgemerkt, keine dieser Behauptungen stammen aus seiner Zeit, es sind die Vermutungen von Historikern. Wegen seines seltsamen Äußeren mit auffallend weiblichen Formen schlussfolgerte man, er sei kastriert worden, habe unter hormonellen Störungen gelitten oder unter einer genetischen Krankheit.

Es ist später Nachmittag. Die Farben verändern sich, werden kräftiger und die Kontraste schärfer. Stimmen aus den Dörfern klingen bis zur Mitte des Stromes. In den Uferbäumen hocken Silberreiher. Wie weiße Kerzen zieren sie die kahlen Zweige ihrer Schlafbäume.

Mostafa hat während der Fahrt eine Angelschnur ins Wasser hängen lassen und Fische gefangen. Zehn schlanke Nilbarsche schwimmen in einem Wassereimer, sie sind für unser Abendessen bestimmt. Erst morgen werden wir Dendera erreichen. Während wir weiter den Strom hinabtreiben und nach einem geeigneten Übernachtungsplatz Ausschau halten, habe ich Zeit und Ruhe, weiter über Echnaton nachzudenken.

Echnatons Geburtsjahr ist nicht genau bekannt, um das Jahr 1370 v. Chr. ist er vermutlich zur Welt gekommen. Er entstammt der Königslinie von Hatschepsut, ist ihr Ururenkel. Sein Vater war Amenophis III., der mit den Memnon-Kolossen. Die Herkunft seiner

Mutter Teje ist unklar. Sie sei nicht standesgemäß gewesen, heißt es in den Chroniken.

Teje war von kleinem Wuchs, hatte eine üppige rote Haarpracht, zeichnete sich aber nicht durch Schönheit aus. Dennoch muss sie es verstanden haben, ihr Gegenüber durch ihre Ausstrahlung zu beeindrucken. Klugheit, geistige Regsamkeit und Willensstärke befähigten sie, eine bedeutende Rolle zu spielen. Ihr Gemahl, der die Bequemlichkeit und den Prunk liebte, ließ sich von ihren Wünschen lenken, und so gilt Teje als die eigentliche Herrscherin. Es ist nicht ausgeschlossen, dass sie ihren Sohn Echnaton bei seiner Entmachtung der Priesterkaste tatkräftig unterstützte.

Vor seiner Krönung heiratete Prinz Echnaton, der zu dieser Zeit noch Amenophis IV. hieß, die fünfzehnjährige Nofretete. Auch ihre Herkunft ist unbestimmt. Die Übersetzung ihres Namens, »Die Schöne, die da kommt«, deuteten Ägyptologen als Hinweis, dass sie keine Ägypterin war, sondern aus dem Ausland stammte. Eine Prinzessin aus Mitannien vielleicht? Denn Chroniken berichten von Königstöchtern, die von dort, dem heutigen Irak, zwecks Heirat ins Pharaonenreich kamen. Auffallend die verständnisvolle Eintracht, die sie mit ihrer Schwiegermutter Teje verband. Ein Beweis für beider Herkunft aus Mitannien? Oder war sie eine Tochter des Hofbeamten Eje, der womöglich der Bruder von Teje war? Es gibt viele Spekulationen, aber nichts davon kann heute noch bewiesen werden.

Als ich zehn Jahre alt war, begegnete ich Nofretete das erste Mal. Sie stand in der Vitrine meiner Großeltern, eine kleine Büste aus Porzellan. So ein schönes Antlitz hatte ich noch nie gesehen.

»Wer ist das?«, fragte ich.

»Nofretete, eine Königin aus Ägypten«, antwortete meine Oma.

Ich wollte mehr wissen, erfahren, wer Nofretete war, wie sie lebte. Niemand konnte mir Auskunft geben. Für meine Großeltern war Nofretete ein Schmuckstück, keine wirkliche Person.

Später sah ich das Original, die fünfzig Zentimeter hohe Kalksteinbüste im Ägyptischen Museum in Berlin, und ich las, wie sie vom Nil nach Deutschland gelangte: Es war reiner Zufall, der dem deutschen Archäologen Ludwig Borchardt den Fund in die Hände spielte. Im Auftrag der Deutschen Orient-Gesellschaft leitete der Berliner Professor im Jahr 1912 Ausgrabungen beim Dorf Tell el-Amarna. Dort waren die Überreste von Echnatons prachtvoller Metropole Achetaton, »Horizont Atons«, gefunden worden, einer Stadt, in der ehemals mehr als 50000 Menschen gelebt hatten. Es fügte sich, dass der Berliner Professor als Erstes die Werkstatt des Bildhauers Thutmose ausgraben ließ. In zwei Meter Tiefe entdeckten die Arbeiter eine Büste, die mit dem Gesicht nach unten lag. Vorsichtig schob Borchardt das Geröll beiseite und hob sie hoch. Jenes zeitlos schöne Frauenantlitz kam zum Vorschein, völlig unversehrt. Ich stelle mir vor, wie der Professor vor Überraschung den Atem anhielt. Er muss sich auf den ersten Blick in Nofretete verliebt haben, in dieses Ideal einer begehrenswerten Frau. Da sind dieser schlanke Hals, der warme und zugleich kühle Blick aus mandelförmigen Augen, die sinnlichen Lippen, umspielt von einem geheimnisvollen Lächeln. Am Abend des 6. Dezember 1912 schrieb Borchardt in sein Grabungstagebuch: »Kalksteinbüste. Beschreibung zwecklos, muss man sehen.«

Die ägyptischen Behörden hatten die Grabungskonzession unter der Bedingung erteilt, dass die Hälfte aller Fundstücke in Ägypten bleibt und die Auswahl von den Verantwortlichen der Altertümerverwaltung getroffen wird. Damit sollte sichergestellt werden, dass nichts Wertvolles außer Landes gebracht werde. Bis heute ist der Vorgang nicht restlos geklärt, jedenfalls behauptete Borchardt, er habe alle Funde den Verantwortlichen gezeigt, daraufhin sei die Ausfuhr nach Deutschland genehmigt worden. Als die Büste der Königin später weltberühmt wurde, forderte Ägypten sie zurück, vergeblich. Die Schöne blieb an der Spree. Seitdem darf kein einziger Fund Ägypten verlassen.

Nofretete überlebte den Zweiten Weltkrieg, wenn auch nur knapp, denn bei der Bombardierung Berlins wurde das Museum schwer getroffen. Rechtzeitig zuvor hatte man Nofretete in einem Salzbergwerk in Thüringen ausgelagert.

Die Nacht bricht schnell herein. Wir haben am Ufer angelegt. Bevor ich es verhindern kann, hat Mostafa den Reis mit Nilwasser gekocht und die Barsche in billigem Öl gebrutzelt, bis sie außen schwarz geworden sind. Höflich koste ich einige Bissen von dem fetttriefenden Mahl.

Ich liege im Schlafsack und schaue nach oben, versenke mich in das Funkeln der Myriaden von Sternen. Seit jeher haben Sterne die Menschen mit Ehrfurcht erfüllt, da war es naheliegend, Wünsche und Hoffnungen in den Himmel zu projizieren und zu glauben, dass die Götter von dort oben das Leben auf der Erde lenken. Wir wissen inzwischen unglaublich viel über die Entstehung, den Aufbau und die Dimensionen des Universums, und doch genügt ein Blick hinauf, um das Geheimnisvolle zu spüren. Eine Sternschnuppe fällt vom Himmel. Bevor sie verglüht, zieht sie eine Lichtspur über das Firmament.

Zum Schlafen bin ich noch nicht müde genug, aber die Schiffsmannschaft hat sich schon hingelegt, deshalb kann ich mich mit niemand unterhalten, und das Sternenlicht reicht nicht zum Lesen. So bleibt mir Zeit, weiter über die Religion des Lichts und ihren Begründer nachzudenken. Ich versuche mir vorzustellen, wie Echnaton aussah, war er wirklich so hässlich, wie er sich darstellen ließ? Im Museum von Luxor steht seine Büste. Sie zeigt ein Wesen, das in einem Hollywoodfilm einen Außerirdischen spielen könnte. Das Gesicht ist unnatürlich langgezogen. Es endet in einem Kinn, das einem gerade herabfallenden Tropfen gleicht. Die Wangen sind tief eingesunken, die schräg stehenden Augen zu Schlitzen verengt.

Lange verweilte ich im Museum vor dem steinernen Abbild und versuchte seine Ausstrahlung zu ergründen. Im ersten Moment wirkt das Gesicht abstoßend, man möchte sich abwenden und es vergessen. Doch das ist unmöglich. Hat man es erst einmal erblickt, vergisst man es nie wieder. Je länger ich Echnaton betrachtete, umso mehr faszinierte er mich, gerade wegen seiner Fremdartigkeit. Der Bildhauer hat anscheinend mit den Gesichtszügen gespielt, sie ins Groteske verzerrt und übertrieben. Ein Gottkönig, der sich als Karikatur darstellen ließ?

Neben den Plastiken sind Reliefs mit Darstellungen von ihm erhalten geblieben, auch da wird die Hässlichkeit des Pharao betont: Hängebauch, fallende Schultern, weibisch breite Hüften, ein magerer Hals, dürre Arme und spindeldünne Beine.

Die Bilder zeigen eine nie zuvor gekannte Intimität. Das Privatleben der königlichen Familie wird zur Schau gestellt: Echnaton und Nofretete, wie sie sich zärtlich einander zuneigen; das Pharaonenpaar liebkosend mit seinen Kindern; die Familie beim Essen und beim Anbeten der Sonne. Die Szenen wirken fast wie Schnappschüsse aus einem Familienalbum, doch sie sind weit mehr. Hinter ihnen steht ein Programm: Die Liebe, die von Aton ausgeht, überträgt sich auf seine Geschöpfe, wobei die königliche Familie beispielgebend für diese alles durchdringende Liebe steht. Echnaton wollte mit den Reliefs seine Untertanen von der neuen religiösen Lehre überzeugen, von der Liebe zu Aton. Einer der Künstler hat in einer Inschrift festgehalten, der Pharao selbst habe ihn den neuen künstlerischen Stil gelehrt.

Echnaton hat nicht nur die Priester entmachtet und die Vielgötterei abgeschafft, seine Reformen erstreckten sich auf fast alle Lebensbereiche: Religion, Kunst, Sprache, Literatur, Verwaltung,

Wirtschaft, Architektur. Er passte die Hieroglyphenschrift der Umgangssprache an, denn das gesprochene Ägyptisch hatte sich im Laufe der Jahrhunderte verändert. Für amtliche und religiöse Texte hatte man aber immer noch die Sprache aus dem Alten Reich benutzt.

Bereits kurz nach seiner Krönung hatte der junge Pharao seinen Namen Amenophis IV. abgelegt und sich »von Aton geliebt«, Achen-Aton, genannt, woraus Echnaton wurde. Im fünften Jahr seiner Herrschaft ließ er die neue Reichshauptstadt Achetaton bauen, die erste geplante Stadt der Weltgeschichte. Er wählte dazu ein Wüstenplateau am Ostufer des Nil, gleich weit entfernt von den Zentren Theben und Memphis. Nichts musste abgerissen, keine vorhandene Struktur zerstört werden, die Stadt wurde wie auf dem Reißbrett konstruiert. Zum Bau verwendete man auf Echnatons Anordnung hin nicht mehr die riesigen Blöcke, sondern sogenannte Talatat-Steine in den Maßen von 52 mal 26 mal 26 Zentimetern, die sich leichter und schneller handhaben ließen.

Mit Achetaton entstand eine Metropole, die zugleich ein riesiger, von Wasseradern und Kanälen durchzogener Garten war. Die Straßen waren von Bäumen beschattet, und Blumen wuchsen am Wegesrand. Die Tempel hatten keine Dächer, damit die Sonne hineinscheinen konnte. Ein repräsentatives Empfangsgebäude schmückte das Zentrum, die königliche Familie aber lebte abgeschieden am nördlichen Ende der Stadt in einem Palast. Wände und Fußböden waren in erlesenem Geschmack dekoriert. Die Reliefs und Wandmalereien beherzigten den neuen, realistischen Kunststil, der nicht statisch und starr ist, sondern Bewegung abbildet. Da wehen die gemalten Wimpel im Wind, biegen sich Weizenähren auf den Feldern, und Enten flattern aus dem Schilf.

Der Hofstaat und die Beamten lebten in prunkvollen Villen. Ein Stadtviertel war den Künstlern vorbehalten, in einem anderen Viertel wohnten die Handwerker, und eine weitere Siedlung war für die

Arbeiter bestimmt. Eine Metropole des Lichts, geprägt von Kunstsinn und gemeinschaftlichem Leben.

Es müssen glückliche Jahre in Achetaton gewesen sein, auch für Nofretete. Die Darstellungen von ihr und den Kindern vermitteln diesen Eindruck. Sie gebar sechs Töchter. Ihr siebtes Kind war vermutlich ein Sohn, den sie Tut-Anch-Aton nannte. Später kehrte der Sohn in seinem Glauben wieder zu den alten Göttern zurück – oder wurde er von den Priestern dazu gezwungen? – und änderte seinen Namen in Tutanchamun.

Die Quellen belegen, dass Königin Nofretete an der Seite ihres Gemahls Echnaton an den Reformen beteiligt war; einige Historiker sehen in ihr sogar die eigentliche Initiatorin. Während das Königspaar mit der Umgestaltung aller bisherigen Werte beschäftigt war, wuchs die Bedrohung aus dem Ausland. Das Hethiterreich rüstete sich zur Eroberung Ägyptens. Die Bündnispartner gerieten in Bedrängnis. Sie sandten Hilferufe an den Pharao und baten um militärische Unterstützung. Ihr Flehen verhallte wirkungslos. Echnaton, der Pharao der Liebe, hat nie Kriege geführt. Jede Art von Gewalt lehnte er ab. Wohl ließ er sich im Streitwagen abbilden, für ihn war es aber kein Kampfwagen, sondern ein religiöses Gefährt, um in liebevoller Umarmung mit seiner Gemahlin und im schnellen Galopp den Lauf der Sonne nachzuahmen und ihrem Licht zu huldigen.

Das Ende ist verworren, das Chaos muss furchtbar gewesen sein. Da der Zusammenbruch im Einzelnen nicht mehr rekonstruierbar ist, lässt das Fehlen von Quellen die Spekulationen wuchern. Echnatons Herrschaft endete in seinem 17. Regierungsjahr, da war er kaum älter als 37 Jahre. Durch seine radikalen Reformen hatte er sich unerbittliche Feinde gemacht, und so liegt die Vermutung nahe, dass er keines natürlichen Todes gestorben ist. Doch Beweise dafür gibt es nicht. Ebenso ungeklärt ist, was mit Nofretete geschah. Schon nach dem 13. Regierungsjahr gibt es keinen Hinweis mehr auf ihre

Existenz. Ist sie gestorben, oder fiel sie in Ungnade? Wurde sie von ihrem Gemahl verstoßen, oder stieg sie unter anderem Namen gar selbst auf den Thron? Welche Rolle spielte Kija, die Nebenfrau, und wer war der rätselhafte Semenchkare? Gelangte er nach Echnatons Tod auf den Pharaonenthron, oder war es Nofretete, die sich so nannte?

Die Ägyptologen hatten den Schlüssel für die ungeklärten Rätsel bereits in Händen, erkannten ihn aber nicht, denn die Tontafeln sahen aus wie altbackene Hundekuchen und waren zudem mit Keilschrift bedeckt. Als Ägyptologe war man für Hieroglyphen zuständig, nicht für diese Krakelschrift, die aussah als hätten Hühner ihre Krallen in feuchten Lehm gedrückt. Die Experten lehnten den Ankauf dieser unansehnlichen Tafeln ab. Wie hätten sie ahnen können, dass es das königliche Staatsarchiv war und die gesamte Korrespondenz Ägyptens mit dem Ausland beinhaltete. Eine Bäuerin hatte die Schrifttafeln im Jahr 1887 gefunden. Bis ihr Wert erkannt wurde, waren ungezählte Tafeln zerschlagen, andere auf den Antiquitätenmärkten verhökert worden, nur wenige konnten die Wissenschaftler für die Forschung retten.

Hätte die ägyptische Altertümerverwaltung rechtzeitig zugegriffen, wüssten wir vielleicht, wer die geheimnisvolle Königin war, die den Brief an den Hethiterkönig Suppiluliuma schrieb. Ausgerechnet an den größten Feind Ägyptens richtete sie ihre Bitte. Dieses Schreiben hat sich nur in den hethitischen Quellen erhalten, in denen die Ägypterin bei ihrem Titel, nicht aber bei ihrem Namen genannt wird. Die Verfasserin teilt mit, ihr Gemahl sei gestorben, ohne Söhne zu hinterlassen. Der Thron Ägyptens sei deshalb vakant. Flehentlich bittet sie den Herrscher der Hethiter, ihr seinen Sohn zu senden, damit sie ihn heiraten und er ägyptischer König werden könne. Nur so bliebe ihr die Schmach erspart, einen ihrer Untertanen ehelichen zu müssen. Es dauerte einige Zeit, bis der

überraschte Suppiluliuma sich überzeugt hatte, dass der Heirats-
antrag der ägyptischen Königin ernst gemeint war, dann sandte er
tatsächlich seinen Sohn Zannanza. Doch der Prinz erreichte sein
Ziel nicht. Unterwegs wurde er ermordet.

Echnatons Mumie wurde bis heute nicht gefunden. Auch die seiner Gemahlin blieb unentdeckt. Im Jahr 2003 verkündete die Archä-
ologin Joann Fletcher zwar, die Mumie Nofretetes identifiziert zu
haben. Doch sie konnte ihre Vermutung nicht stichhaltig beweisen.

Nach dem Tod Echnatons erneuerten die Amonpriester ihre Macht.
Das Land habe eine schwere Krankheit durchgemacht, steht auf
einer Stele geschrieben, die Götter seien aber zurückgekehrt. Die
neu erbaute Hauptstadt Achetaton fiel der Vergessenheit anheim.
Alle Bewohner zogen fort, nahmen nur das Nötigste mit, als hätten
sie flüchten müssen. Nie mehr wagte jemand dort zu siedeln, als sei
der Ort verflucht.

War demnach Echnatons Reformbewegung nichts als eine kurze
Episode? Waren alle seine Bemühungen vergeblich gewesen? Nur
bei einem flüchtigen Blick erscheint das so. Zwar wurde die Vielgötterei wieder Staatsreligion, dennoch hatte Echnaton etwas in Gang
gesetzt, das über seinen Tod hinaus lebendig blieb. Die Impulse, die
er angeregt hatte, wirkten weiter, vor allem in der Kunst. Die Bilder
hatten ihre stereotype Starrheit verloren. Die Reform der Hieroglyphenschrift ermöglichte das Entstehen einer reichhaltigen Literatur
von Gedichten, Liedern und Erzählungen. Und vielleicht gibt es sogar eine Brücke vom Licht spendenden und liebenden Gott Aton zur
christlichen Lehre. Es ist nicht auszuschließen, dass die monotheis-
tische Idee über die Handelswege nach Palästina gelangte und im
Judentum neue Früchte trug. Unbestritten ist die Ähnlichkeit von
Echnatons Sonnenhymnos mit dem Psalm 104, dem »Loblied auf
den Schöpfer«, eines der schönsten Lieder im Alten Testament.

Im Reich des Osiris

Am nächsten Morgen steuert Mostafa in der Nähe von Dendera ans Ufer. Von der Anlegestelle zum Tempel sind es sechs Kilometer. Ich nehme ein Taxi, doch der Fahrer darf nicht ohne Polizeischutz losfahren. Es dauert, bis die Wachmannschaft endlich bereitsteht. Inzwischen sind noch drei Fahrzeuge mit Touristen dazugekommen. Endlich geht es los, eskortiert von zwei Militär-Pick-ups mit bewaffneten Soldaten. Ich bedaure fast, diesen Ausflug nach Dendera geplant zu haben, doch ich möchte den Tempel der Göttin Hathor sehen, die sich jährlich von Dendera auf ihre weite Reise zum Göttergatten Horus nach Edfu begab.

Wie in Edfu stammt auch dieser Tempel aus griechisch-römischer Zeit; begonnen 125 v. Chr., wurde er 60 n. Chr. fertiggestellt. Die Fremdherrscher bemühten sich, die Bauten im Stil der ägyptischen Pharaonen zu errichten, sie bis in die Details nachzuahmen. Vielleicht wollten sie so ihr Anrecht auf den Pharaonenthron legitimieren.

Der Eingangspylon fehlt. Sofort befinde ich mich im Säulensaal. Das Dach aus massivem Stein ist erhalten geblieben, und so herrscht eine geheimnisvolle, dämmrige Stimmung. Die steinerne Decke ist mit farbigen Reliefs geschmückt, im düsteren Licht sind sie nur zu erahnen. Ab und zu leuchtet der Tempelführer mit einer Taschenlampe hinauf und zeigt uns die Götter, die mit ihren Sonnenbarken über den nächtlichen Himmel steuern.

Die wuchtigen Säulen stehen dicht beieinander, von unten bis oben sind Bilder und Hieroglyphen eingraviert. Jede der 24 Säulen endet in einem Kapitell mit dem Hathorkopf. Die Gesichter der Göttin sind fast alle bis zur Unkenntlichkeit beschädigt, weil frühe Christen sich zu einem Bildersturm berufen fühlten. Schon im Alten Reich vor rund 4800 Jahren gab es in Dendera den ersten Schrein für Hathor. Das Geheimnis, das diese alte Muttergottheit umgab, ist für mich immer noch spürbar.

Ich gehe weiter zu der kleinen »Halle der Erscheinung«, die so heißt, weil hier die Göttin bei religiösen Zeremonien »erschien«. Angeführt vom König und der Königin trugen Priester am Neujahrstag die Statue der Hathor in einer feierlichen Prozession auf das Tempeldach, damit sich die Göttin bei Sonnenaufgang mit den Strahlen ihres Vaters, des Sonnengottes Re, vereinen konnte. So wurde Hathor für das kommende Jahr mit neuer Lebenskraft erfüllt. Treppen führen noch heute auf das Dach. An den Wänden des Treppenhauses sind sowohl diese Neujahrsprozession als auch die Reise der Göttin nach Edfu dargestellt. Es bleibt aber keine Zeit zum genauen Betrachten. Das Wachpersonal drängt unerbittlich zum Aufbruch.

Ein Touristenpaar aus Frankreich bietet mir an, mit ihnen im Mietauto heute noch weiter bis Abydos zu fahren und die Kosten zu teilen. Erfreut ergreife ich die Gelegenheit, diesen berühmten Wallfahrtsort zu besuchen, der 160 Kilometer von Luxor entfernt liegt.

So wie Muslime sich wünschen, wenigstens einmal im Leben Mekka zu besuchen, versuchten Ägypter in der Pharaonenzeit nach Abydos zu pilgern, dem Kultzentrum des Gottes Osiris. Der Sage nach hatte Isis in Abydos den Kopf ihres ermordeten Brudergatten gefunden.

Ich verabschiede mich von Mostafa und seinen beiden Helfern und steige in das Fahrzeug der französischen Touristen. Die rasende Fahrt von Dendera nach Abydos dauert knapp eine Stunde. In unserem Mietauto fühlen wir uns wie in einer Zwangsjacke, denn vorn und hinten werden wir vom Militär »beschützt«. Von Sicherheitsabstand kann keine Rede sein, ein Wagen hängt fast an unserer Hinterachse. Durch Hupen und Scheinwerferblinken wird unser Chauffeur gezwungen, gefährlich nahe an das vordere Fahrzeug aufzufahren. Wenn dieses plötzlich stoppen müsste, würden wir zwischen den beiden Jeeps wie in einer Schrottpresse zerquetscht. Zwecklos zu protestieren. Ich hätte mir eine besinnlichere Annäherung an das Heiligtum gewünscht. Dabei passt das Bangen um unser Leben durchaus zum Thema von Abydos, dem Heiligtum des Totengottes Osiris, von dem man sich ein Weiterleben nach dem Tod erhoffte. Um Osiris nah zu sein, ließ man Grabstelen und Gedächtsnisgräber, die sogenannten Kenotaphe, errichten.

Unweit des Ortes El Baljana am westlichen Rand des Niltals erreichen wir die Wallfahrtsstätte. Von der ehemals weiträumigen Anlage ist der Tempel von Sethos I. noch am besten erhalten geblieben, allerdings ist der Eingangspylon verschwunden, und die beiden Vorhöfe sind fast ganz zerstört. Über eine Rampe betreten wir direkt eine Halle, deren Dach auf 24 Säulen ruht. Die Säulen sind Papyrusstängeln nachempfunden, als Kapitelle tragen sie die Knospen der Pflanze. Diesen ersten Saal hat Ramses II. fertigstellen lassen. Reliefs mit den Abbildungen seines Vaters ließ er herauskratzen und dafür sein eigenes Bild und seinen Namen einmeißeln.

Die ehemals sieben Durchgänge zum zweiten Saal mussten auf Anordnung von Ramses bis auf einen zugemauert werden. 36 Säulen tragen das Dach in diesem zweiten Saal. Durch schmale Luken fällt Tageslicht. In den Sonnenstrahlen tanzen Staubkörnchen und zaubern eine geheimnisvolle Stimmung. Die meisten Reliefs stammen aus der Zeit von Sethos. Sie sind feiner und sorgfältiger gearbeitet als die späteren, die sein Sohn im ersten Saal anfertigen ließ.

Sethos' Herrschaft begann etwa dreißig Jahre nach dem Tod von Echnaton. Im Bemühen, die Erinnerung an den häretischen Pharao auszulöschen, bevorzugte Sethos den statischen Kunststil des Alten

195

Reichs. Um die zuvor geschmähten Götter zu versöhnen, ist der Tempel gleich sechs Göttern geweiht, was es sonst in keinem anderen Tempel gibt. Für jeden dieser Götter wurde eine Kapelle eingerichtet: für Ptah, Re-Harachte, Amon-Re, Osiris, Isis und Horus. Die siebte Kapelle hatte er für sich selbst vorgesehen in dem festen Glauben, nach seinem Tod ebenfalls zum Gott zu werden.

Sethos, der den Namen des ewigen Widersachers und Brudermörders Seth trägt, sah offenbar keinen Widerspruch darin, dass gerade er im Kultzentrum von Osiris seinen Tempel bauen ließ. Denn Seth verkörpert nicht ausschließlich das Böse. Während der Totengott Osiris mit dem Mond und seiner wechselvollen Gestalt in enger Beziehung stand, hatte Seth eine enge Beziehung zur Sonne, schützte sie vor der Würgeschlange Apophis. Seth und Osiris sind untrennbar verbunden, zwei Aspekte des Gleichen. Deswegen hat Sethos I., von den Priestern klug beraten, den Platz für seinen Totentempel sicherlich ganz bewusst in Abydos gewählt.

Überrascht bin ich von der Kraft der Farben, die nach über 3000 Jahren noch immer leuchten. Da sind Reliefs in Zinnoberrot, Safrangelb, Kobaltblau und Minzgrün. In der siebten Kapelle, in der Sethos sich selbst als späteren Gott verehren ließ, entdecke ich eine ungewöhnliche Darstellung. Sie zeigt, wie Sethos den Djedpfeiler aufstellt, einen Pfahl, der an seinem oberen Ende vier Querbalken hat – oder sind es Rippen? Was dieser Pfeiler symbolisiert, wissen wir nicht genau. Ist es die Nachbildung des Lebensbaumes, ein phallisches Sinnbild für Fruchtbarkeit, ein Erntezeichen mit Ährenbündeln oder die Wirbelsäule des Osiris? Jedes Jahr von Neuem musste der am Boden liegende Djedpfeiler an Seilen hochgezogen, aufgerichtet und mit Stangen abgestützt werden. Es waren die Priester, denen diese feierliche Aufgabe normalerweise oblag. Im Kleinformat diente der Djedpfeiler als Amulett und bedeutete als Zeichen in der Hieroglyphenschrift: Dauer, Beständigkeit, Stabilität. Im Neuen

Reich war es üblich, die Djed-Abbildung in den Sargboden zu schnitzen, sodass der Tote mit seinem Rückgrat auf ihr ruhte.

Als wir aus der Düsternis des Tempels ins Freie treten, empfängt uns gleißende Helligkeit. Vor unseren Augen erstreckt sich, etwa drei Kilometer entfernt, Umm el-Qaab, ein Tal, das als markanter Geländeeinschnitt von den Bergen hinab in die Ebene zieht. In der hitzeflimmernden Wüste hat sich dort der alte Königsfriedhof erhalten. Die Könige aus der frühesten Phase Ägyptens fanden in diesem Tal ihre letzte Ruhestätte. Es waren Herrscher aus der 1. und 2. Dynastie und noch frühere, die nicht in den Königslisten aufgeführt sind und von den Wissenschaftlern als Könige der 0. Dynastie bezeichnet werden. Ein besonders großes Grab, von dem nur die Grundmauern erhalten geblieben sind, war wie ein Königspalast angelegt worden. Es wurden ein Zepter aus Elfenbein gefunden und Gefäße mit dem Zeichen des Skorpions. Weitere Grabbeigaben beweisen, dass dieser frühe König, dessen Name unbekannt ist, bereits lange vor der 1. Dynastie das gesamte Niltal einschließlich des Deltas beherrschte.

In dieser Zeit um 3800 v. Chr. war Osiris noch nicht der Totengott, sondern der schakalähnliche Gott Chontamenti, der später mit Osiris zu einer Gottheit verschmelzen sollte. Bei Ausgrabungen Ende des 19. Jahrhunderts ist leider vieles zerstört worden. Unrühmlich tat sich dabei Emile Amélineau hervor, der 1895 als einer der Ersten hier grub. Er verkaufte nicht nur die Fundstücke, sondern zerstörte, was er nicht mitnehmen konnte, um den Marktwert für seine Antiquitäten zu erhöhen.

In den Gräbern wurden über 5500 Jahre alte Schrifttafeln gefunden, die beweisen, dass die Erfindung der Hieroglyphen nicht eine junge Errungenschaft der ägyptischen Zivilisation ist, sondern dass diese Schrift bereits in der Anfangsphase vorhanden war. Sind demnach die Ägypter die ersten Menschen, die schreiben konnten, oder wurde zuerst in Mesopotamien, dem heutigen Irak, die Keilschrift erfunden? Beide Schriften sind etwa gleich alt, unterscheiden sich aber so grundlegend, dass sie sich unabhängig voneinander entwickelt haben müssen. Zwischen Ägypten und Mesopotamien gab es damals bereits einen Warenhandel und deshalb möglicherweise auch einen Ideenaustausch, die Sprache mit Zeichen darzustellen, wofür beide Völker dann ihre eigene Lösung fanden.

Nur zwei Kilometer von den Königsgräbern und zehn Kilometer vom Nil entfernt, wurden vierzehn Schiffe beerdigt. Die Archäologen sind sich sicher, die Schiffe sind nicht etwa gestrandet. Aber warum wurde für die Flotte im Niemandsland ein Grab geschaufelt? Waren die Boote ein Geschenk für einen der toten Könige, sollten sie seiner Fahrt ins Jenseits dienen? Oder waren sie rituell verunreinigt, nachdem sie den toten Herrscher aus dem 430 Kilometer entfernten Memphis an den Bestattungsort gebracht hatten, und mussten deshalb unter der Erde entsorgt werden?

In den 26 Meter langen Booten hatten dreißig Ruderer Platz. Zum Transport schwerer Lasten waren sie nicht geeignet, konstruiert wurden sie allein für schnelle Fahrten. Für jedes Einzelne von ihnen wurde ein Grab geschaufelt; die Boote wurden mit Ziegeln gefüllt, von außen ummauert und mit Mörtel verputzt. Die Gräber ragen einen halben Meter über den Erdboden heraus. Die Schiffe stammen aus der 1. Dynastie um 2800 v. Chr. und zählen zu den ältesten Schifffunden weltweit.

Auf der Bahnstrecke von Abydos nach Kairo entscheide ich mich nicht für den komfortablen Nachtzug und wähle auch nicht das für Ausländer vorgesehene Abteil, sondern platziere mich mitten unter die einheimischen Reisenden. Zwar sitzen wir eng beieinander, und es ist lauter, als ich es mir wünschen würde, dafür gibt es viel zu beobachten. Nicht nur die Landschaft draußen, auch das Miteinander im Abteil sorgt für Abwechslung. Eine Großfamilie, fünf ziemlich korpulente Frauen und acht Kinder, belegt fast alle Plätze. Sie drängeln sich besitzergreifend herein und machen es sich bequem, während der einzige männliche Begleiter Koffer, Kästen und Kisten hereinwuchtet. Eilends springt er noch einmal hinaus, kommt bepackt mit Tüten voller Naschwerk und Getränken zurück.

Der Zug rollt an. Dem Mann stehen Schweißperlen auf der Stirn, sein Hemd ist verschwitzt. Einen Sitzplatz haben ihm die Frauen nicht reserviert. Er hockt unbequem auf einer Kiste, einsam und isoliert. Die fünf Frauen beziehen ihn nicht mit ein in ihre Gespräche, beschäftigen sich ausschließlich mit sich selbst und den Kindern. Seine Fürsorge haben sie wortlos hingenommen, ihn nicht einmal mit einem dankbaren Blick belohnt, als er ihnen die Leckereien übergab, als sei er ihr Lakai. Durch meine Reisen in arabischen Ländern weiß ich aber, dass sich das Verhalten am heimischen Herd sofort ändert. Da ist dann der Mann Pascha, der sich bedienen lässt.

Die Reise führt das grüne Niltal entlang. Nie wird es mir langweilig, diese einmalige Landschaft zu betrachten. Golden liegt das Sonnenlicht auf den Feldern mit Weizen, Gerste, Mais, Baumwolle, dazwischen breiten Dattelpalmen ihre Wedel aus. Seit es den Nasser-Stausee gibt, kann permanent bewässert werden. Aussaat und Ernte sind an keine Jahreszeit mehr gebunden, drei sogar vier Ernten im Jahr sind möglich. Während die fruchtbaren Felder kilometerweit am Zugfenster vorbeiziehen, erinnere ich mich an das Gespräch mit Salah, dem Ingenieur auf Elephantine, der vom Segen des Staudamms geschwärmt hatte. Nun sehe ich das blühende Ergebnis der steten Bewässerung, weiß aber auch um die Nachteile, nicht nur dass der Boden durch die notwendige künstliche Düngung mehr und mehr versalzt, sondern das Meer dringt ins Delta vor, weil die Ablagerungen fehlen, die der Nil früher mit sich geführt hatte.

An einem Dorfbrunnen füllen Frauen ihre Tonkrüge. Eine Frau nach der anderen hebt ihren Krug auf den Kopf, leichtfüßig schreiten sie mit der schweren Last heimwärts. Ein Bild, wie es wohl schon vor Tausenden von Jahren so beobachtet werden konnte. Allerdings – im Pharaonenreich hatten es die Frauen besser als heute. Anders als in Griechenland und Rom war ihr Leben nicht auf Haus und Kinder beschränkt. Rechtlich waren sie dem Mann gleichgestellt, sie hatten eigenen Besitz, konnten Geschäfte abschließen, ihr Anliegen vor Gericht erstreiten, Klägerin oder Zeugin sein.

Nicht nur Frauen der höheren Stände, auch die ägyptische Bäuerin konnte sich frei fühlen. Sie war wirtschaftlich unabhängig, hatte eigene Ländereien und Besitztümer. Zwischen Frau und Mann herrschte in der bäuerlichen Familie eine kooperative Arbeitsteilung. Der Mann übernahm in der Regel die körperlich schweren Arbeiten wie Pflügen, Hacken, Bewässern, die Frau versorgte das Vieh und beteiligte sich an der Ernte. Sie kümmerte sich um die Verarbeitung von Flachs, das Spinnen und Färben, während das Weben der Stoffe die Aufgabe des Mannes war.

Erst durch die islamische Eroberung im 7. Jahrhundert n. Chr. wurde die Stellung der Frauen massiv beeinträchtigt. Den Bäuerinnen blieben jedoch zunächst noch mehr Freiheiten als den Stadtfrauen. Das änderte sich, als 1805 Mehmed Ali während der osmanischen Herrschaft zum Statthalter über Ägypten ernannt wurde. Er enteignete die Bauern, machte aus ihnen besitzlose Landarbeiter und diktierte die Preise. Die Herstellung von Webwaren wurde kontrolliert. Das Rohmaterial musste über Regierungsstellen bezogen und die Fertigprodukte konnten nur zu festgesetzten Preisen verkauft werden. Die Willkürherrschaft ruinierte die Familienbetriebe. Die gesamte bäuerliche Gemeinschaft büßte ihre Unabhängigkeit ein, und auch die Frauen verloren die Grundlage ihrer bisherigen Eigenständigkeit.

Das enteignete Land wurde zu großen Flächen zusammengelegt und mit Baumwolle bepflanzt, ein Exportartikel, von dem sich der Pascha großen Gewinn versprach. Ägypten wurde zum Baumwolllieferanten für europäische Manufakturen degradiert. Erst durch die Landreform unter Nasser, 150 Jahre später, verbesserte sich die Situation auf dem Land etwas, aber das eigenständige und selbstbestimmte Leben der Frauen wie in pharaonischer Zeit wurde nie mehr erreicht.

Plötzlich stoppt der Zug auf freier Strecke. Warum, erfahren wir nicht. Die Passagiere scheinen ungeplante Aufenthalte gewohnt zu sein, die meisten steigen aus, um sich die Beine zu vertreten. Ich nutze die Gelegenheit, mich draußen umzusehen und entdecke an einem Wassergraben ein Schöpfgerät wie aus alter Zeit. Die einfache und zugleich wirkungsvolle Konstruktion des *schaduf* besteht aus einer langen Stange, ähnlich einem Schlagbaum. An einer Seite der Stange ist ein Stein festgebunden, das Zuggewicht, am anderen Ende hängt an einem Seil ein Beutel aus Ziegenleder. Durch Heben und Senken des Schlagbaums wird Wasser aus der Tiefe des Grabens heraufgeholt. Das geht mithilfe der Hebelwirkung schnell und Kräfte sparend.

Vertieft in meine Betrachtungen, zucke ich erschrocken zusammen, als das Abfahrtssignal ertönt. Jeder eilt zurück. Kaum ist der letzte Passagier eingestiegen, setzt sich der Zug in Bewegung und nimmt schnell Fahrt auf.

Kairo, die Siegreiche

Die durch Lautsprecher verzerrten Stimmen der Muezzine bohren sich in meinen Schlaf. »*Allahu akbar!*«, schallt es von nahen und fernen Moscheen. Der Ruf zum Morgengebet, aber noch ist es dunkel. Niemand steht um diese frühe Stunde zwischen vier und fünf Uhr auf, wenn er nicht muss. Kaum sind die Muezzine verstummt, beginnen die Hunde. Zuerst knurren sie nur, dann geht das Gejaule los und endet in nervtötendem Gekläffe. An Schlaf ist nicht mehr zu denken. Im Hotel wird es laut, Türen knallen, irgendwo rauscht die Spülung, und trotz geschlossener Fenster dringt der Verkehrslärm herein. Morgenstimmung in Kairo.

Gestern kam ich spät abends in der Stadt an, ließ mich von einem Taxi zum Cosmopolitan bringen, einem Hotel mit dem Charme der Vergänglichkeit. Die einst geschmackvolle Jugendstilfassade ist grau und zerfressen von der abgasgeschwängerten Luft. Mein Zimmer wird fast völlig von einem Doppelbett ausgefüllt. Der Raum ist schmal wie ein Schlauch, dafür ist die Decke mindestens vier Meter hoch, und das Fenster dehnt sich über die gesamte Zimmerfront aus. Die Wände sind olivgrün gestrichen, dunkelbraune, schwere Möbel verbreiten das Flair vergangener Zeiten.

In der Hotellobby eilt eine elegant gekleidete Frau auf mich zu, spricht mich auf Englisch an und begrüßt mich so herzlich, als würden wir uns kennen. »Besuchen Sie mein Schmuckgeschäft«, raunt sie mir vertrauensvoll ins Ohr. »Ich habe alles, was Ihr Herz begehrt: Perlen, Silber, Gold.«

Kaum habe ich einen Schritt hinaus auf die Straße gemacht, stellt sich mir lächelnd ein Mann in den Weg, möchte wissen, aus welchem Land ich komme. Über meine Antwort gerät er in Entzücken. »Wie wunderbar! Kommen Sie! Kommen Sie mit! An der Ecke ist mein Laden. Ich biete das beste Parfüm Ägyptens an, das hat sogar eine deutsche Zeitung geschrieben. Lesen Sie selbst! Kommen Sie!«

Wieder ein paar Schritte weiter, erfahre ich, wo sich das allerbeste Papyrusgeschäft befindet.

Mit Charme und List versuchen mich die Leute in ihre Geschäfte zu locken. Doch ich widerstehe allen Angeboten, denn ich will mir zuerst ein Bild von dieser Stadt machen, die immer wieder als Hexenkessel und Moloch beschrieben wird. Eine Stadt im permanenten Kollaps. Wie viele Einwohner Kairo hat, lässt sich nicht genau sagen: achtzehn oder zwanzig Millionen, vielleicht sind es schon 22 Millionen Menschen. Jeden Tag werden es mehr. Es ist das dichtest besiedelte Stadtgebiet der Welt, nirgendwo leben mehr Menschen zusammengepfercht auf einem Quadratkilometer. Eine Stadt, die auseinanderplatzen müsste, in der man eigentlich nicht existieren kann, und doch leben hier ein Viertel aller Ägypter. Sie bewältigen das an sich unerträgliche Chaos mit Schimpfen und Fluchen, aber auch mit Flexibilität, Solidarität, Nachbarschaftshilfe und mit Lächeln. Wo sonst sind mir jemals so viele hilfsbereite und lächelnde Menschen begegnet?

Kairo wurde von den Fatimiden, den Nachkommen von Fatima, der Tochter des Propheten Mohammed, gegründet. Bereits um 639 n. Chr. tauchten einzelne islamische Eroberungsheere auf und nahmen wenig später Ägypten unter die Fahne des Propheten. Der Islam war von da ab Staatsreligion, Arabisch wurde Landessprache, und alles, was noch aus pharaonischer Zeit überlebt hatte, wurde hinweggefegt. Zuerst hausten die Fatimiden in Zeltlagern, El Fustat, dann bauten sie Häuser, schützten sie mit einer Stadtmauer und nannten den Ort im Andenken an ihre gelungene Eroberung *al-Qahira,* »die Siegreiche«. Das Jahr 969 gilt als das Gründungsjahr

Kairos. Später wurden die Fatimiden von den Ayyubiden verdrängt, einer muslimisch-kurdischen Dynastie, die Ägypten als Provinz dem Kalifenreich anschloss, das von Bagdad aus regiert wurde. Einer der neuen Machthaber war Salah ad-Din, bei uns bekannt als Saladin, der mächtigste muslimische Herrscher seiner Zeit, der sein Gebiet gegen die Kreuzritter verteidigte.

Inzwischen bin ich am Midan Tahrir angekommen, einem Monster von Kreuzung, zu der alle Straßen hinzuführen scheinen. Ein Höllenlärm. Hier ist immer Hauptverkehrszeit, rund um die Uhr. Jeder Zentimeter Asphalt wird genutzt, und das Hupen ist ein Dauerton. Je zähflüssiger der Verkehr ist, umso lauter wird er und umso unerträglicher der Smog. Lärm, Gestank und Hektik prägen das Gesicht des modernen Kairo mit spiegelverglasten Hochhäusern, Banken, Hotels, Geschäften, Apartmentwohnungen, Einkaufsmeilen. Mich aber zieht es in die Altstadt, ins islamische Viertel. Um dorthin zu gelangen, muss ich den Platz queren.

Ich habe Glück, ich treffe Georg. »Welcome to Cairo«, begrüßt er mich, hält mir ein Schreiben entgegen und bittet mich, es zu lesen. Das Papier ist ein Ausdruck aus dem Internet. Jemand hat seine Urlaubserlebnisse beschrieben und Georg lobend als kompetenten Stadtführer erwähnt. Mit diesem Zeugnis versucht er seine Dienste anzupreisen, mich überzeugt aber eher seine dennoch zurückhaltende, fast unsichere und scheue Art, und mehr noch sein Lächeln. Auf dem kürzesten Weg führt mich Georg in den Orient. Geschickt schleust er mich durch das Labyrinth verwinkelter Gassen und Gässchen. Kaum zu glauben, dass dies hier noch die gleiche Stadt ist. Während außerhalb dieses verwunschenen Viertels der Verkehr flutet, hat hier jeder Zeit. Das Straßenbild prägen aber fast nur Männer als Händler und Käufer, sie schlendern durch die Gassen, sitzen in den Cafés und Teestuben beim Schischa-Rauchen oder

Teetrinken. Frauen sind im islamischen Viertel kaum auf den Straßen zu sehen.

Die Gassen, durch die sich schwer beladene Eselkarren zwängen, sind wegen der Auslagen unzähliger kleiner Geschäfte schwer passierbar. Wir lassen uns treiben, irgendwann gelangen wir in eine Gasse, in der scheinbar nur Knoblauch verkauft wird. Die Straßenhändler bieten die Knollen an. In den Speichern, in die ich durch die weit geöffneten Tore hineinsehen kann, türmen sie sich bis zur Decke, und Händler bringen mit voll beladenen Fuhrwerken immer noch mehr. Die »Knoblauchgasse« endet an einem der Stadttore, dem altertümlichen Nordtor, dem Bab el-Futuh.

Das islamische Viertel mit seinen tausend Gassen wirkt auf mich wie ein Kaleidoskop. Bei jedem Schritt ein neuer Blick, ein Farbenrausch und immer wieder neue Überraschungen für die Nase. Gewürze, Parfüme, Weihrauch, Kaffee und Tee – Düfte, deren Mischung sich in jeder Gasse, vor jedem Geschäft verändern.

Georg stellt mir einen Bekannten vor, der von Beruf Bügler ist. In einem winzigen Zimmerchen ohne Fenster, die einzige Öffnung ist die Tür zur Straße, plättet er die Wäsche der Kunden. Nicht mit der Hand führt er das Bügeleisen, sondern mit dem Fuß. Das habe ich noch nie gesehen – ein Fußbügeleisen. Mit dem Fuß könne er fester aufdrücken, erklärt er mir, und glättet mit Präzision auch Blusen mit schwierigen Schmuckfältchen und Plissee.

Aus der Fatimidenzeit existieren noch einige Moscheen, beantwortet Georg meine Frage. Die älteste ist die Ibn-Tulun-Moschee von 979. Sie hat eine Wendeltreppe, die sich außen am Minarett hochwindet. Inzwischen ist sie mehrfach restauriert worden. Am Bab el-Futuh in der »Knoblauchgasse«, durch die wir vorher gekommen waren, steht die El-Hakim-Moschee. Das Minarett hat noch die damals übliche Kappe, die aussieht wie ein Salzstreuer. El Hakim, nach dem die Moschee benannt ist, war der dritte Kalif der Fatimiden. Er herrschte von 996 bis 1021 und verordnete allen Frauen Hausarrest auf Lebenszeit. Um seine Anordnung durchsetzen zu können, verbot er die Herstellung von Schuhen für Frauen, ohne die sie nicht mehr auf die Straße gehen konnten.

Mitten in der islamisch geprägten Altstadt, im Viertel Al Gamaliya, ist Nagib Machfus aufgewachsen. Er hat die Eindrücke seiner Kindheit später in seine Bücher einfließen lassen. In Deutschland sind viele seiner Bücher erschienen, über vierzig hat der Autor insgesamt geschrieben: *Midaq-Gasse* und *Die Kinder unseres Viertels*, auch eines über Echnaton. Ich frage Georg, ob er schon etwas von dem ägyptischen Nobelpreisträgers gelesen habe? Georg schüttelt den Kopf. Leider, zum Lesen habe er keine Zeit. Eine typische Ausrede, die ich schon oft in Arabien gehört habe. In diesen Ländern lebt Literatur vor allem von mündlicher Überlieferung. Aber den Koran, den würde er doch lesen, insistiere ich.

»Nein! Tue ich nicht. Ich lese die Bibel!«

Als ich ihn überrascht anblicke, erklärt Georg: »Ich bin Kopte.«

Oh, dann sei er ja der Richtige, mir das koptische Viertel zu zeigen, freue ich mich. Wir verabreden uns für den morgigen Tag. Nachdem ich in Assuan viel über die Kopten erfahren habe, aber eher theoretisch Wissenswertes, hoffe ich mithilfe von Georg einen persönlichen Einblick in das Leben der Kopten in Ägypten zu bekommen.

Um mir einen Eindruck von dem Häusermeer Kairos zu verschaffen, besichtige ich am Nachmittag die Zitadelle. Sie steht auf einem hohen Felsplateau am Stadtrand. Als Napoleon im Jahr 1798 Ägypten eroberte und die 250-jährige Herrschaft der Osmanen beendete, ließ er von hier oben mit Kanonen auf die Bewohner Kairos schießen.

Ich gebe es auf, ein Foto zu machen, und stecke meinen Fotoapparat wieder ein. Die Kamera kann nicht einfangen, was die

Augen bezeugen. Ich sehe die zyklopenartigen, festgefügten Steine der Mauer, die Terrassengärten unterhalb der Zitadelle, die Moscheen mit ihren Kuppeln und schlanken Minaretten, die Skyline der Hochhäuser und weit hinten am Horizont, im Dunst wie eine unwirkliche Erscheinung, eine Anzahl von Dreiecken – die Pyramiden. Als wären sie aus einer künstlichen Form herausgestanzt und an den Stadtrand Kairos gesetzt worden, dort wo die Wüste beginnt. In den nächsten Tagen werde ich nach Giseh fahren zu den drei großen Pyramiden, und nach Saqqara und Dashur, wo der Pyramidenbau seinen Anfang nahm.

Begonnen mit dem Bau der Zitadelle hat Saladin im Jahr 1176. Respektlos hat er die Pyramiden geplündert und deren Steine herausreißen lassen. Die nächsten 700 Jahre diente die Befestigungsanlage als Herrschersitz, doch in jeder Epoche wurden neue Gebäude hinzugefügt und andere abgerissen. Erst 1870 zogen die Oberhäupter aus der mittelalterlichen Behausung in den neu erbauten Abdeen-Palast um.

Das auffälligste und prächtigste Bauwerk der Zitadelle ist die Mehmed-Ali-Moschee, auch Alabaster-Moschee genannt. Sie wirkt auf mich wie ein Fremdkörper, wurde sie doch ganz nach türkischem Muster erbaut. Ihr Vorbild sind die Moscheen Istanbuls, ohne jedoch deren Anmut und Eleganz zu erreichen. Mehmed Ali, der ab 1805, nachdem Napoleon wieder abgezogen war, Ägypten 43 Jahre lang beherrschte, hatte es nie für nötig gehalten, die Landessprache zu erlernen. Er war Albaner, stammte aus Ostmakedonien und war als Söldner in türkische Dienste getreten. Durch militärische Erfolge sowohl gegen Frankreich unter Napoleon als auch gegen die Briten wurde er von den osmanischen Herrschern als Statthalter über Ägypten eingesetzt. Mehmed Ali ergriff die Gelegenheit, schwang sich als Pascha zum Alleinherrscher auf und zögerte keinen Moment, die bis dahin herrschende Kaste auszulöschen – die Mameluken. Hier auf der Zitadelle geschah der heimtückische Mord.

Als Kind sah ich einen historischen Monumentalfilm, verstanden habe ich kaum etwas, weil mir die Hintergründe dazu fehlten. Mich beeindruckte die opulente Farbenpracht, die exotische Fremdartigkeit, Verrat und Ehre spielten eine wichtige Rolle. Der eigenartige Name »Mameluken« blieb in meinem Gedächtnis hängen. Unauslöschlich haben sich mir die Anfangsbilder eingebrannt: In einer traumhaften Berglandschaft mit Gebirgsbächen, Almwiesen und Schneegipfeln hütete ein Junge seine Schafe und Ziegen. Die Landschaft war so paradiesisch schön, dass ich mir sofort wünschte, anstelle des Jungen zu sein. Doch der Hirtenjunge wurde überfallen und auf einem Schiff in ein anderes Land verschleppt. In diesem Moment wurde mir klar: Er würde nie mehr seine Heimat wiedersehen. Dieser Junge, wie auch die anderen geraubten Kinder, wurde militärisch gedrillt. Nichts anderes existierte in ihrem Leben als Kampf. Sie wurden zu Mameluken gemacht. Der Name bedeutet »in Besitz genommen«, sie waren also Sklaven. Die meisten der Kinder stammten aus dem Kaukasus, sie bildeten die Eliteeinheit, die Leibgarde des Herrschers. Mameluken galten als treu und ergeben. Entwurzelt und ohne Angehörige, hatten sie nur noch ihre Tapferkeit und ihren Mut.

Doch dann im Jahr 1250 ergriff der Mameluk Aybak die Macht und stürzte den letzten Sultan, einen Nachkommen Saladins. So begann die 267 Jahre währende Herrschaft der Mameluken. Für Kairo war es eine Zeit der Blüte, die die Stadtarchitektur bis heute prägt. Über 200 Bauten aus der Mamelukenzeit sind erhalten geblieben: schlanke Minarette, schneeweiße Moscheekuppeln, Paläste und elegante Brunnenanlagen mit zarten Intarsien aus farbigen Steinen.

Die Mameluken waren geübte Reiter und stürzten sich todesmutig mit ihren Säbeln in den Kampf. Der modern ausgerüsteten

Armee Napoleons mit Gewehren und Geschützen waren sie allerdings hoffnungslos unterlegen. Obwohl besiegt, besaßen die Mameluken noch genügend Einfluss und Macht, um von Mehmed Ali als Bedrohung empfunden zu werden. Er dachte sich einen teuflischen Plan aus. Der Anlass schien unverfänglich: der Geburtstag seines Sohnes. Die Führer der Mameluken wurden vom Pascha zu einem Gastmahl auf die Zitadelle eingeladen. Und sie erschienen alle, die Beys und Emire, die gesamte Elite der Mameluken, hoch zu Ross in farbenprächtiger Tracht. Sie waren ohne Arg, vertrauten auf die Ehre des Gastgebers. Niemals würde er es wagen, das Gastrecht zu verletzten, so glaubten sie. Nach dem Bankett verabschiedete Mehmed Ali seine Gäste. Er hatte mit ihnen gegessen, getrunken und gelacht. Freundschaftlich umarmte er sie in dem Wissen, dass sie alle in wenigen Minuten tot sein würden.

Auf dem Heimweg, als sie zum unteren Tor ritten, rasselten plötzlich die Gitter herab. Erschrocken wendeten sie ihre Pferde, aber auch oben schlugen die Absperrungen zu. Sie waren gefangen in der engen Gasse! Auf den sie umgebenden Mauern und Felsen waren die Soldaten des Paschas postiert. Keiner der Männer entkam dem Anschlag. Gleichzeitig wurden die Häuser und Paläste der Mameluken geplündert, die Frauen und Kinder getötet. Mehr als 10 000 Menschen fielen dem Massaker zum Opfer. Mehmed Ali hatte sich mit einem Schlag sämtlicher Rivalen und möglicher nachwachsender Rächer entledigt. Er selber fand nach einem langen, rücksichtslosen Leben im Jahr 1849 einen friedlichen Tod in Alexandria. Sein Leichnam wurde zurück in die Zitadelle, an den Ort seiner Untat, gebracht, wo er in einem blendend weißen Sarkophag aus Marmor hinter einem vergoldeten Gitter in der Alabaster-Moschee liegt. Die Nachkommen Mehmed Alis regierten bis 1952. Der letzte war König Faruk I., der durch einen Militärputsch gestürzt wurde. General Gamal Abdel Nasser ergriff danach die Macht.

Unterhalb der Zitadelle liegt einer der Friedhöfe Kairos. Bevor ich wieder in die wogende Großstadt eintauche, mich dem Sog des pulsierenden Lebens ausliefere, will ich auf dem Friedhof Ruhe schöpfen. Friedhöfe sind in jedem Land anders. Oft unterscheiden sie sich sogar innerhalb einzelner Regionen eines Landes. Wo auch immer ich war, habe ich es nie versäumt, die Stätte der Toten zu besuchen, weil sie viel über die Lebenden aussagen. In den meisten arabischen Ländern allerdings sind Friedhöfe keine Orte, an denen Angehörige ihrer Toten gedenken. Der Verstorbene wird von ihnen in die Erde gelegt, das Grab zugeschüttet, irgendein unscheinbarer Stein, der keinen Namen trägt, wird daraufgelegt. Denn es ist unwichtig, wo jemand begraben liegt, in ihrer Vorstellung ist er bei Allah.

Ganz anders in Kairo, hier gibt es regelrechte Totenstädte. Die Bezeichnung »Stadt« ist zutreffend, denn um die toten Angehörigen zu ehren, hat man Häuser gebaut, palastartige Mausoleen, Kapellen und Moscheen. Zwischen den Grabanlagen verlaufen breite Straßen, auf denen Autos fahren, und auf den schmalen Gassen bewegen sich Eselkarren. In den Grüften liegen die Toten, aber in den Grabgebäuden wohnen nun die Lebenden. Ihre Zahl ist nicht bekannt, vielleicht sind es 150000 oder mehr. Die Eingänge zu den Behausungen sind mit Vorhängen verdeckt. Zwischen zwei Gräbern ist eine Leine gespannt, Wäsche flattert im Wind.

Ich treffe Mohammed. »Mein Großvater lebte schon hier«, erzählt er. Mohammed wuchs auf dem Friedhof auf, so wie jetzt seine Kinder. Die spielen zwischen den Gräbern, niemand stört sich daran, auch nicht an den Hühnern, Schafen und Ziegen, die von den Bewohnern gehalten werden und frei herumlaufen.

Die Friedhofskultur in Ägypten geht sicherlich auf Traditionen aus der Pharaonenzeit zurück, wo es üblich war, der Verstorbenen beim »Schönen Talfest« zu gedenken. Während dieser Feste aß, trank und feierte man in den Totentempeln. Auch unter der Herrschaft des

Islam hielt die Bevölkerung an ihren Ritualen fest. Die Angehörigen besuchten die Verstorbenen auf dem Friedhof, um ihnen nahe zu sein und mit ihnen zu feiern. Deshalb hat man neben oder über den Gräbern Gedenkhäuser für diese Anlässe errichtet. Da man die Gebäude aber nur an wenigen Festtagen im Jahr braucht, wurden sie zu willkommenen Behausungen für Familien, die ihre Wohnungen nicht mehr bezahlen konnten. Es mag makaber anmuten, auf einem Friedhof zu leben, doch was wäre die Alternative? Im Slum ist das Leben bestimmt schlechter, gerade für Kinder.

Mohammeds Frau lädt mich zum Tee in ihre Wohnung ein. Sie hat die Grabkapelle behaglich ausstaffiert mit einer Sitzecke, die aus hellblauen Sesseln und einem knallgelben Sofa besteht. Auf einem Tischchen wird mir Tee und Kuchen serviert. Ein Fernseher thront auf einer Kommode.

»Wir haben Strom«, bestätigt Mohammed stolz meine Frage.

Die gemütliche Atmosphäre in nächster Nähe zu den Toten scheint seltsam und wird doch gelebt, als sei es etwas Selbstverständliches.

Am nächsten Tag besuche ich mit Georg das koptische Viertel. Es befindet sich nahe am Nil. Ursprünglich war hier eine römische Festung mit einem Flusshafen. Auf der Grundmauer eines der Türme steht die St.-Georg-Kirche. Der heilige Georg, ein christlicher Märtyrer, stammte aus der Türkei und war römischer Soldat gewesen, bevor er wegen seines Glaubens im Jahr 303 ermordet wurde. Erst 800 Jahre später, zur Zeit der Kreuzzüge, wurde die Gestalt des heiligen Georg mit der Legende vom Drachentöter verwoben.

Ob seine Eltern ihn nach diesem Heiligen benannt haben, frage ich meinen Begleiter.

»Ich bin nach meinem Vater benannt, auch mein Großvater hieß schon so.« Georg mag es nicht, wenn ich ihn nach persönlichen

Dingen frage. Bisher weiß ich nur, dass er verheiratet ist und eine fünfzehnjährige Tochter hat. Doch ich hoffe, dass er Vertrauen zu mir fasst und ich mehr erfahre, wie es für ihn ist, als Kopte in Ägypten zu leben.

Das koptische Viertel ist ein Labyrinth stiller Gassen. In dichter Folge reihen sich Kirchen und Klöster aneinander, dazwischen fallen die wenigen unscheinbaren Wohnhäuser kaum auf. Außer ein paar Souvenirläden kann ich keine Geschäfte entdecken. Das ganze Viertel scheint ein einziges Museum frühchristlicher Religion zu sein.

»Nein, meine Familie wohnt nicht hier«, sagt Georg, der meine Frage danach wohl wieder als zu persönlich empfunden hat, und lenkt ab, indem er mir die Geschichte der St.-Barbara-Kirche erzählt. An diesem Ort soll einst die Tochter des Pharao im Schilf ein Baby gefunden haben. In einem Schiffchen aus Binsen war es auf dem Nil ausgesetzt und ans Ufer getrieben worden. Die Pharaonentochter nahm den Findling mit und zog ihn auf. Das Kind war Moses; ihm erschien Gott im brennenden Dornbusch und befahl, allen anderen Göttern abzuschwören. Nur noch an ihn, den alleinigen Gott, sollte Moses glauben, so wie es gut 500 Jahre zuvor Echnaton schon einmal verkündet hatte.

Ursprünglich verlief der Nil tatsächlich nahe der St.-Barbara-Kirche, erst im 13. Jahrhundert hat er seinen Lauf geändert. Es hätte möglich sein können, dass ein Kind hier gefunden worden ist. Im Pharaonenreich war es üblich, bei einer geheim gehaltenen Schwangerschaft das Kind in einem Binsenschiffchen auf dem Strom auszusetzen und sein Schicksal den Göttern zu überlassen.

Wir schlendern ein paar Schritte weiter zur St.-Sergius-Kirche. Sie geht auf einen Bau aus dem 5. Jahrhundert zurück und wurde über einer Grotte errichtet, in der die Heilige Familie übernachtet haben soll. Josef, Maria und das Jesuskind mussten laut biblischer

Überlieferung aus Bethlehem fliehen, um dem von König Herodes angeordneten Massaker an den Neugeborenen zu entkommen. Ihr Weg führte sie nach Ägypten. Die Bibel gibt keine Auskunft, wovon sie während der vierjährigen Flucht lebten, was sie taten und wo sie sich aufhielten. Koptische Überlieferungen dagegen vermerken eine erstaunliche Anzahl von Orten. Demnach ist Josef mit Frau und Kind in das 370 Kilometer weiter südlich gelegene Gebiet von Assiut gewandert. Alle Dörfer und Städte auf dieser Route, die noch heute einen alten Brunnen oder einen Schatten spendenden Baum haben, beanspruchen, die Heilige Familie beherbergt zu haben.

Die Grundmauern der Kirche der heiligen Jungfrau Maria, Al Muallaqa, die »Hängende«, stammen aus dem 4. Jahrhundert. Nachdem sie während der arabischen Eroberung zerstört wurde, hat man sie im 9. Jahrhundert wiederaufgebaut. Die »Hängende« steht weit über dem Bodenniveau auf dem Fundament eines römischen Festungstores. Über eine Treppe gelange ich zunächst in einen Hof und betrete dann die Basilika. Dort ist es so ruhig, dass ich meinen eigenen Herzschlag vernehme. Ich lasse mich von der andächtigen Stille einfangen. Eine Ahnung von heiliger Intensität der frühchristlichen Gläubigen weht mich an. Durch farbige Mosaikfenster scheint die Sonne, beleuchtet das Tonnengewölbe aus Zedernholz und den Altar mit seinen Intarsien aus Elfenbein. Die Kanzel ruht auf dreizehn Säulen, die Christus und seine Jünger darstellen.

In der gleichen Gasse, wenige Schritte weiter, befindet sich das Kloster St.-Georg. Im Vorraum des Klosters halten Nonnen Audienz. Die Ratsuchenden warten in einer langen Reihe, darunter überraschend viele Jungendliche. Ein junger Mann kniet vor einer Nonne, die ihn mit einem Holzkreuz segnet. Zwei Mädchen halten sich an den Händen und treten gemeinsam vor, aber nur eine kniet nieder. Die Nonne hört dem Wortschwall schweigend zu, dann stellt sie Fragen. Das Gespräch wirkt persönlich, obwohl ringsum Leute sind.

Das Mädchen verhält sich, als sei sie mit der Nonne allein. Es scheint, als öffne sie ihr Herz. Am Ende erteilt die Nonne der Ratsuchenden ihren Segen. Welche Sorgen das Mädchen wohl quälen?

Ob die Gespräche auf Koptisch geführt werden, möchte ich von Georg wissen.

»Nein, wir benutzen die arabische Sprache. Koptisch wird nur in der Liturgie verwendet.«

»Georg, ist Ihre Frau auch Koptin?«

Befremdet schaut Georg mich an. »Natürlich! Sonst wären wir nicht verheiratet. Ein Kopte darf nur eine Koptin heiraten.«

»Und wie ist es mit den Frauen? Kann ein koptisches Mädchen einen Mann heiraten, der einer anderen Religionsgemeinschaft angehört?«

»Ja, das ist möglich«, sagt er zögernd.

»Würden Sie das Einverständnis zur Hochzeit geben, falls sich Ihre Tochter in einen Moslem verliebt?«

»Das wird nicht geschehen! Meine Tochter ist ein anständiges Mädchen. Niemals würde sie mir so eine Schande antun!« Georg ist verärgert. Er hat genug von meiner Fragerei.

»Georg, ich wollte Sie nicht beleidigen, es tut mir leid. Würden Sie mich trotzdem auch morgen begleiten? Ich würde gerne die Zabbalin besuchen.«

Er schaut mich sprachlos an. Es dauert eine Weile, bis er sich gefasst hat. »Meinen Sie die Müllmenschen? Sind Sie verrückt? Wollen Sie sich unbedingt eine Krankheit einfangen?«

»Die Zabbalin sind Kopten«, gebe ich zu bedenken.

»Na und! Kopten hin oder her! Diese Leute sammeln den Abfall von ganz Kairo und kippen den Schmutz in ihre Häuser, wo die Frauen und Kinder ihn sortieren. Da wird einem ja vom Gestank schon übel! Wer sich so etwas Schlimmes ansehen will, ist nicht ganz richtig im Kopf!«

Georg kann mich vom meinem Entschluss nicht abbringen. Ich habe mich bereits im A. P. E. angemeldet, der *Association for Protection of the Environment,* einer Hilfsorganisation, die das Leben der Zabbalin verbessern möchte. Das Wort kommt aus dem Arabischen: *ziba'la* bedeutet Müll.

Begonnen hatte alles vor etwa siebzig Jahren mit einem armen Bauernsohn aus Assiut. Da er weder Land noch Arbeit hatte, ging er nach Kairo, um irgendwie zu überleben, doch niemand wollte ihn anstellen. Er hörte, wie die Leute klagten, Kairo werde im Müll ersticken. Bis dahin hatten Beduinen die Abfälle eingesammelt, in der Wüste trocknen lassen und als Brennmaterial an Kaffeeröstereien und Badehäuser verkauft. Inzwischen gab es billigeren Heizstoff, das Erdöl. Da man den Abfallsammlern für ihr Material nicht genug zahlte, holten sie den Müll nicht mehr ab. Der Mann aus Assiut hatte eine Idee. Er erinnerte sich, wie bei ihm zu Hause der Unrat beseitigt wurde. Die Leute in seinem Dorf waren Kopten, die traditionell Schweinezucht betrieben und alle organischen Reste an die Tiere verfütterten. Er informierte seine Brüder, und bald zogen viele Leute aus der Gegend von Assiut nach Kairo, siedelten sich am Ortsrand an und mästeten mit den in der Stadt gesammelten Abfällen ihre Schweine.

Kein Taxifahrer ist bereit, mich zu den Zabbalin zu bringen. Es gebe keine Straße, nur einen Schuttweg voller Schlaglöcher, heißt es, bei der Fahrt würde das Auto ruiniert. Andere verlangen einen unverschämt hohen Preis. Erst als ich als Ziel die Felsenkirchen von St. Samaan angebe, werde ich gefahren.

Die Kirchen liegen oberhalb der Zabbalinsiedlung in den Mokattambergen. Der heilige Samaan hatte die Kopten vor dem Tod bewahrt. Als islamische Eroberer unter Amr Ibn el-As im Jahr 646 alle Christen töten wollten, vollbrachte der einfache Schuster Samaan ein Wunder. Der islamische Anführer hatte einen Beweis für die Existenz des Christengottes gefordert. Mit Gottes Hilfe schlug Samaan eine Schneise in die Mokattam-Felsen. Von dieser Tat beeindruckt, schenkten die Sieger den Andersgläubigen das Leben.

In Serpentinen geht es hinauf in die 200 Meter hohen Berge. Sie dienten früher als Steinbruch für den Pyramidenbau. Durch einen Torbogen biegen wir auf einen großräumigen Parkplatz. Von dort blicke ich hinab auf die Zabbalinsiedlung. Gigantische Berge von Abfall füllen die Innenhöfe, quellen aus den Häusern, stapeln sich allerorten. Überall wühlen schwarze Schweine im Unrat. Nicht zu fassen, dass Menschen tatsächlich mitten im Müll leben, ein apokalyptischer Anblick. So schlimm hatte ich es mir nicht vorgestellt. Will ich dort wirklich hin? Muss ich mir das aus der Nähe ansehen? Noch bin ich weit genug entfernt, um von dem üblen Gestank verschont zu sein. Werde ich ihn überhaupt aushalten?

Hier oben bei der Felsenkirche ist es sauber und ordentlich. Die Wege sind frisch geharkt und von Blumenrabatten eingefasst. Kein Fetzchen Papier liegt herum. Einen größeren Kontrast zu der weniger als hundert Meter entfernten Müllsiedlung kann es kaum geben.

St. Samaan ist eine Pilgerstätte. Jedes Jahr wird sie von Tausenden christlichen Gläubigen besucht. Unter einem gewaltigen Felsdach befindet sich eine Freiluftkirche mit 15 000 Sitzplätzen wie in einem Amphitheater.

Ein Fußweg von wenigen Minuten führt mich hinab zum A. P. E.-Zentrum, wo mich Jasik Nain erwartet, ein etwa 35-jähriger Mann, der für das Hilfsprojekt arbeitet.

»Die Erste, die sich um die Müllmenschen kümmerte, war Schwester Emmanuelle, eine französische Ordensfrau von Notre Dame de Sion«, berichtet Jasik.

Schwester Emmanuelle hatte Philosophie und Literatur studiert, promoviert und über vierzig Jahre an einer höheren Töchterschule unterrichtet. Erst mit sechzig Jahren entdeckte sie ihre Berufung, als sie bei einer Ägyptenreise das Elend der Menschen in Ezbet en Nakhl sah, einer anderen Müllsiedlung Kairos. Es gibt fünf dieser Siedlungen an der Peripherie der Großstadt mit insgesamt etwa 50 000 Bewohnern. Die Nonne sammelte Spenden und gründete ein Hilfsprojekt. Zweiundzwanzig Jahre lang lebte sie mitten unter den Zabbalin, so konnte sie sich vor Ort am besten um die Bedürftigen kümmern. Im Jahr 2008 starb die »Mutter der Müllmenschen«, wie sie von ihren Anhängern liebevoll genannt wurde, aber ihre Projekte werden weitergeführt. Hier im Ausbildungszentrum, einem Steingebäude bei der Müllsiedlung Mokattam, werden seit 1988 Mädchen im Nähen, Weben, Patchworking und in der Papierherstellung unterwiesen, zudem lernen sie Lesen und Schreiben, denn in den meisten Familien gehen, wenn überhaupt, nur die Jungen zur Schule.

Ich bin überrascht, als mir Jasik erzählt, dass er selbst in einer Müllsammlerfamilie geboren wurde. »Meine beiden älteren Brüder waren traditionell dazu bestimmt, unserem Vater zu helfen. Jeden Morgen mussten sie um drei Uhr aufstehen, mit einem Eselfuhrwerk in die Stadt fahren und die vor den Haustüren abgestellten Müllbeutel einsammeln. Meine Mutter und die Schwestern haben dann alles sortiert, während ich und mein jüngerer Bruder in unserer sauberen Schulkleidung zum Unterricht gingen.«

Jasik öffnet die Tür zu einem Raum im Ausbildungszentrum. An Webstühlen entstehen Fleckerlteppiche. Die etwa vierzehnjährigen Mädchen lernen hier, wie gewebt wird, welche Effekte und Muster mit den farbigen Stoffbändern erreicht werden können. Sie sind fröhlich und lachen mich offen an.

»Die Stoffreste stammen nicht aus dem Müll«, antwortet Jasik auf meine Frage. »Das Material bekommen wir von Firmen geschenkt.«

Kichernd stellen sich die Mädchen für ein Erinnerungsfoto zusammen. Wie mag es für sie sein, wenn sie aus dieser sauberen Umgebung nach Unterrichtsschluss heimgehen, wo Müll und Schmutz auf sie warten?

»Komm, ich zeige dir, wo ich wohne«, sagt Miriam und geht voran durch den kleinen Park, der das Zentrum umgibt, hinaus auf die staubige Straße zur Müllsiedlung.

»In einem halben Jahr bin ich mit der Ausbildung fertig«, erzählt mir die Fünfzehnjährige. »Dann bekomme ich eine Nähmaschine auf Kredit und verdiene mein eigenes Geld.« Ihre Augen funkeln bei diesen Worten.

Zuerst atme ich ganz flach, doch dann merke ich, dass der Geruch gar nicht so schlimm ist. Faulig zwar, aber mich würgt kein Brechreiz, wie ich bei meiner empfindlichen Nase befürchtet hatte. Es mag auch die fröhliche Art von Miriam sein, die mir die Müllsiedlung nicht so furchtbar erscheinen lässt, wie ich sie beim Blick oben vom Kloster wahrgenommen habe.

Das Mädchen hat meine Hand ergriffen, und während wir weitergehen, erklärt sie mir fachmännisch die Recyclingmethoden der Müllsiedlung: Jede Familie hat sich auf bestimmte Produkte spezialisiert. Die einen sammeln Papier, andere Plastik, Flaschen oder Blechdosen, andere wiederum verarbeiten das Material weiter. Plastik zum Beispiel wird zu Granulat zerhäckselt und dann in einer Plastikschmelzmaschine in Flip-Flops, Kleiderbügel, Tüten und Säcke verwandelt. Wenn die männlichen Familienmitglieder von ihrer Sammeltour aus Kairo zurückkommen, kippen sie die Ausbeute ins Erdgeschoss der Häuser, wo Frauen und Mädchen den ganzen Tag über zu tun haben, die Abfallstoffe zu sortieren. Die verschiedenen Materialien kommen in einzelne Behältnisse, je nachdem ob man sie weiterverarbeiten oder verkaufen will.

»Früher hausten wir in Hütten aus Wellblech und Holzbrettern. Nachts schliefen wir in einer freigeräumten Ecke auf einer Unterlage aus Pappe. Um uns herum nichts als Müll«, erzählt Miriam,

218

während wir durch die Siedlung gehen. »Schwester Emmanuelle hat Geld gesammelt, und jetzt wohnen wir in richtigen Häusern mit zwei Stockwerken. Der Dreck bleibt unten, die Zimmer oben sind sauber. Wir haben auch Strom, Wasser und Kanalisation.«

In den Gassen, durch die wir gehen, häufen sich hin und wieder die Abfälle, vor allem vor den Hauseingängen. Umso stärker leuchtet die Auslage eines Gemüsehändlers mit farbenfrohen Apfelsinen, Tomaten und Äpfeln. Wie in jeder anderen Siedlung gibt es auch hier Kaffee-Shops, eine Post, sogar einen Friseur sowie eine Krankenstation und eine Schule. Der Unterricht ist gerade zu Ende, und Jungen in adretter Schulkleidung mit ihrer Mappe unterm Arm gehen nach Hause und verschwinden in den Müllhäusern.

Miriam bleibt vor einem Haus mit breitem Toreingang stehen. Das Tageslicht erhellt spärlich die untere Etage. Hier türmt sich der Abfall mindestens einen Meter hoch, unterteilt von schmalen Schneisen. Miriam stellt mir ihre Mutter und die ältere Schwester Nadia vor. Flink arbeiten sich die beiden durch den Müll. Rechts in den Korb neben sich wirft Miriams Schwester die Blechdosen, in den linken kommt das Glas, in den nächsten alles, was aus Plastik ist. Im Eimer landen die Essenreste, um sie später an die Schweine zu verfüttern.

»Alles kann irgendwie verwertet werden«, sagt Nadia.

»Wir sammeln nur Metall- und Glaswaren, alle übrigen Materialien verkaufen wir an andere Familien oder Händler, wie das Papier dort«, fügt Miriams Mutter hinzu und zeigt auf riesige Stapel Altpapier.

»Wir haben das beste Recyclingsystem auf der ganzen Welt«, ergänzt Nadia.

»Aber die Regierung will das nicht anerkennen«, meldet sich Miriam wieder zu Wort. »Sie haben ausländische Firmen beauftragt, den Müll zu entsorgen. Es heißt, sie benutzen moderne Technologie, so eine Lüge! Sie pressen nur alles zusammen und verbrennen es dann. Das kostet die Bewohner Kairos viel Geld, und ihren Abfall müssen sie zu den weit entfernten Containerstellplätzen bringen. Wir dagegen holen die Beutel an der Haustür ab und verlangen gar nichts. Manchmal geben uns freundliche Menschen ein kleines Trinkgeld, davon aber könnten wir nicht leben. Wichtig für uns ist der Müll selber, ihn machen wir zu Geld.«

»Wir lassen uns den Müll nicht wegnehmen!«, ruft die Mutter energisch. »Es ist harte Arbeit, aber wir machen sie gut.«

»Die Regierung hat uns verboten, mit Eselkarren in die Stadt zu fahren«, sagt Nadia. »Also müssen wir Lastwagen und Pick-ups kaufen.«

»Genauso ist es«, bestätigt Miriam. »Für die Regierung sind wir schmutzige Müllmenschen. Wir passen nicht in das Bild einer modernen Großstadt. Sie sagen, unsere Arbeit sei illegal, am liebsten würden sie uns wegjagen.«

Während unseres Gesprächs haben Mutter und Schwester unbeirrt weitersortiert. Miriam soll nun auch helfen, und ich verabschiede mich. Nadia unterbricht ihre Arbeit und tritt auf mich zu. Im Tageslicht sehe ich erst, wie schön sie ist. Sie trägt ein blaues Kleid aus einem samtartigen Stoff, das bis zum Boden reicht. Sie sieht aus wie Aschenputtel, die mitten im Unrat ihr Prinzessinnenkleid angelegt hat, um zum Tanz aufs Schloss zu gehen. Nadia streckt mir zum Abschied ihre Hand entgegen, mit der sie eben noch im schmierigen Schmutz gewühlt hat. Ich will sie nicht durch mein Zögern kränken und greife zu. Doch ich bekomme nur ihr Handgelenk zu fassen. Die Hand hat sie blitzschnell nach unten gebogen. Nadia lächelt mich freundlich an: »Die Hand kann ich Ihnen nicht geben, sie ist doch schmutzig.«

Nie werde ich die Erlebnisse in der Zabbalin-Siedlung vergessen. Menschen, die im Müll leben und dennoch nicht verzweifeln, nicht verbittert und abgestumpft sind, die sich ihre Fröhlichkeit bewahren, ihren Stolz und ihren Überlebenswillen. Als ich das Viertel verlasse, in dem hinter jeder Tür ein Familienrecycling-Unternehmen die Abfälle Kairos verarbeitet, höre ich plötzlich Tangomusik. Sie dringt aus einem der Müllhäuser nach draußen.

Dem Himmel entgegen

Die Straße führt schnurgerade auf sie zu. Im Dunst Kairos sind sie zunächst nur schemenhaft zu erkennen, dann wachsen ihre geometrisch scharfen Formen immer gewaltiger hervor: die Pyramiden von Giseh. Sie sind das Einzige der sieben Weltwunder der Antike, das bis in unsere Zeit überdauert hat.

Ich hatte befürchtet, enttäuscht zu werden, da mir die Pyramiden von zahlreichen Abbildungen nur allzu vertraut sind. Würde die Wirklichkeit im Vergleich zu all den prachtvollen Fotos nicht blass aussehen? Doch kein Bild kann die persönliche Begegnung mit diesen rätselhaften Zeugen einer fernen Vergangenheit ersetzen. Ihre markanten Konturen, die wie mit dem Lineal gezogen sind, und ihre vollkommene Form lassen mich staunen, ihre Mächtigkeit überrascht mich. Sie sind größer, als ich sie mir vorstellen konnte. Gewaltig wirken sie, diese steinernen Rätsel einer versunkenen Epoche, die uns Fragen stellen, die wir nicht beantworten können.

Es ist noch früh am Tag. Im Licht der Morgenröte erglühen die Pyramiden zartrosa. Mit ihren Spitzen berühren sie dreifach den Himmel. Mehr als 4000 Jahre standen sie einsam in der Wüste. Wer sie sehen wollte, musste sich als Transportmittel ein Pferd oder einen Esel mieten. Inzwischen ist das Häusermeer Kairos auf die Pyramiden zugewandert und mit dem Vorort Giseh verschmolzen. Die Entfernung vom Stadtzentrum beträgt sechzehn Kilometer auf einer vierspurigen Straße.

Die Pyramiden sind eingezäunt. Auch wer nur einen Spaziergang machen will, muss Eintritt bezahlen und noch einmal extra Tickets lösen, um in die Monumente hineinzugehen und ihr Inneres zu besichtigen. Auf die Spitzen hinaufzuklettern, wie Reisende es früher taten, ist nicht mehr erlaubt; zu viele Unfälle sind dabei passiert.

Am Eingang warten Männer mit ihren Kamelen auf Touristen. Freundlich lächelnd wollen sie mich überreden, mit einem Dromedar um die Pyramiden herumzureiten. Doch ich muss ablehnen; ich will mir ungestört einen Überblick verschaffen und diese abstrakten geometrischen Symbole in Ruhe auf mich wirken lassen. Vielleicht gelingt mir eine geheime Zwiesprache mit den himmelwärts ragenden Bauwerken.

Die Pharaonen der 4. Dynastie, Cheops, Chefren und Mykerinos, haben um 2500 v. Chr. die Pyramiden von Giseh bauen lassen. Die älteste und größte hatte Cheops in Auftrag gegeben. Er war der Vater von Chefren und Mykerinos' Großvater.

In einem Zeitraum von kaum achtzig Jahren gelang es, Unmengen von Steinen zu brechen, zu transportieren und zu mächtigen Grabtempeln aufzuschichten. Die Pyramide des Cheops, die in 23 Baujahren fertiggestellt wurde, war einst 147 Meter hoch. Heute ist sie einige Meter niedriger, weil die Außenverkleidung aus Kalkgestein abgeschlagen und für Kairos Moscheen benutzt wurde.

Die Pyramide seines Sohnes Chefren ist etwas kleiner, was aber nicht auffällt, da sie auf einem zehn Meter hohen Felssockel steht. Im oberen Viertel ist die Verkleidung aus Kalksteinplatten noch erhalten, die allerdings im Laufe der Jahrtausende eine bräunliche Patina erhalten hat. Einst ließ der glatt polierte Kalkstein aus dem nahe gelegenen Steinbruch bei Tura am östlichen Nilufer alle drei Pyramiden blendend weiß erstrahlen. Im hellen Sonnenlicht sendeten die hohen Bauwerke sichtbare Signale in den Himmel, Signale, die für die Götter bestimmt waren. Französische Gelehrte, die Napoleons Ägyptenfeldzug begleiteten, berechneten, dass mit den Steinen der drei Pyramiden eine meterhohe Mauer um ganz Frankreich herum gebaut werden könnte.

Die Pyramide von Enkel Mykerinos ist »nur« 66 Meter hoch. Ihre Grundfläche ist ungefähr ein Viertel kleiner als die der beiden großen, dennoch fügt sich das Bauwerk harmonisch in das Ensemble ein.

In einem weiten Bogen umwandere ich die Pyramiden. Der sandige Boden ist fest und hart, sodass meine Füße nicht einsinken. Es ist still, die Geräusche der großen Stadt Kairo dringen nicht bis hierher. Die baumlose Ebene, aus der die Pyramiden aufragen, ist so gut wie ohne Pflanzenwuchs. Die Sonne brennt herab, nirgendwo Schatten. Doch die Hitze wird gemildert durch einen heftig wehenden Wind.

Meine Wanderung hat einen tieferen Sinn, denn die Pyramiden sollen diagonal genau hintereinanderliegen, und aus dieser Perspektive verspreche ich mir einen besonders eindruckvollen Anblick. Tatsächlich, die Südostecken der drei geometrischen Figuren lassen sich mit einer gedachten Linie verbinden. Beim ersten Vermessen der Pyramiden staunten die Forscher über die phänomenale Genauigkeit, mit der die Bauwerke zueinander ausgerichtet sind, und entdeckten weitere Übereinstimmungen: Mit einer Differenz von nur drei Grad weisen sie auf den geografischen Nordpol. Selbst mit heutigen Messinstrumenten könnte man ein Gebäude kaum genauer auf einen Punkt hin ausrichten. Auch die vier Seiten der Pyramidenbasis sind jeweils gleich lang, die Abweichung beträgt nur fünf Zentimeter.

Diese mathematische Genauigkeit reizte Hobbyarchäologen unserer Tage zu spekulativer Zahlenmystik. Das Verhältnis von Umfang und Höhe der Pyramiden soll genau dem Verhältnis von Erdumfang und Entfernung des Erdmittelpunktes zu den Polen entsprechen. Das klingt erstaunlich, weil die alten Ägypter vielleicht wussten, dass die Erde eine Kugel ist, aber doch gewiss nicht ihren Umfang berechnen konnten und erst recht nicht die Entfernung zu den

Polen. Beinahe alles kann man in die Pyramiden hineinlesen, sogar musikalische Gesetzmäßigkeiten wie Dreiklänge und Quinten. Die Pyramiden eignen sich auch als Modellarchiv für Maßeinheiten von Längen, Gewichten und Zeiteinteilungen. Manche Experten behaupten, eine Verbindung der Pyramiden zum Universum zu erkennen; so soll ihre diagonale Anordnung den Sternen des Orion entsprechen. Wieder andere wollen beweisen, dass die Pyramiden ein Strahlenfeld produzieren, das den Zerfall eines toten Körpers verhindere. Einige Pyramidenforscher spekulieren, die Pyramiden enthielten Vorraussagungen für den Verlauf der Geschichte unserer Erde oder in ihnen liege der Hort eines alten Urwissens verborgen, das aber bis heute nicht entschlüsselt werden konnte.

Seit Stunden schon führe ich eine Art Zwiesprache mit den drei mächtigen Monumenten. Nachdem ich sie umrundet habe, gehe ich ohne ein besonderes Ziel zwischen ihnen herum. Ab und zu setze ich mich auf einen Stein, schaue sie an, halte sie fest im Blick, als könnten sie mir ihr Geheimnis verraten. Ich spüre eine Aura wie bei keinem anderen Bauwerk sonst, und kann verstehen, warum sie die Phantasie anregen und zu den seltsamsten Vermutungen beflügeln, bis zu der Vorstellung, Außerirdische könnten mit rätselhaften Technologien die Steine aufgeschichtet haben. Aber eines wird bei solchen Spekulationen außer Acht gelassen: Die Menschen, die damals lebten, sie waren die Baumeister der Pyramiden. Das ist inzwischen Gewissheit. Und der Grund für die Mühen waren ihre religiösen Vorstellungen.

Jetzt, da ich die Pyramiden mit eigenen Augen sehe, kann ich erst ermessen, an welch gewaltiges Werk sich die Menschen vor Tausenden von Jahren gewagt haben. Mit uns heute primitiv erscheinenden Werkzeugen bewältigten sie eine Aufgabe, die mich mit Bewunderung erfüllt. Der unebene, felsige Boden musste geglättet und nivelliert werden, damit ein gleichmäßiger Baugrund entstand, der die aufgetürmten Steinmassen tragen konnte. Diese schwierige Arbeit wurde mithilfe einer Art natürlicher Wasserwaage gelöst: In miteinander verbundene und in den Felsuntergrund geschlagene Rillen wurde Wasser gefüllt, wobei ein gleichmäßiger Wasserstand anzeigte, ob der Boden eben war oder noch weitere Felshöcker abgeschlagen werden mussten. Mit einfachsten, meist der Natur abgeschauten und zugleich genialen Mitteln gelang den Baumeistern höchste Präzision.

Dennoch, wie schafften sie es, dass die Pyramiden oben tatsächlich spitz zuliefen? Eine Abweichung der vier Kanten um nur zwei Grad hätte dazu geführt, dass sie am Ende nicht zusammengekommen, sondern um fünfzehn Meter auseinandergeklafft hätten. Woher hatten die Baumeister vor 4500 Jahren ihr Wissen? Wer hat sie gelehrt, Pyramiden zu bauen? In der Vergangenheit führten diese Fragen zu den wildesten Spekulationen, heute wissen wir schon mehr, dank der unermüdlichen Forschungsarbeit der Archäologen.

Vor den drei Pyramiden von Giseh, den größten Ägyptens, wurde bereits eine Reihe weniger perfekter, aber dennoch beeindruckender Pyramiden gebaut. Im Niltal gibt es schätzungsweise 300 pyramidenförmige Bauwerke. Das große Zeitalter der Pyramiden dauerte nur etwa 400 Jahre vom Beginn der 4. Dynastie bis zum Ende der 6. Dynastie. Weitere 400 Jahre lang wurden zwar noch welche gebaut, aber in erheblich kleineren Dimensionen. Am Ende des Mittleren Reichs hatte man diese Sitte ganz aufgegeben und legte stattdessen im Neuen Reich prunkvoll ausgestattete und bemalte unterirdische Gräber an. Erst fast am Ende der Pharaonenzeit, als die schwarzen Könige aus Nubien in Ägypten herrschten, wurde der Pyramidenbau noch einmal Mode.

Die erste Pyramide überhaupt ließ Pharao Djoser bauen, der um 2600 v. Chr. herrschte, etwa hundert Jahre bevor man sich an den Bau der Pyramiden von Giseh wagte. Damals, als Memphis die Hauptstadt des Alten Reichs war, fanden die Toten westlich des Nil beim heutigen Ort Saqqara, ungefähr zwanzig Kilometer südlich von Giseh, ihre Ruhestätte. Die Nekropole dehnt sich weit über sieben Kilometer in die Wüste aus. Bis zur Regierungszeit von Djoser wurden die Könige in sogenannten Mastabas beerdigt. Das arabische Wort *mastaba* bedeutet »Bank«, und so sehen die Gräber auch aus: lang gestreckte, rechteckige Gebilde, die Oberseite platt und die Seiten leicht angeschrägt. Dieser Aufbau aus luftgetrockneten Lehmziegeln überdeckte die Grabhöhlen.

König Djosers Baumeister war Imhotep, ein einflussreicher Mann, der sowohl Wesir als auch Hohepriester war. Er erfand ein völlig neues Grabdesign, die Pyramide, wagte sich an das erste Großbauwerk in der Menschheitsgeschichte. Imhotep verwendete erstmals Steinquader statt wie bisher Ziegel aus Nilschlamm. Seine geniale Erfindung: fünf Mastabas mit jeweils kleineren Grundflächen übereinandergesetzt. Das Ergebnis war etwas Neues, vorher nicht Dagewesenes: eine Stufenpyramide, die immerhin sechzig Meter hoch war. Sie sah aus wie eine Himmelstreppe. Stufe um Stufe konnte sich Pharao Djoser beim Aufstieg den Sternen nähern. Wie bei allen späteren Pyramiden gehörte zur Stufenpyramide ein Totentempel mit Prozessionsweg und ein Taltempel, der mit einem Kanal mit dem Nil verbunden war. Der Totentempel war von einer hohen Umfassungsmauer aus hellem Kalkstein umgeben.

Djosers Nachfolger Snofu, dessen Thronbesteigung in das Jahr 2575 v. Chr. fällt, übertraf alle anderen Pharaonen im Pyramidenbau, was die Menge des Materials betraf. Snofu ließ gleich drei Pyramiden bauen, wahrscheinlich weil bauliche Mängel auftraten und man erst lernen musste, die geometrisch perfekte Form zu ereichen. Die Pyramide bei Meidum, etwa 85 Kilometer südlich von Kairo, war ursprünglich als achtstufiges Bauwerk angelegt. Nachträglich wurden die Zwischenräume von Stufe zu Stufe mit Steinen aufgefüllt. So verkleidet, entstand der Eindruck einer echten Pyramide mit glatter Oberfläche.

Von dieser Erfahrung beflügelt, gab Snofu den Auftrag für ein zweites Werk. Geplant war nun eine echte, geometrisch formvollendete Pyramide. Da der Neigungswinkel der Seiten falsch berechnet wurde, musste im oberen Drittel korrigiert werden, wobei ein Knick entstand. Dennoch wurde die Pyramide fertig gebaut. In der Nähe des Ortes Dashur, acht Kilometer südlich von Saqqara, steht die trotz ihres Baufehlers imposante 104 Meter hohe Pyramide.

Snofu war mit der Knickpyramide unzufrieden und wagte in seinem 30. Regierungsjahr einen dritten Versuch. Zwei Kilometer weiter nördlich, machten sich die Arbeiter erneut ans Werk, und diesmal gelang das bauliche Experiment: ein perfekter geometrischer Körper, 109 Meter hoch. Die erste echte Pyramide trägt den Namen »Rote Pyramide«, wegen der rötlichen Färbung der Sandsteinblöcke, nachdem sie ihrer hellen Verkleidung aus Kalksteinplatten beraubt worden war, die man für spätere Bauwerke benutzte.

Snofu benötigte für seine drei Pyramiden doppelt so viele Steine wie sein Sohn. Aber basierend auf Snofus Werken, gelang Cheops Baumeistern die welthöchste Pyramide.

Malerisch lagern zu Füßen der drei Pyramiden von Giseh eine Herde Dromedare im Sand. Ihre bunten Satteldecken setzen einen aufmunternden Farbfleck in das Gelb der Landschaft. Die Besitzer der Tiere rasten neben ihnen. Es gibt nicht viel zu tun heute, nur wenige Touristen sind unterwegs. Als ich mich nähere, bleiben die Männer ruhig sitzen. Eine Person allein verspricht kaum Einnahmen, eine Reisegruppe ist da schon lohnender. Ich suche nach einem Vorwand, um mit ihnen ins Gespräch zu kommen. Ob ich Bilder von ihnen machen dürfe, frage ich, und errege nun doch Aufmerksamkeit, denn fürs Fotografieren möchten sie Geld. Ich vertröste sie auf später. Die Sonne stehe noch hoch am Himmel, das erlaube keine guten Fotos, erkläre ich. Bevor ich mich verabschieden kann, wird mir Tee angeboten, süß und heiß, mit Pfefferminzgeschmack.

Eigentlich sind sie Beduinen, erfahre ich, aber in der Umgebung von Kairo sesshaft geworden; ihre Berufsbezeichnung ist *dragoman,* ein bereits im alten Ägypten während der Ptolemäerzeit übliches Wort für einen sprachkundigen Reiseführer. Da meine Gesprächspartner nur ein paar Brocken Englisch können, unterhalten wir uns lieber auf Arabisch.

»Die Pyramiden? Gut! Sehr gut. Wegen ihnen kommen die Leute aus aller Welt.«

Warum sie gebaut wurden?

»Als Grab für den Pharao.«

Aber es sind keine Mumien in den Pyramiden gefunden worden, wende ich ein.

Die Männer zucken die Achseln. »Macht nichts, die Touristen kommen trotzdem.«

Einer äußert die Vermutung, die Mumien seien geraubt worden, ebenso wie die Schätze.

Nachdem ich Tee getrunken habe, verabschiede ich mich von der Gruppe freundlicher *dragoman* und schlage den Weg zur höchsten Pyramide ein, die sich exakt auf dem 30. Grad nördlicher Breite erhebt. Ein Zufall, oder hatte die genaue Breitengradbestimmung eine Bedeutung für die Pyramidenbauer? Diese Pyramide des Cheops ist die Einzige, bei der sich neben einer unterirdischen Kammer auch Gänge und Kammern inmitten der Steinaufhäufung befinden. Bei den zwei anderen sind Grabkammern in den Felsboden unter der Pyramide geschlagen worden. Der jetzige Eingang in die Cheopspyramide ist ein ehemaliger Grabräuberzugang, den Kalif al-Mamun im Jahr 820 anlegen ließ, weil er in der Pyramide märchenhafte Schätze vermutete. Er fand nur leere Kammern. Diebe in pharaonischer Zeit, die noch gewusst haben müssen, wo sich der versteckte Originalzugang befand, waren ihm zuvorgekommen.

Ich habe Berichte von Besuchern gelesen, die im Inneren der Pyramide Beklemmung, ja sogar Furcht empfanden, wahrscheinlich wegen der Enge, der dumpfen Luft und der Masse an Steinen, die über ihnen lastet, ähnlich wie sich manche Menschen in Höhlen unwohl fühlen. Für mich hat der Besuch im Inneren der Pyramide nichts Beängstigendes. Sogar Beleuchtung ist vorhanden, und sowohl die auf- wie die abwärtsführenden Gänge sind durch Stufen, sogar mit Handläufen an beiden Seiten problemlos und sicher begehbar. Dennoch bin ich aufgeregt, und mein Herz schlägt schneller. Ich versetze mich zurück in eine ferne Vergangenheit. Vor meinen inneren Augen sehe ich Menschen beim Bau dieser Pyramide und stelle mir die Begräbniszeremonien vor.

Ein schmaler Gang führt leicht abwärts. Nach ein paar Metern schon ist der Abstieg gesperrt, denn hundert Meter weiter würde man in eine unterirdische Kammer gelangen. Die Archäologen haben sie leer vorgefunden, ohne Hinweise, was sie einst enthalten haben könnte und was ihre Bestimmung gewesen war. Statt in die Tiefe, führt an der Sperre ein zweiter, ebenso enger Gang in die Höhe. Die Luft ist stickig, das Lampenlicht spärlich, aber zu sehen gibt es sowieso wenig. Die Wände sind ohne jeden Schmuck, nicht zu vergleichen mit den prachtvoll bemalten Grabanlagen im Tal der Könige aus einer viel späteren Epoche. Und doch bereue ich nicht, mich für den Besuch entschieden zu haben. Für mich ist es ein unvergleichliches Erlebnis, ins Innere der höchsten Pyramide der Welt einzudringen, mit einer ungeheuren Masse von Steinen über mir, mühsam und genial aufgetürmt durch Menschenhand. Mir wird bewusst, etwas Einmaliges und Unwiederbringliches zu erleben. Von Neuem durchströmt mich Respekt und Achtung vor dem Können der Menschen, die dieses Bauwerk geschaffen haben.

Schließlich öffnet sich ein breiter Gang, der als »Große Galerie« bezeichnet wird. Die Wände bestehen aus polierten und fast fugenlos aneinandergefügten Granitplatten. Ich staune über die perfekte Bearbeitung der Steine. Selbst mit modernen Maschinen würde es schwierig sein, diese Arbeit zu bewerkstelligen. Deshalb erscheint es mir wie ein Wunder, was Menschen mit Steinwerkzeugen vollbracht haben.

Wie war es möglich, diese Granitblöcke im Inneren der Pyramide zu platzieren? Das Gangsystem nachträglich einzufügen, nachdem die Pyramide fertig war, scheint mir undenkbar. Die Gänge und Kammern müssen angelegt worden sein, während die Pyramide Schicht um Schicht in die Höhe wuchs. Theoretisch ist so etwas möglich, wenn man mit leichten Legosteinen baut, aber mit vielen Tonnen schweren Blöcken?

Am Beginn der Galerie, die acht Meter hoch, zwei Meter breit und 47 Meter lang ist, zweigt ein horizontaler Gang zur sogenannten Königinnenkammer ab. Auch sie war leer, und es gibt nicht den geringsten Hinweis, ob sie für die Gemahlin des Pharao bestimmt war, wie Archäologen zunächst vermutet hatten. Später hat man diese Annahme wieder verworfen, da Gräber für drei Königinnen an der Südseite der Pyramide gefunden wurden, darunter das der Hetepheres, der Mutter des Cheops.

Nach einer niedrigen Passage am oberen Ende der Galerie betrete ich die eigentliche Grabkammer, die zehn Meter lang, fünf Meter breit und sechs Meter hoch ist. Sie liegt 42 Meter über dem Erdboden; auf ein Hochhaus umgerechnet, befinde ich mich im 15. Stockwerk. Die Wände sind mit rotem Granit aus Assuan verkleidet, die Decke wird von sechs Meter langen und vierzig Tonnen schweren Blöcken gebildet. Diese mächtigen Monolithen sollen den Druck der Steinquader oberhalb abfangen. Um die Last zu mindern, wurden zusätzlich fünf Hohlräume über der Decke ausgespart. Erstaunlich, wie vorausdenkend die Baumeister waren, bewundernswert ihre Befähigung zu schwierigen Berechnungen.

In der Kammer steht ein roter Granitsarkophag. Er ist leer und ohne Verzierungen. Keine Hieroglyphe, kein Bild, kein Name zeigt an, für wen er bestimmt war. Lag in ihm die Mumie eines Pharao, bevor sie von Grabräubern fortgeschleppt wurde, oder hatte man den Herrscher anderenorts bestattet? Der steinerne Sarg ist mit zwei Meter Länge und einem Meter Breite zu groß für die Türöffnung. Der Raum und die Pyramide müssten also um den Sarkophag herumgebaut worden sein.

Einziger Hinweis, für wen die Grabstätte bestimmt war, sind Hieroglyphen, die den Namen Chufu abbilden, das ist Cheops ägyptischer Name. Die Zeichen wurden in den Hohlräumen an der Decke über der Kammer gefunden, mit roter Farbe auf Steine gemalt. Nicht aus Geheimnistuerei hat man den Namen so versteckt angebracht, es sind vielmehr Markierungen der Steinbrucharbeiter, damit die Transporteure wussten, für welchen Bestimmungsort die Blöcke vorgesehen waren.

Von einer Ecke der Grabkammer am Ende der Galerie führt je ein schmaler Schacht schräg nach oben. Wozu dienten sie? Vermutlich sollten sie den Flug der Seele zum Himmel ermöglichen. Mit ferngelenkten Geräten wurde in heutiger Zeit versucht, diese engen Schächte, in die kein Mensch hineinpasst, zu erkunden. Verschlusssteine ließen den Roboter nicht weit kommen, was die Schächte noch geheimnisvoller erscheinen lässt.

Weil die Kammern im Inneren der Pyramiden nüchtern, und trostlos wirken, sind nicht wenige Forscher stutzig geworden. Waren die Steinaufhäufungen, diese Wunderwerke an architektonischer Präzision, womöglich nur Scheingräber. Dienten sie vielleicht ganz anderen Zwecken? Wieder wurden phantasievolle Spekulationen laut: Die Pyramiden sollten die Erdachse stabilisieren, funktionierten als Windbrecher, um das Wetter zu beeinflussen, oder waren Landemarken für Ufos.

Durch beweiskräftige Forschungsergebnisse wissen wir heute, dass diese abenteuerlichen Hirngespinste nicht stimmen, aber da sie das Bedürfnis vieler Menschen nach unerklärlichen Vorgängen und übersinnlichen Kräften befriedigen, werden sie wohl noch lange herumgeistern. Eigentlich aber ist leicht zu verstehen, warum die Pyramiden gebaut wurden, wenn wir nicht nur sie allein betrachten, sondern uns den ganzen Komplex vorstellen, in den sie eingebunden waren und der bei allen Pyramiden vom Prinzip her gleich gestaltet war: Am etwa 500 Meter entfernten Nilufer befand sich der sogenannte Taltempel, von dem ein mit schwarzen Basaltsteinen gepflasterter Prozessionsweg zum imposanten Totentempel des Pharao führte, der direkt vor der Pyramide lag. Dieser Gedenktempel hatte Höfe, Säulenhallen, Pavillons und war von einer zehn Meter hohen Umfassungsmauer aus Kalksteinen umgeben.

Die Pyramide war nur ein Teil des Ensembles, ein Ort für die alljährlichen Totenfeiern. Die Feiern waren zwar dem Gedenken des Herrschers geweiht, doch ihre tiefere Bedeutung war, den Fortbestand Ägyptens und seines Volkes zu sichern. Die Feier sollte den Pharao nach seinem Tod daran erinnern, weiter für sein Volk tätig zu sein und ihn befähigen, sich der kosmischen Kräfte zu bedienen, Kräfte, die für die Erneuerung des Lebens auf der Erde nutzbar gemacht werden mussten. Denn der König war der Vermittler zwischen Himmel und Erde, und die Pyramide galt als Werkzeug des Übergangs vom Diesseits zum Jenseits, als Schnittpunkt zwischen Licht und Dunkel, Leben und Tod. Sie erst ermöglichte dem Pharao seine Verwandlung, denn nach dem Tod wurde er zum Sonnengott Re, wie man im Alten Reich glaubte. Jahrhunderte später, im Neuen Reich, war man dagegen überzeugt, der Pharao würde sich in den Totengott Osiris verwandeln, weswegen man die Herrscher in tiefen

Felsgräbern bestattete. Der Weg in den Himmel aber, zum Sonnengott Re, führte durch die Pyramide. Sie diente dazu, die Welt nicht ins Chaos versinken zu lassen, sondern die Ordnung im Kosmos und auf der Erde zu bewahren. Dennoch, auch wenn wir heute den religiösen Hintergrund kennen – die Pyramiden bleiben für uns gleichwohl geheimnisvoll und fremdartig.

Die Chefren-Pyramide, die 1818 von Giovanni Belzoni geöffnet wurde, ist innen völlig anders gestaltet als die von Chefrens Vater Cheops. Keine labyrinthischen Gänge und imposanten Galerien, keine rätselhaften Schächte, keine Kammern im Zentrum, sondern nur eine einzige, die in den felsigen Untergrund geschlagen wurde. Sie enthielt einen leeren Sarkophag, schmucklos und ohne Inschriften. Der Deckel war zertrümmert, vielleicht von Grabräubern, um Stücke davon zu verkaufen.

Hobbyforscher wollten nicht glauben, dass sich so gar nichts im Inneren der vielen Steine befinden sollte. Man untersuchte das Bauwerk mit elektromagnetischen Messgeräten, und tatsächlich wurden Hohlräume abgebildet. Ob sie dem Druckausgleich dienen oder ob es Kammern sind und sich in einer von ihnen der tote Pharao mit einem kostbaren Goldschatz befindet, weiß niemand. Die Altertümerverwaltung lässt keine weiteren Nachforschungen zu.

Die Pyramide des Mykerinos oder Menkaure, wie der ägyptische Name des Pharao lautet, wird auf der Nordseite von einem tiefen Einschnitt verunstaltet. Othman ibn Yousef, Sohn Saladins, hat im 12. Jahrhundert versucht, in die Pyramide einzudringen, um Schätze zu suchen. Seine Männer mühten sich acht Monate lang ab, doch ihnen gelang nur dieser Spalt. Das Geheimnis blieb gewahrt.

Das Rätsel des Sphinx

In Griechenland war die Sphinx ein geflügelter Löwe mit dem Kopf einer schönen Frau. Sie stellte Reisenden ein seltsames Rätsel. Konnten sie es nicht lösen, gab es keine Rettung – das furchterregende Fabelwesen zerfetzte und verschlang die Unglücklichen. Die Frage der Sphinx lautete: Wer geht am Morgen auf vier Beinen, am Mittag auf zwei und am Abend auf drei? Ödipus wusste als Einziger die richtige Antwort: der Mensch. Er krabbelt zu Beginn seines Lebens auf allen vieren, benutzt als Erwachsener seine beiden Beine und sichert im Alter seinen wackeligen Gang mit einem Krückstock. Als die Sphinx Ödipus' Antwort vernahm, heulte sie wild auf und stürzte sich in einer tiefen Schlucht zu Tode.

In Ägypten ist der Sphinx männlich und stellt uns ebenfalls Fragen; auf manche wissen wir bis heute keine Antwort. Der Koloss liegt auf der sandigen Hochebene von Giseh und scheint die Pyramiden zu bewachen. Er hat den Körper eines Löwen mit Schweif und mächtigen Pranken und den Kopf eines Menschen. Archäologen meinen, es sei der von Pharao Chefren. Die Figur ist 74 Meter lang und zwanzig Meter hoch. Trotz dieser beeindruckenden Maße erscheint mir der Sphinx kleiner als erwartet. Die drei Pyramiden stehlen ihm die Show, und Fotos, die ihn geschickt in den Vordergrund setzen, bilden ihn übertrieben groß ab. Die Skulptur besteht nicht aus einzelnen Steinblöcken, sondern wurde als Ganzes aus dem dort anstehenden Gestein herausgemeißelt. Die Erosion hat den Körper der Figur unterschiedlich stark angegriffen, da er härtere und weichere Schichten hat. Zahlreiche Restaurationen waren nötig, um den Löwenkörper zu erhalten.

235

Sphinxen bewachen üblicherweise pharaonische Tempel, häufig säumen sie die Alleen der Prozessionswege. Doch nirgendwo sonst gibt es eine einzelne, kolossale Figur wie zu Füßen der Pyramiden. Ich denke, dieser Sphinx ist ein Zufallsprodukt. Auf dem Plateau von Giseh wurde Material für die Pyramiden gebrochen, ein Felsrücken blieb stehen. Seine naturgegebene Form erinnerte den Baumeister vermutlich an einen Löwen, und er schlug Pharao Chefren vor, den Tierkörper noch deutlicher herauszumeißeln und ihm das Antlitz des Herrschers zu geben. So könnte aus einer zufälligen Eingebung eine uns heute rätselhaft anmutende Figur entstanden sein.

Tausend Jahre später – das Neue Reich hatte das Pyramidenzeitalter abgelöst, und die Hauptstadt war von Memphis nach Theben verlegt worden – jagte ein junger Prinz mit seinem Gefolge in der Nähe. Er war der Enkel von Königin Hatschepsut. Müde und hungrig rastete er im Schatten des Sphinx, der fast ganz im Sand versunken war. Nur der Kopf ragte heraus. Erschöpft schlief der Jüngling ein. Im Traum prophezeite ihm der Sphinx, dass er einst Pharao werden würde, und als Dank für die Vorhersage erbat er sich die Befreiung vom Wüstensand. Der Prinz lachte über den Traum, denn als jüngster Sohn war er der Letzte in der Rangfolge. Doch das Orakel erfüllte sich: Der Prinz wurde gekrönt und herrschte als Thutmosis IV. über Ägypten. Dankbar erinnerte er sich an den verheißungsvollen Traum und erfüllte die Bitte des Sphinx. Thutmosis IV. ließ eine Stele aufstellen, die das Ereignis schildert. Sie steht noch heute zwischen den Pranken der Figur.

Die Araber nannten den Sphinx Abu al-Hol, Vater des Schreckens, und missbrauchten ihn für Schießübungen. Kanonenkugeln zerschmetterten das Gesicht, seitdem fehlt die Nase, obwohl gern behauptet wird, Napoleons Truppen wären schuld an der Verunstaltung.

Mehrmals musste nach Thutmosis Rettungsaktion die Skulptur vom Sand befreit werden. Wahrscheinlich war sie zu Herodots Zeiten völlig darin versunken, denn der Chronist, der alle Merkwürdigkeiten festhielt, beschrieb den Sphinx nicht. Deshalb glaubte man sogar, Herodot habe geflunkert und sei gar nicht in Ägypten gewesen.

Bei Ausgrabungen fand man Teile des Kopfschmucks und den Zeremonienbart, einen künstlichen Knebelbart, den sich der Pharao bei festlichen Auftritten ums Kinn band. Früher war die Figur bemalt gewesen. Reste der Farbspuren entdeckte man bei Restaurationsarbeiten.

Verbirgt der Sphinx aber nicht doch noch irgendein Geheimnis? Mit ausgestreckten Pranken und menschlichem Antlitz liegt die Löwenskulptur stumm und schweigend zu Füßen der Pyramiden. Vergeblich hat man bisher nach unterirdischen Gängen gesucht, die den Sphinx mit den Monumenten verbinden könnten, oder nach geheimnisvollen Kammern, in denen das magisch-mystische Wissen der Menschheit aufbewahrt wird. Nichts dergleichen wurde gefunden, aber die Spekulationen verstummen nicht. Ein geheimnisumwitterter Sphinx eignet sich besonders gut als Projektionsfläche für phantastische Ideen.

Gern wird der Figur ein noch höheres Alter angedichtet. Lange vor dem Bau der Pyramiden soll sie entstanden sein. Die Erosionsspuren seien so stark und von solcher Art, wie sie nur heftige Regenfälle verursachen. Die gab es in diesem Gebiet aber zum letzten Mal vor einer einschneidenden Klimaveränderung, die etwa 12 000 Jahre zurückliegt, zu einer Zeit, als noch keine Hochkultur am Nil existierte und die Menschen in kleinen Trupps als Jäger und Sammler durch die damals grüne Sahara zogen. Kein Problem, da muss man eben auf Außerirdische zurückgreifen oder auf das sagenhafte Atlantis. Mir aber will scheinen, dass die pharaonische Kultur alt genug ist, um uns ausreichend Stoff zum Nachdenken zu liefern, und sie birgt Geheimnisse und Rätsel, die uns noch lange in Atem halten und zum Staunen bringen werden.

Dass Überraschungen möglich sind, zeigte sich im Jahr 1954. Ägyptische Archäologen fanden an der Südseite der Cheops-Pyramide zwei versiegelte Gruben, die von vierzig riesigen Kalksteinblöcken mit einem Gewicht von jeweils zwanzig Tonnen abgedeckt waren. In einer dieser Gruben lag ein Zedernholzboot, zerfallen in 1224 Einzelteile. Zehn Jahre dauerte die mühselige Restaurationsarbeit, dann erstrahlte die königliche Barke in neuem Glanz, als würde der Pharao sich alsbald an Bord begeben.

Ohne einen einzigen Nagel oder andere Metallteile sind die Planken miteinander verbunden. Bug und Heck des schlanken Gefährts sind nach oben gebogen. Die Länge beträgt 43 Meter, die Breite etwa fünf Meter. Eine kleine Kajüte im vorderen Teil und eine zweite, bedeutend größere, boten Schutz. Fortbewegt wurde das Boot mit zehn paar Ruder. Die restaurierte Sonnenbarke ist wenige Meter von ihrem Fundort entfernt in einem eigens erbauten Museum zu sehen.

Nachdem mit einer Sonde festgestellt wurde, dass sich in der zweiten Grube ein ähnliches Boot befindet, beschloss die ägyptische Altertümerverwaltung, sie nicht zu öffnen. Geldmittel für die Restauration stehen nicht zur Verfügung, und das hermetisch versiegelte Grab bietet den besten Schutz. So bleibt die Sonnenbarke erhalten, vielleicht für spätere Forschungen.

Über die Deutung sind sich die Archäologen uneins. Hatte der Pharao das Boot zu seinen Lebzeiten benutzt, oder wurde es eigens konstruiert, um den Leichnam zu seiner Ruhestätte zu bringen? War es eine Grabbeigabe, wie die unzähligen anderen Gegenstände, die dem Pharao auf seine letzte Reise mitgegeben wurden?

Eigentlich müsste man diese Fragen nicht stellen, denn die Totentexte geben genaue Antwort. Dort heißt es: »Am Ende seines irdischen Lebens besteigt die Seele des Pharao das Sonnenschiff, um mit seinem Vater Re eins zu werden und ewig den Ozean der Zeit zu überqueren.«

Die letzte Pharaonin

Ein grüner Fächer faltet sich auf. Aus der Luft betrachtet, weitet sich der Nil zu einem riesigen Dreieck, dessen Spitze bei Kairo liegt, während die Wellen des Mittelmeers seine Basis berühren.

Von Kairo bis zur Hafenstadt Alexandria benutze ich den Zug. Eine 220 Kilometer lange Fahrt liegt vor mir durch ein Gebiet, das von der Farbe Grün beherrscht wird. Dattelpalmen schwingen ihre filigranen Wedel in den Himmel. Baumwolle, Mais, Reis, Weizen, Erdbeeren und Gemüse gedeihen auf Feldern, die im Jahr mehrmals Früchte tragen. Ein schier grenzenloser Garten Eden breitet sich vor meinen Augen aus. Frauen arbeiten in den Gärten. Sie tragen kein Schwarz, sondern bunte Stoffe, und auf den Feldern gehen Männer mit entblößtem Oberkörper hinter dem Pflug. Wasserbüffel drehen hölzerne Schöpfräder. Dörfer und Provinzorte liegen eingebettet in diesem grünen Paradies. Das Leben scheint seinem eigenen ruhigen Rhythmus zu folgen.

In pharaonischer Zeit ging es weniger geruhsam zu. Das Delta war das Einfallstor für Invasoren, war ein immer wieder heiß umkämpftes Gebiet. Die Hyksos, verschiedene Seevölker, Libyer und Perser lieferten sich mit den Pharaonenheeren blutige Schlachten. Andere Eindringlinge errangen das Recht, sich anzusiedeln, wenn sie Tribute an das Reich zahlten. Sobald ein schwacher Herrscher regierte, begehrten sie auf und strebten nach Unabhängigkeit. Das Delta blieb ein Unruhegebiet mit stets labilem Gleichgewicht und von alters her ist die Bevölkerung ein Gemisch der unterschiedlichsten Ethnien.

Einst strömte der Nil mit sieben Wasseradern dem Meer entgegen. Zwei gibt es noch heute, die anderen sind in dem verästelten

Kanalnetz aufgegangen. Benannt sind die beiden verbliebenen Nil-adern nach den Städten an der Mündung: Rosetta und Damietta. Rosetta ist der Fundort des berühmten Inschriftensteins, der Champollion half, das Rätsel der Hieroglyphen zu lösen.

In Alexandria gelange ich an das Endziel meiner Reise, die mich entlang des Nil führte. Alexandria ist Ägyptens wichtigster Hafenort und trägt den Namen ihres Gründers Alexander des Großen. Dem Eroberer fiel Ägypten zu ohne Kampf, ohne Blutvergießen. Von den Einwohnern wurde er als Retter bejubelt, denn er befreite sie von der erdrückenden Fremdherrschaft der Perser. Das persische Heer hatte der Makedonier im Jahr 333 v. Chr. bei Issos, im Südosten der heutigen Türkei, besiegt und ihren Anführer König Darius III. in die Flucht geschlagen. Alexander marschierte daraufhin unbehelligt weiter in das Land am Nil, wo sich ihm die persischen Statthalter sofort unterwarfen. Die Ägypter feierten Alexander als Pharao, und auch das Orakel von Siwa erkannte seine Herrscherwürde an.

Von Landeskundigen beraten, ließ Alexander die Hafenstadt bauen, die noch heute seinen Namen trägt. Die Fertigstellung seiner Stadt wartete er nicht ab, und auch später hat er sie nie gesehen. Viel hatte der junge Herrscher in seinem Leben noch vor, das dann unerwartet kurz war. Die bisher eroberten Gebiete waren ihm nicht genug. Sein Bestreben war, die ganze Welt zu unterwerfen, und so zog Alexander mit seinen Soldaten weiter nach Osten und gelangte bis Indien, wo endlich die Truppen meuterten und er umkehren musste. Bald darauf, im Jahr 323 v. Chr., acht Jahre nachdem er in Ägypten gewesen war, starb Alexander in Babylon, dem heutigen Irak, wahrscheinlich an Fleckfieber. Er wurde nur 33 Jahre alt.

Nach seinem frühen Tod gab es keinen regierungsfähigen Nachfolger, und so entbrannte unter seinen Gefolgsleuten ein erbitterter Streit um die eroberten Gebiete des riesigen Reiches. Ägypten fiel schließlich dem Heerführer Ptolemäus zu, der Alexanders Leichnam nach Ägypten bringen und ihn prunkvoll bestatten ließ. Doch bis heute wurde das Grab nicht gefunden.

Dreihundert Jahre lang herrschte das Geschlecht der Ptolemäer über das Land am Nil. Die Hafenstadt Alexandria erkoren sie zu ihrem Regierungssitz und machten aus ihr eine prachtvolle Metropole. Hier wurde von Ptolemäus II. der Welt größter Leuchtturm errichtet: der Pharos, neben den Pyramiden eines der sieben Weltwunder der Antike. Er soll 140 Meter oder noch höher gewesen sein und bestand ganz aus weißem Kalkstein. Genaue Zeichnungen gibt es leider nicht, nur Abbildungen auf Münzen und Mosaiken. Tausend Jahre lang wies er den Seefahrern den Weg in den Hafen, bis er im 14. Jahrhundert bei einem Erdbeben einstürzte. Aus den Trümmern bauten die Mameluken die Festung Qait Bey.

Alexandria, dieses offene Tor zum Mittelmeer, war nicht nur eine der schönsten Städte der Antike mit märchenhaften Palästen, prunkvollen Bädern und wundervollen Tempeln, sondern wurde auch zu einem Zentrum der Kultur und Wissenschaft. Die damals größte Bibliothek gab es hier, alle erreichbaren Schriften wurden in ihr aufbewahrt. Das Museion, so hieß der Universitätskomplex, zog berühmte Gelehrte an, deren Namen wir noch heute kennen, wie Pythagoras, Eratosthenes und Euklid. In Alexandria hatte man bereits im 3. Jahrhundert v. Chr. erkannt, dass die Erde eine Kugel ist und sich um die Sonne dreht. Dieses Wissen ging später verloren. Erst als Kolumbus Amerika entdeckte, setzte sich wieder die Erkenntnis durch, dass die Erde doch keine Scheibe sei. Eratosthenes gelang es im 3. Jahrhundert v. Chr. sogar, den Erdumfang zu berechnen. Er machte sich die Tatsache zunutze, dass zur Tagundnachtgleiche die Sonne in Assuan genau senkrecht stand und demzufolge keinen Schatten warf. Zum gleichen Zeitpunkt war im über tausend Kilometer entfernten Alexandria wegen der Erdkrümmung gleichwohl ein Schatten zu beobachten. Für Eratosthenes war es nur noch eine mathematisch-geometrische Aufgabe, aus der Länge des Schattens und der Entfernung zwischen beiden Punkten den Umfang der Erde zu errechnen.

Die moderne Realität der Stadt ist eine Enttäuschung für mich. So viel Geschichte hat hier ihren Ursprung, und so wenig ist zu sehen. Keine früheren Baudenkmäler sind bewahrt worden, nichts von der berühmten Metropole des Altertums hat überdauert. Sichtbare Monumente, die von der Vergangenheit erzählen könnten, fehlen.

In Alexandria ist der arabische Einfluss kaum spürbar. Noch immer leben viele Europäer in der Mittelmeerstadt, vor allem Griechen und Italiener. Die Bevölkerungszahl explodiert, die fünf Millionengrenze ist bereits überschritten.

Nachdenklich folge ich der Uferstraße am Strand entlang. Das Meer hat allerlei Unrat angespült, der Wind ist frisch und riecht nach Salz und Algen. Vor Kurzem fanden französische Forscher den von Wasser bedeckten Palast Kleopatras.

Selbst 2000 Jahre nach ihrem Tod ist Kleopatra für uns fast gegenwärtig, so als hätten wir sie kennengelernt. Dafür haben Hollywood gesorgt mit seinen Filmen und Elizabeth Taylor, die der Königin ihr Gesicht und ihre Schönheit lieh. Kleopatra gilt als Inbegriff weiblicher Anmut, aber auch als Verderben bringende Verführerin, als listige Ränkeschmiedin. Ehrgeizig und machtbesessen soll sie gewesen sein. Viele Dichter, angefangen mit Shakespeare und seinem Drama *Antonius und Kleopatra,* haben sich den Stoff zu eigen gemacht und Kleopatra in eine Gestalt ihrer Phantasie verwandelt. Maler feierten in ihren Gemälden den makellosen Körper einer begehrenswerten Frau, und Komponisten setzen die Liebestragödie in Töne. Was aber ist das wahre Gesicht hinter diesen Masken? Wer war Kleopatra wirklich? War sie Griechin, Ägypterin, Afrikanerin oder alles in einem?

Sicherlich war sie keine blendende Schönheit. Der griechische Philosoph Plutarch beschreibt ihr Äußeres eher als unscheinbar und wenig aufregend. Statuen, Büsten und Abbildungen auf Münzen zeigen ein herbes Antlitz, einen kleinen Mund, aber ein kräftiges Kinn und eine auffallend große Nase. Nicht mit Schönheit verzauberte sie, sondern mit Charme, Witz und Klugheit.

Kleopatra wurde im Jahr 69 v. Chr. in Alexandria geboren. Zwölf ptolemäische Herrscher hatten bis dahin Ägypten regiert, hatten sich 300 Jahre lang ihre hellenistische Identität bewahrt und sich zeitlebens als Griechen gefühlt. Keiner der Ptolemäer hatte es für nötig gehalten, die Sprache seiner Untergebenen zu lernen. In Alexandria, mit Blick auf das Mittelmeer, kehrten sie Ägypten den Rücken zu. Wichtig war allein, dass die ägyptischen Fellachen mit ihrer Arbeit das Wohlleben der königlichen Familien sicherten. Und keiner der griechischen Herrscher dachte daran, das Land mit hellenistischer Kultur zu prägen. Die Baumeister konnten wie in pharaonischer Zeit bauen, einige der schönsten Tempel in Edfu, Edna, Dendera entstanden während der Regierungszeit der Ptolemäer.

Der letzte König aus griechischem Geschlecht und Vater Kleopatras, Ptolemäus XII., war ein schwacher Herrscher. Er übte sich lieber im Flötenspiel, als sich mit Regierungsgeschäften abzumühen. Die waren auch ziemlich verworren und schwierig. Rom, das aufstrebende, expandierende Reich unterwarf sich ein Gebiet nach dem anderen und strebte nach Alleinherrschaft am Mittelmeer. Die griechischen Stadtstaaten hatten bereits ihre Unabhängigkeit verloren. Den römischen Eroberern wäre Ägypten, bekannt als Kornkammer der Antike, als Kolonie allzu willkommen. Es war nur noch eine Frage der Zeit, bis die Römer ihr Ziel erreichen würden.

Kleopatras Vater zahlte hohe Bestechungsgelder an den Senat in Rom, damit Ägypten verschont bliebe. Bewaffneten Widerstand wagte er nicht, denn am Königshof in Alexandria hatte sich eine

Partei von Widersachern etabliert, es herrschten Korruption und Intrigen. Selbst Mitglieder seiner eigenen Familie versuchten ihn zu stürzen. Übermäßig hohe Steuern, die den Bauern brutal abgepresst wurden, hatten zahlreiche Ägypter wirtschaftlich ruiniert. Aufrührerische Stimmungen breiteten sich aus. Schon begann man wieder, Tempel und Gräber zu plündern.

Als ihr Vater starb, war Kleopatra achtzehn Jahre alt und trat ein schweres Erbe an. Anders als ihr Vater war sie resolut, intelligent und zugleich praktisch veranlagt, und sie liebte Ägypten. Sofort suchte sie nach Lösungen, das Land zu retten. Als Erstes ließ sie die Landeswährung um ein Drittel abwerten, dadurch stiegen die Einnahmen aus dem Export. Die rücksichtslose Ausbeutung der Bauern wurde beendet, die Steuern gesenkt, und sie durften nicht mehr mit Gewalt eingetrieben werden. Kleopatra investierte die Einnahmen in königliche Bauprojekte, so gab es Arbeit und Lohn für zahlreiche Menschen. Die junge Königin las nicht nur die Bittschriften ihrer Untertanen, sondern beantwortete sie auch und half den Bedrängten. Alle Erlässe wurden von nun an zweisprachig verfasst, in Griechisch und Ägyptisch.

Kleopatra verhandelte mit ausländischen Gesandtschaften in deren Landessprache. Sie beherrschte ungewöhnlich viele Sprachen, außer Griechisch auch Arabisch, Äthiopisch, Hebräisch, Syrisch und Persisch, wobei Ägyptisch wohl ihre Muttersprache war. Kleopatra entstammte einer zweiten Ehe ihres Vaters, nachdem er seine erste Gemahlin verstoßen hatte. Ihre Mutter soll eine Ägypterin aus Memphis gewesen sein und einer alteingesessenen Familie von Hohepriestern angehört haben.

Als Kleopatra tatkräftig die Regierungsgeschäfte in die Hand nahm, fürchteten die bisher einflussreichen Intriganten am Königshof um ihre Privilegien. Sie verbündeten sich mit Kleopatras Brudergemahl und erklärten ihn zum König. Kleopatra musste fliehen.

Wenig später landete Cäsar in Alexandria und wollte zu Roms Gunsten im Machtkampf zwischen den Geschwistern vermitteln. Dass sich Kleopatra in einen Teppich eingerollt zu Cäsar schmuggeln ließ, um so den Wachposten ihres Bruders zu entgehen, ist eine hübsche Idee. Vielleicht war es tatsächlich so, aber in den historischen Quellen ist dieses Detail nicht dokumentiert. Tatsache ist, dass der Römer und die Ägypterin ein Liebespaar wurden und sie ihm einen Sohn gebar.

Doch die politischen Absichten der beiden waren entgegengesetzter Natur. Cäsar schützte Kleopatras Herrschaft nur, um den Anschein zu erwecken, Ägypten sei unabhängig; zugleich versuchte er hinter ihrem Rücken, seinen Einfluss auszuweiten. Ihm lag Roms Vorteil am Herzen und der eigene Ruhm. Kleopatra dagegen wollte dem Land am Nil zum alten Glanz der Pharaonenzeit verhelfen. Nicht nur Alexandria war für sie wichtig, sondern ganz Ägypten. Auf dem Nil reiste sie nach Süden und bekam einen tiefen Einblick in das Leben der Bevölkerung, weil sie sich in deren Sprache unterhalten konnte. Die Herrscherin war beeindruckt von der Achtung, die ägyptischen Frauen in der Provinz und auf dem Land entgegengebracht wurde, und staunte über deren weitgehende soziale Gleichstellung. Es gibt Hinweise, dass Kleopatra bis Nubien gelangte und dort als Gast am Königshof weilte. Damals herrschten schwarze Königinnen in Afrika, und Kleopatra wurde in ihrer Haltung bestärkt, dass Frauen durchaus zum Wohle ihres Volkes regieren können.

Als Cäsar im Jahr 44 v. Chr. ermordet wurde, konnte Kleopatra vorerst ungestört ihr Land weiter aufbauen und stabilisieren. Währendessen entbrannte in Rom ein erbitterter Streit um die Nachfolge Cäsars. Schließlich bildete sich eine Dreierherrschaft, ein Triumvirat, dem Octavian, Lepidus und Marcus Antonius angehörten. Marcus Antonius bekam die römischen Provinzen im Süden und

245

Osten des Mittelmeeres zugeteilt. Kleopatra gelang es, Marcus Antonius auf ihre Seite zu ziehen.

Cäsars Adoptivsohn Octavian, der sich später zum Kaiser krönen und Augustus nennen ließ, strebte nach Alleinherrschaft. Kleopatra, gemeinsam mit Marcus Antonius, stellte sich gegen ihn. Octavian war empört und entfesselte eine beispiellose Schmutzkampagne gegen die Ägypterin, verunglimpfte sie als Männer verschlingende Hexe, verteufelte sie als orientalische, lüsterne Schlange, dichtete ihr Verschwendungssucht und rücksichtslose Grausamkeit an. Sie wurde die meistgehasste Frau Roms. Bis in unsere Zeit ist ihr Bild von der damaligen Rufmordkampagne geprägt.

Nachdem der Propagandafeldzug im römischen Volk gezündet hatte, schickte Octavian seine Truppen und besiegte den Gegner in der Seeschlacht bei Actium. Marcus Antonius wählte den Freitod und stürzte sich in sein Schwert, doch Kleopatra suchte nach einem anderen Ausweg. Sie wagte den Versuch, Verständnis bei Octavian zu erregen in der Absicht, die Unabhängigkeit Ägyptens um jeden Preis zu bewahren. Doch der großmächtige Herrscher des Römischen Reichs ließ sich nicht auf Verhandlungen ein und blieb ungerührt. Als Kleopatra erkannte, dass ihr Land verloren war und sie als Beute im Triumphzug durch die Straßen Roms gezerrt werden sollte, tötete sie sich ebenfalls. Ob mit einem Gifttrank oder dem Biss einer Kobra, man wird es nie erfahren. Die Schlange wäre ein passendes Symbol gewesen, spielte sie doch eine wichtige Rolle in der ägyptischen Glaubensvorstellung und schmückte die Stirn eines jeden Pharao.

Das Ende Ägyptens war nicht aufzuhalten gewesen. Kleopatra hatte den Untergang nur verzögern können. An das Steuer eines sinkenden Schiffs gerufen, hatte sie es noch zwei Jahrzehnte lang über Wasser gehalten. Es war ihr gelungen, die letzten Augenblicke des Pharaonenreichs zu einem Schauspiel zu gestalten, das die

246

Nachwelt nie vergessen wird. Das alte Ägypten ist versunken, doch dass es sich mit so viel Stil aus der Geschichte verabschieden konnte, ist dieser Frau zu verdanken, Kleopatra VII., der letzten Pharaonin.

Dem Nil bin ich gefolgt von Abu Simbel bis Alexandria, habe die Zeugen der Vergangenheit von den frühesten Siedlungen bis zur römischen Herrschaft betrachtet und erspürt. Eine lange Reise durch Zeit und Raum. Nun hat der Fluss das Ende seines langen Laufes erreicht. 1500 Kilometer ist er durch Ägypten geflossen, hat dem Land und den Menschen Fruchtbarkeit geschenkt. Jetzt strömen seine Wasser ins Mittelmeer. Alles, was der Nil aufgenommen, aufgelöst, mitgerissen hat, versinkt in der Weite des Meeres. Ich lausche dem Wellenschlag, rieche den leicht fauligen und dennoch frischen Wind und blicke dorthin, wo Wasser und Himmel sich finden.

Morgenland nach der Revolution

Die arabische Welt ist im Umbruch. Noch kann niemand sagen, wohin sie sich entwickeln wird. Was wird bleiben vom freiheitlichen Traum? Wird Chaos anstelle von Diktatoren herrschen? Folgen neues Leid und Unterdrückung? Oder ist der Siegeszug des Volkes hin zu mehr Demokratie unaufhaltsam?

Bei meinen wiederholten Reisen im Jemen, in Marokko und zuletzt in Ägypten von Abu Simbel bis Alexandria entlang des Nil, ahnte ich nicht, was sich in der Region bald ereignen würde. Zu Gesprächen über die politische Situation kam es selten, und wenn, dann waren sie oberflächlich; man beschränkte sich darauf, die private Lebenssituation zu schildern und vermied kritische Äußerungen. Ich hatte den Eindruck, das geschehe weniger aus Angst vor Repressalien, sondern aus Selbstachtung. Gegenüber der Ausländerin wollte man nicht das eigene Land schlecht machen.

Im Jemen betonten meine Gesprächspartner gerne die Einigung von Nord- und Südjemen, die hier einige Monate vor der deutschen Einheit vollzogen wurde. Sie wollten wissen, ob es in meiner Heimat Schwierigkeiten bei der Wiedervereinigung gegeben hätte, ob die Menschen in Ost und West zufrieden seien, hielten sich aber mit Kritik an eigenen Problemen zurück.

In Ägypten kam ich mit der Bevölkerung in besonders engen Kontakt, weil ich in Begleitung meines Esels Aton zu Fuß unterwegs war. Den Menschen war es zwar erlaubt, Ausländer zu sich zum Essen einzuladen, aber sie durften keine Fremden bei sich beherbergen, wohl aber konnten sie ihre Wohnungen vermieten. Von diesem Recht habe ich in Oberägypten bei Assuan auf der Insel

Elephantine und in der Altstadt von Luxor Gebrauch gemacht. Weder dort noch bei meinem Aufenthalt in Kairo deutete etwas auf die kommenden Unruhen und Demonstrationen hin. Die Bevölkerung schien ganz damit beschäftigt, ihren Alltag zu bestreiten und wirtschaftlich zu überleben.

Niemand konnte damit rechnen, dass die Selbstverbrennung eines Mannes in Tunesien Proteste auslösen würde, die auf fast alle arabischen Staaten übergriffen. Mohammed Bouazizi, ein junger Gemüsehändler, starb am 4. Januar 2011. Sein Tod wurde als symbolischer Akt der Ohnmacht gegenüber dem Regime wahrgenommen und wirkte wie ein Befreiungsschlag, als hätten Tausende nur auf dieses Zeichen gewartet. Sofort identifizierten sich unzählige Jugendliche mit seinem Schicksal, die von Arbeitslosigkeit bedroht ohne Hoffnung in die Zukunft blickten. Der tunesische Diktator Zine el-Abidine Ben Ali, der sein Volk 23 Jahre lang unterdrückt und sich und seinen Clan bereichert hatte, wurde durch die Massenproteste entmachtet. Am 14. Januar 2011 floh er nach Saudi-Arabien.

Der Funke sprang über auf Ägypten, wo sich ab dem 24. Januar eine beispiellose Protestbewegung formierte. Die Ägypter tauschten sich über Facebook und Twitter aus, strömten in Kairo auf die Straßen, versammelten sich auf dem zentralen Platz, dem Tahrir, und verlangten immer rigoroser den Rücktritt des Präsidenten Husni Mubarak. Ich hatte ebendiesen Platz im Verkehrsgetümmel erlebt, wo zu jeder Tageszeit Rushhour herrschte und der Lärm der Autohupen eine Verständigung unmöglich machte. Nun sah ich in den Nachrichten tausende Ägypter, die friedlich demonstrierten. Jeden Tag wurden es mehr, sogar Menschen aus Mittel- und Oberägypten kamen nach Kairo, Unzählige blieben vor Ort und campierten in Zelten. Mubarak verteidigte seine Macht und ließ auf die Demonstranten scharf schießen. Es gab viele Opfer, über 850 Menschen sollen ihr Leben verloren haben.

Am 11. Februar, nur 18 Tage nach Beginn der Unruhen, geschah, was niemand für möglich gehalten hatte, jedenfalls nicht so schnell – Mubarak zog sich zurück. Wenig später wurde er in seiner Villa in Scharm Al-Scheich am Roten Meer verhaftet. Seit dem 3. August 2011 muss er sich zusammen mit weiteren Angeklagten vor Gericht verantworten. Ein historisches Ereignis: Erstmals ist ein arabischer Potentat gezwungen, sich der Justiz seines Landes zu stellen.

Seit dem Sturz des Präsidenten übt das Militär die Macht aus. An der Spitze steht Feldmarschall Muhammad Hussein Tantawi, ein Weggefährte Mubaraks. Wer es wagt, Kritik am Militärrat zu äußern, muss mit Verhaftung und Folter rechnen. Immer mehr Menschen verschwinden oder werden von Schnellgerichten verurteilt. Im Herbst 2011 zählten Menschenrechtsaktivisten bereits 10 000 Verhaftete.

Auf den Straßen und im Internet verbreitet sich die Meinung: »Wir sind den Diktator losgeworden, aber nicht die Diktatur. Das Regime ist wie ein Krake, wir haben ihm den Kopf abgeschlagen, aber die Tentakeln sind noch überall.«

Was bedeutet diese Entwicklung für uns Reisende, die wir an der pharaonischen Hochkultur, den Tempeln und Pyramiden interessiert sind, am Roten Meer tauchen oder eine Nilfahrt machen wollen? Das Auswärtige Amt zog seine Reisewarnung bereits Ende Februar 2011 zurück. Seitdem gibt es keine Einschränkungen für touristische Ziele. Doch Reiseunternehmen scheuen Risiko und Verantwortung, deshalb haben sie zahlreiche Touren storniert. Eine Katastrophe für die Menschen in Ägypten, deren Einkommen zu 80 Prozent vom Tourismus abhängt. Am Roten Meer sind die Tourismushochburgen noch still wie Geisterorte, obwohl dort nie etwas von den Unruhen zu spüren war. An den Pyramiden warten die Führer mit ihren Dromedaren umsonst auf Gäste und in Theben will kaum jemand die Gräber und Tempel besichtigen. Dabei kann es kaum einen günstigeren Zeitpunkt für einen Besuch in Ägypten geben, denn wer in Ruhe durch das Tal der Könige wandern, allein mit Tutanchamun sein will oder den Tempel der Hatschepsut bewundern möchte, sollte die Gelegenheit nutzen. Nie war die Chance, sich ungestört das Erbe des Alten Ägyptens anzusehen, besser als jetzt. Die Ägypter, die mir auf meiner Reise so sehr ans Herz gewachsen sind, werden es uns danken.

Carmen Rohrbach,
Schondorf am Ammersee im November 2011

Tobruk

Mittelmeer

Qatara-Tiefland

Baha
oas

Libysche Wüste

LIBYEN

Westliche Wüste

Farafa-
oasen

Ä G Y

D

Gilf Kebir
Plateau

N

0   100   200 km

Anhang

LAND UND LEUTE

Größe

Ägypten ist über eine Million Quadratkilometer groß. Im Vergleich: Deutschland erstreckt sich über eine Fläche von 370 000 Quadratkilometern. Im Westen grenzt Ägypten an Libyen, im Norden ans Mittelmeer, im Nordosten an Israel, im Osten ans Rote Meer und im Süden an den Sudan. 95 Prozent des Landes sind Wüste und nur 5 Prozent können bewohnt und kultiviert werden. Lebensräume sind die Stromoase des Nil, einige Oasen im Westen und die Küste am Roten Meer.

Landschaft

Die Flussoase liegt eingebettet zwischen Wüsten: im Westen die weite Ebene der Sahara, im Osten die zerklüftete Arabische Wüste mit bis zu 2000 Meter hohen Gebirgszügen aus Basalt und Granit. Das fruchtbare Tal weitet sich ab Assuan zu einer immer breiter werdenden Schwemmlandebene aus. Das Land empfängt nur durch den Nil Feuchtigkeit, denn es regnet höchst selten. Der Fluss durchzieht Ägypten auf einer Länge von 1550 Kilometern.

Bevölkerung

Das rasante Bevölkerungswachstum macht eine korrekte Zählung nicht möglich, geschätzt werden 80 Millionen Menschen. Am dichtesten ist die Besiedlung im Delta und in Oberägypten. 90 Prozent der Menschen sind sunnitische Moslems, etwa 8 Prozent gehören der koptischen Kirche an. 80 Prozent der Bevölkerung arbeiten als Fellachen (Bauern).

Wirtschaft

Haupteinnahmequelle ist der Tourismus. Außerdem erhält der Staat Einnahmen vom Suezkanal und von der Erdölförderung. Wichtigstes Anbauprodukt ist Baumwolle. Weitere Exportgüter neben Baumwolle und Erdöl sind Reis, Gemüse und Obst. Mehrere Ernten im Jahr sind möglich, doch nimmt die Bodenversalzung stark zu. Künstlicher Dünger ist nötig, da der fruchtbare Nilschlamm im Nasser-Stausee zurückgehalten wird.

Klima

Im Winter ist es tagsüber sommerlich warm bis frühlingsfrisch. Der Wind ist trotz Sonne mitunter unangenehm kalt. Abends und nachts sinken die Temperaturen stark ab, im Delta sogar manchmal unter den Gefrierpunkt. Dagegen herrscht in den Sommermonaten trockene Hitze, bei Assuan kann es schon mal über 40 Grad heiß werden. Im Frühjahr (März bis Mai) tobt oft der gefürchtete *chamsin*, ein trocken-heißer Wüstenwind, der sich bis ins Niltal auswirkt, das öffentliche Leben tagelang zum Erliegen bringt und alles mit einer Schicht feinen Staub überzieht. Viele Menschen haben dann gesundheitliche Beschwerden.

PRAKTISCHE HINWEISE

Reisezeit

Die klimatisch angenehmste Zeit für eine Ägyptenreise liegt im Winterhalbjahr zwischen Oktober und März. Das sind aber auch die Monate mit der größten Besuchermenge. Wer Hitze gut verträgt,

255

kann auch die Sommermonate nutzen, wenn weit weniger Touristen unterwegs sind. Eine beste Reisezeit gibt es also nicht – entweder man ist mit vielen Besuchern oder mit extremen klimatischen Bedingungen konfrontiert.

Besichtigungen

Besucher überfluten förmlich das Land. Die heiligen Stätten gleichen manchmal eher einem Rummelplatz als einem Ort kultureller und religiöser Besinnung. Die meisten Touristen reisen mit Kreuzfahrtdampfern auf dem Nil oder sind zumindest in einer geführten Gruppe unterwegs. Die Besichtigungen laufen dann in einem festgelegten Tempo ab. Die Reisenden haben deshalb kaum Muße, die Orte auf sich wirken zu lassen. Trotzdem gibt es auch für Gruppenreisende Möglichkeiten, Ägypten für sich zu entdecken. Sie können zum Beispiel nach der offiziellen Besichtigung zu den Pyramiden, Tempeln und Gräbern zurückkehren und die Stimmung in Ruhe aufnehmen. Sinnvoll ist es auch, die frühen Morgen- oder späten Abendstunden für Besichtigungen zu nutzen, dann entfalten die Monumente ihre geheimnisvolle Wirkung besonders stark. Allerdings – lassen Sie alle Wertsachen in sicherer Aufbewahrung, und unternehmen Sie einen Ausflug nicht allein. Bedenken Sie, dass die Bevölkerung im Durchschnitt sehr arm ist und touristische Orte bei Dieben besonders beliebt sind. In Luxor besteht die Möglichkeit, Fahrräder auszuleihen, eine praktische und angenehme Weise, um die Umgebung zu erkunden.

Kleidung

Die passende Kleidung richtet sich nach der Reisezeit. Aber auch im Winterhalbjahr ist leichte, luftdurchlässige Baumwollkleidung zu empfehlen. Für kühle und windige Tage und für die kalten Morgen- und Abendstunden benötigen Sie außerdem Pullover und Anorak.

Auch im ägyptischen Winter sollten Sie Sonnenhut, Sonnenbrille und Sonnenschutzcreme dabei haben. Bequeme und praktische Schuhe brauchen Sie unbedingt, denn die Wege zu und in den Besichtigungsorten sind sandig, steinig und uneben.

Richten Sie sich jeden Tag darauf ein, den unterschiedlichsten Temperaturen ausgesetzt zu sein, nicht nur den wechselnden Tagestemperaturen, auch klimatisierten Räumen in Restaurants, Bussen und Taxis oder bei den Besichtigungen in Gräbern und Tempeln.

Bedenken Sie, dass Sie sich in einem islamischen Land befinden. Ihre Kleidung sollte den Moralvorstellungen des Gastlandes angepasst sein. Kurze Röcke, Kleider mit weitem Ausschnitt und ärmellose Shirts besser zu Hause lassen. Zumindest die Oberarme sollten bedeckt sein und die Kleidung nicht am Körper anliegen, sondern ihn locker umhüllen. So gekleidet kann man außerdem heiße Tage besser aushalten, als wenn die Sonne auf nackte Haut brennt. Männer sollten keine kurzen Hosen tragen. Sie machen sich lächerlich und beleidigen ihre Gastgeber.

Nützlich ist eine Taschenlampe sowohl beim Besuch dunkler Gräber und Tempel als auch beim nächtlichen Nachhauseweg durch unbeleuchtete Gassen oder beim Stromausfall im Hotel.

Gesundheit

Sehr viele Ägyptenreisende werden schwer krank, weil sie in Hotels, Restaurants und auf den Nildampfern Salat essen und Fruchtsäfte trinken. Verzichten Sie unbedingt darauf! Vitaminmangel wird sich weniger schnell einstellen als eine schlimme Darmerkrankung, die Ihren ganzen Urlaub und Ihre Gesundheit auf längere Zeit ruiniert. Denken Sie daran, dass zum Waschen von Obst und Salat so gut wie immer Nilwasser verwendet wird. Deshalb wichtigste Regel, die Sie bei allen Ihren Reisen beherzigen sollten: Trinken Sie kein unabgekochtes Wasser, essen Sie kein Obst, das Sie nicht *selbst* geschält haben. Verzichten Sie auf Salat und Eiscreme. Essen Sie nur, was gekocht, gebraten, jedenfalls erhitzt wurde.

Kanäle und ruhige Buchten des Nil sind oft mit Bilharziose-Erregern verseucht. Selbst wenn Sie die Hand nur kurz ins Wasser tauchen, können Sie sich bereits infizieren. Konnten Sie nicht vermeiden, mit Nilwasser aus den Kanälen in Berührung zu kommen, lassen Sie nach ihrer Rückkehr unbedingt einen Bilharziose-Test machen.

Ihre Reisapotheke sollte ein Mittel gegen Durchfall enthalten und ein Desinfektionsmittel gegen Wundinfektion. Augentropfen sind zu empfehlen, denn der Wind trägt ständig feinen Sand mit sich.

Die Apotheken in Ägypten sind gut sortiert. Die meisten Apotheker sprechen perfekt Englisch, stellen bei einfachen Erkrankungen eine Diagnose und beraten Sie in der Wahl der Medikamente.

Unterschätzen Sie nicht die Infektionsgefahr bei kleinen Wunden, denn die Luft beinhaltet mehr Keime als bei uns. Selbst unscheinbare Kratzer können sich entzünden und zu einer tödlichen Blutvergiftung führen. Das prominenteste Opfer war Lord Carnarvon, der mit Howard Carter das Grab von Tutanchamun geöffnet hat und an einem infizierten Mückenstich starb.

Sicherheit

Sie brauchen sich nicht mehr in Acht zu nehmen als anderswo auf der Welt. Seien Sie sich aber bewusst, dass ein Großteil der Bevölkerung sehr arm ist. Provozieren Sie die Menschen nicht durch Wertsachen, achten Sie vor allem auf Foto- und Filmapparate und auf ihre Taschen. Besonders in Situationen, wenn Sie von Andenkenhändlern, Bettlern und Kindern umringt werden, erhöht sich die Gefahr, bestohlen zu werden. Überlegen Sie, ob Sie immer und überall den Fotoapparat dabeihaben müssen. Und besser trägt man nur so viel Geld mit sich, wie man für den Tag benötigt. Spazieren

Sie am Abend und bei Dunkelheit nicht allein und nicht in abgeschiedenen Gegenden herum.

Fotografieren

Offiziell verboten sind Aufnahmen von Hafenanlagen, Bahnhöfen, Brücken und militärische Einrichtungen. Die Soldaten bei den Tempeln und Gräbern lassen sich aber gern fotografieren und freuen sich über ein Trinkgeld.

In Museen, Gräbern, Tempeln und Pyramiden muss eine Gebühr bezahlt werden, besonders hoch ist sie für Filmkameras und Stative.

Fotografieren Sie niemanden ohne sein Einverständnis. Wird Geld verlangt, überlegen Sie, ob Sie die Aufnahme wirklich benötigen. Es ist nicht gut, wenn die Bevölkerung den Eindruck gewinnt, die Reisenden würden unermesslich viel Geld besitzen, mit dem sie nur so um sich werfen, indem sie selbst Kindern Dollar und Euro für ein Foto in die Hand drücken. So kippt schließlich die soziale Struktur auch in den Familien, wenn Kinder mehr Geld fürs Fotografiertwerden einheimsen, als der Familienvater mit schwerer Arbeit verdienen kann.

Respektieren Sie die Andacht von Betenden und verzichten Sie auf zudringliches Anstarren und Fotografieren.

Trinkgeld

In Restaurants und ähnlichen Einrichtungen ist wie bei uns ein Trinkgeld von 5 bis 10 Prozent der Rechnung üblich. Preise für Taxi- und Kutschfahrten handelt man vorher aus.

Jeder Tourist ist für die Einheimischen zunächst und in erster Linie eine Geldquelle. Von selbst ernannten Führern und Wächtern, von Händlern und Andenkenverkäufern, von Kindern und Bettlern wird man regelrecht belagert und verfolgt. Auch wenn es schwerfällt: Bewahren Sie Ruhe, lassen Sie den Ansturm einfach über sich ergehen. Lehnen Sie ruhig und bestimmt die Angebote ab und setzen Sie Ihren Weg fort. Schon bald verlagert sich das Interesse von Ihnen auf die Nachfolgenden. Mitunter sind die Angebote für Sie aber auch hilfreich und nützlich, zudem kommen Sie dabei in Kontakt mit den Menschen, deren Land Sie besuchen. Und vergessen Sie nicht, unter welchen Bedingungen die meisten von ihnen leben, dass auch der kleinste Verdienst für das Überleben wichtig sein kann.

Die Ägypter benutzen selbst das Wort »Bakschisch«. Sie sollten es aber vermeiden, denn es ist eigentlich eine Beleidigung, weil es nicht Trinkgeld bedeutet, sondern Almosen. Nur einem Bettler gibt man Almosen. Für eine Leistung bezahlt man Geld, auf Arabisch *fluus.*

Die Reiseveranstalter erwecken mit ihren Niedrigpreisangeboten den Anschein, als sei Ägypten ein besonders billiges Reiseland. Das ist es aber keineswegs. Sie werden staunen, wie teuer zusätzliche Ausgaben für Besichtigungen und Eintrittstickets sind.

Ägypten verstehen

Eine vieltausendjährige Geschichte hinterlässt Spuren, von denen die meisten nicht einfach zu deuten sind. Für den nicht Eingeweihten sieht ein Tempel aus wie der andere. Sie zu besichtigen ermüdet schnell und langweilt, wenn man die Hintergründe nicht kennt. Die Pyramiden und bemalten Grabanlagen sind zwar großartig, aber uns doch fremd und unbegreiflich. Erst wenn man sich die Menschen vorstellt, die all das geschaffen haben, beginnt man zu verstehen, dann erwacht unser Interesse.

Im Laufe der Geschichte haben sich die Glaubens- und Lebensvorstellungen der Ägypter natürlich verändert. Verschiedene Völker eroberten das Land, ergriffen Besitz von der Niloase und hinterließen ihre Spuren. Eine vielschichtige Mischbevölkerung ist entstanden, deren heutige Moralvorstellungen auf dem Islam und dem koptischen Christentum basieren.

Erst vor dem Hintergrund ihrer Traditionen, Religionen und geografisch-klimatischen Bedingungen können wir die Menschen verstehen. Versuchen Sie sich in diese Welt hineinzudenken. Begegnen Sie den Ägyptern unvoreingenommen, dann werden Sie erstaunt sein, wie vielen hilfsbereiten, höflichen und freundlichen Menschen Sie begegnen.

Ein ständig verwendeter Begriff ist *inshallah* – so Gott will. Fast an jede Aussage, die sich auf die Zukunft bezieht, wird *inshallah* angehängt, selbst wenn man sich nur für den nächsten Tag verabredet. Nach dem Glauben eines Moslems bestimmt Allah, was passieren wird, und nicht der Mensch. Für uns mag es so klingen, als ob sich der andere gar nicht so sicher sei, ob er sich mit uns am anderen Tag treffen will. Das ist aber ein Irrtum. Für unseren Gastgeber bedeutet es, Allah herauszufordern, wenn er uns eine sichere Zusage geben würde. Deshalb vergisst kein Moslem bei einer Verabredung *inshallah* hinzuzufügen. Und ist nicht unser Streben nach absoluter Sicherheit ein trügerisches Lebenskonzept?

Ähnlich verhält es sich mit dem Begriff *malesch,* den man immer dann zu hören bekommt, wenn etwas nicht nach Wunsch klappt. *Malesch* bedeutet so viel wie: Mach dir nichts draus, das ist Schicksal. Das Wort drückt eine Art Lebensphilosophie aus, mit der sich ganz gut das mitunter schwierige Dasein meistern lässt. Passiert etwas Unangenehmes, dann hilft kein Nörgeln oder die Frage nach dem Warum und Wieso. Besser ist es, sich mit den Tatsachen abzufinden. Wenn die Ägypter *malesch* sagen, meinen sie nicht, dass nun überhaupt nichts mehr getan wird und man sich fatalistisch in die unangenehme Situation fügt, sondern es ist eine gute Möglichkeit, sich erst einmal zu beruhigen und nachzudenken. Das aber ist genau der Moment, wo wir leicht die Fassung verlieren, in hektische

Aktivität verfallen und sogar eine Schimpfkanonade loslassen. Damit erreicht man das Gegenteil. Ein Ägypter wird den Kopf schütteln über so viel unhöflichen Unverstand und davongehen. Beherrschen wir uns aber und bleiben ruhig, dann finden die Ägypter irgendwann und irgendwie eine Lösung für die missliche Lage, und wir sind wieder um eine Erfahrung reicher. *Malesch* ist eine gute Übung, uns auf eine ganz andere Lebensart einzulassen. Immerhin sind wir doch auf einer Reise, bei der es weniger darauf ankommt, zu einer bestimmten Zeit an einem beliebigen Ort zu sein. Wagen Sie das Experiment, sich einer Ihnen entgegengesetzten Lebensauffassung zu öffnen, und Sie werden in Ägypten gut zurechtkommen.

Fehler vermeiden

Da das Leben der Ägypter weitgehend von der islamischen Religion bestimmt wird, haben viele Verhaltensweisen religiöse Hintergründe. Als Gast des Landes sollte es für uns selbstverständlich sein, diese Sitten und Moralvorstellungen zu respektieren.

Doch selbst in guter Absicht kann man unwissentlich Fehler begehen, weil unsere Wertvorstellungen ganz andere sind als die der Gastgeber. Zum Beispiel begrüßen Ägypter einander mit großer Theatralik und Lautstärke. Umarmungen, Bruderküsse, langes Händehalten oder Tätscheln gehören zur Vermittlung persönlicher Wertschätzung. Männer, die Hand in Hand durch die Straßen schlendern, bekunden ihre familiäre und freundschaftliche Verbindung.

Als Gast sollten Sie aber bei der Begrüßung zurückhaltend sein. Keineswegs begrüßt man sich immer per Handschlag. Daher sollten Sie abwarten, ob der Partner die Hand reicht, dann natürlich den Handschlag erwidern. Anderseits wird man auf der Straße von völlig unbekannten Leuten mit Händeschütteln begrüßt und willkommen geheißen, aber nur, um Sie in ein Geschäft zu lotsen oder sich als Führer anzubieten.

Höflichkeit und Gastfreundschaft sind den Ägyptern sehr wichtig. Auf der anderen Seite erwartet der Gastgeber aber auch von Ihnen eine Erwiderung für seine Großzügigkeit. Wenn Sie eingeladen sind, sollten Sie nicht ohne Gastgeschenk kommen. Ein Geschenk übergibt man nicht, sondern legt es fast belanglos irgendwohin. Seien Sie nicht enttäuscht: Der Gastgeber würdigt das Geschenk meist mit keinem Wort, schaut es kaum an. Der Grund: Man will weder sich noch den anderen in Verlegenheit bringen, wenn das Geschenk zu dürftig oder auch unangemessen teuer ist.

Sehr häufig wird eine Einladung nur aus Höflichkeit ausgesprochen, und man ist entsetzt, wenn Sie wirklich annehmen. Wichtige Regel: Eine Einladung drei Mal ablehnen. Erst beim vierten Mal ist die Einladung vom Gastgeber wirklich ernst gemeint. Das gilt natürlich genauso für Einladungen, die Sie aussprechen: Mindestens drei Mal wiederholen! Selbstverständlich gibt es auch Ägypter, die westlich orientiert sind, sich mit unseren Gepflogenheiten auskennen und eine Einladung gleich beim ersten Mal ernst meinen. Ein bisschen Fingerspitzengefühl und ein in Betrachtziehen der Lebensumstände Ihres Gastgebers hilft dabei, die richtige Entscheidung zu treffen.

Überlegen Sie bei der Annahme von Einladungen immer, ob die wirtschaftlichen Verhältnisse des Gastgebers nicht überfordert werden. Einen Fremden einladen zu müssen, ist für Ägypter eine Art Zwang und nicht selten eine große Last, die sie aber glauben ihrer Tradition der Gastfreundschaft schuldig zu sein.

Es ist Ägyptern nicht erlaubt, Ausländer bei sich übernachten zu lassen. Wenn Sie dies dennoch aus verschiedenen Gründen wollen, müssen Sie das zuvor der Touristenpolizei melden. Ihr Gastgeber büßt sonst mit empfindlichen Geldstrafen oder sogar mit Gefängnis.

Der Hausherr wird Ihren Teller immer randvoll laden. Protest nützt nichts. Von vornherein dürfen Sie nicht etwas zurückweisen, tun Sie wenigstens so, als würden Sie probieren. Aber: leeren Sie Ihren Teller nur dann, wenn Sie noch Hunger haben. Ein leerer Teller wird sofort wieder gefüllt. Sind Sie satt, lassen Sie einen Rest zurück, um das Ende des Hungers anzuzeigen.

Oft ist es noch heute üblich, auf dem Boden zu sitzen und mit den Händen zu essen. Die Linke gilt als unrein, achten Sie darauf, sie nicht versehentlich zu benutzen. Die Fußsohlen dürfen nicht auf eine Person zeigen, am besten im Schneidersitz Platz nehmen oder Beine seitlich anwinkeln.

Es wäre extrem unhöflich, pünktlich zu erscheinen. Eine halbe bis eine Stunde später ist angemessen. Meist wird nicht sofort aufgetischt, sondern man plaudert und trinkt Tee. Es kann ein bis zwei Stunden dauern, bis dann wirklich gegessen wird. Also nicht völlig ausgehungert zum Essen gehen.

Gastgeschenke

Bei einer Einladung zum Essen kann man zum Beispiel Pralinen oder einen Kuchen aus einer guten Bäckerei mitbringen. Keinesfalls sich mit Geld revanchieren. Gern gesehen wird, wenn Sie den Kindern etwas schenken. Schon vor der Reise kann man sich Gedanken machen und etwas einpacken: Spielzeug, Schulhefte, Kleidung. Die Sachen müssen nicht neu, aber gut erhalten sein.

Kleine Geschenke für unterwegs sind praktisch, um sich für Freundlichkeiten erkenntlich zu zeigen. Das ist für beide Seiten schöner, als sich mit Geld zu bedanken. Passende kleine Geschenke: Einwegfeuerzeug, Taschenlampe, Taschenmesser, Vitamintabletten, Postkarten. Mädchen und Frauen freuen sich über Schminkutensilien, Spiegel und Kämme, Kinder über Luftballons und Malstifte. Schön ist es, ein paar Fotos von seiner Familie zeigen zu können, wenn man sich mit seinen Gastgebern zu einem persönlichen Gespräch zusammenfindet.

ÄGYPTISCHE GESCHICHTE

Historischer Ablauf

Aus Gründen der Übersichtlichkeit teilen Historiker die altägyptische Geschichte in fünf Kategorien ein: Vorzeit, Frühzeit, Altes Reich, Mittleres Reich, Neues Reich. Zwischen diesen Zeiten liegen jeweils Phasen des Chaos und Niedergangs, sie werden als Zwischenzeiten definiert.

Eine weitere Einteilung, um die Herrscherzeiten zu strukturieren, sind die Dynastien, mit denen Regierungszeiten mehrerer Herrscher, meist einer Familienlinie, zusammengefasst werden. Die Geschichtsdaten der ägyptischen Antike sind die zuverlässigsten des gesamten Altertums. Im Alten Reich sind Abweichungen um zwei Jahrhunderte möglich, im Neuen Reich nur noch um zwei Jahrzehnte. Wegen dieser leichten Ungenauigkeit gibt es für die Regierungszeiten der Pharaonen voneinander differierende Angaben. Beginnend mit 664 v. Chr. sind die Angaben auf das Jahr präzise.

Urzeit (Paläolithikum): 200 000 – 5000 v. Chr.

Nomadische Jäger und Sammler ziehen durch das Grasland, der zu dieser Zeit noch fruchtbaren Sahara. Um 7000 v. Chr. Klimaveränderung, es wird trocken, die Wüste breitet sich aus. Ab 5000 v. Chr. entstehen Siedlungen am Nil.

Vorzeit (Neolithikum): 5000 – 3800 v. Chr.

Kleine, feste Siedlungen, von den Archäologen Negade-Kultur I. genannt, entwickeln sich in Oberägypten. Handel mit Nubien und den Oasen existiert. In einer zweiten Entwicklungsstufe, der Negade-Kultur II., dehnen sich die Handelsbeziehungen von Oberägypten bis zum Nildelta aus. Beziehungen zu Vorderasien und Mesopotamien bestehen. Funde sind vor allem Keramik und Steinwerkzeuge.

Frühzeit: 0. bis 2. Dynastie, 3800–2600 v. Chr.

Lokale Herrscher bilden sich heraus. Diese frühen Könige lassen sich bei Abydos bestatten. In dieser Zeit werden bereits Hieroglyphen verwendet, der Schiffbau wird erfunden und Fernhandel aufgebaut. Könige der 0. Dynastie sind durch Grabfunde dokumentiert, aber ihre Namen sind unbekannt.

Erster namentlich bekannter König ist Menes. Einige Historiker bezeichnen ihn als Narmer. Wenn aber die Zeugnisse richtig gedeutet werden, war Narmer der Vater von Menes. Mit Menes beginnt die 1. Dynastie. Er einigte Ober- und Unterägypten und ließ die Hauptstadt Mennefer mit einer mehrere Meter hohen Stadtmauer schützen. Die Griechen gaben ihr später den Namen Memphis. König Menes war nicht der Schöpfer der Einheit, sondern der Erbe eines Prozesses, der lange vor ihm begonnen hatte.

Die Reichseinigung wird gesehen als die Verbindung zweier Hälften, die zusammengehören, aber um deren Einigung immer wieder gekämpft werden musste. Symbolisch dargestellt werden die beiden Teile des Reichs durch Papyrus (Unterägypten) und Lotosblüte (Oberägypten) und mit den beiden Kronen, wobei Rot für Unterägypten und Weiß für Oberägypten steht. Im Augenblick der Thronbesteigung vollzieht jeder Herrscher rituell die Vereinigung der »beiden Länder« jedes Mal aufs Neue.

Nachdem das Reich geeint ist, schreitet der Ausbau des Staates mit geordneter Verwaltung und zentralem Herrscher voran. Kunst, Schrift, Religion entwickeln sich weiter und werden in allen Landesteilen vereinheitlicht. Letzte innenpolitische Unruhen, die während der 2. Dynastie aufflammten, werden niedergeschlagen.

Die Hauptstadt Mennefer (Memphis) wächst und wird weiter ausgebaut. Die Herrscher werden zunächst wie zuvor in Abydos bestattet, dann in Saqqara, am westlichen Nilufer gegenüber von Memphis. Die Gräber sind rechteckige, in den Wüstenboden einge-

266

tiefte Kammern, deren Außenwände mit Ziegelmauern abgestützt werden. Später werden die Toten in Mastabas beerdigt, in Grabhöhlen mit bankartigem Überbau.

Altes Reich: 3. bis 6. Dynastie. Zeitalter der Pyramidenbauer, 2600 – 2200 v. Chr.

Eine explosionsartige Entwicklung der Architektur setzt ein.

Begründer der 3. Dynastie ist Pharao Djoser, seine Regierungszeit reicht von 2630 bis 2611 v. Chr. Er lässt von seinem Baumeister Imhotep die erste Stufenpyramide entwerfen – den ältesten Monumentalbau der Welt. Die Stufenpyramide ist noch heute bei der Nekropole von Saqqara zu besichtigen.

Expansion des Landes nach Osten bis zum heutigen Sinai, im Westen bis Libyen und im Süden nach Nubien.

Mit Pharao Snofu beginnt die 4. Dynastie, Regierungszeit 2595 bis 2550 v. Chr. Er lässt drei Pyramiden bauen: die achtstufige Pyramide mit nachträglich aufgefüllten Stufen bei Meidum, die Knickpyramide und die Rote Pyramide bei Dashur. Seine Nachfolger Cheops, Chephren und Mykerinos geben die großen Pyramiden bei Giseh in Auftrag.

Osiris ist der Herrscher im Totenreich. Oberster aller Götter ist Re, der Sonnengott. Seit der 5. Dynastie gilt der König als Sohn des Re. Der Herrscher ist zugleich Mensch und Gott.

Nubien wird ägyptische Kolonie. Ausbau des zentralistischen Staates. Verwaltungsprovinzen, die Gaue, werden eingerichtet. Verwandte der Königsfamilie übernehmen wichtige Funktionen im Staatswesen. Entstehung eines Beamtenadels. Architektur, Malerei, Reliefkunst, aber auch naturwissenschaftliche Kenntnisse, vor allem das Berechnen der Himmelskörper und der Kalenderdaten, und die Heilkunde erreichen einen Höhepunkt. Erstmals werden chirurgische Eingriffe dokumentiert.

Über die Pharaonen im Alten Reich stehen uns nur wenige schriftliche Quellen zur Verfügung, die zudem keine Rückschlüsse auf die individuellen Charaktereigenschaften der einzelnen Könige zulassen. Spätere Überlieferungen, zum Beispiel des griechischen Historikers Herodot, machen manche Herrscher wie Snofu zu guten, andere wie Cheops zu grausamen Regenten. Diese Einschätzungen entbehren aber einer gesicherten Grundlage.

Während und nach der 5. Dynastie werden die königlichen Beamten allmählich politisch und wirtschaftlich selbstständig. Das führt schließlich in der 6. Dynastie zur Schwächung der Zentralregierung und zu Autarkiebestrebungen der Gaufürsten.

Erste Zwischenzeit: 7. bis 10. Dynastie, 2200–2040 v. Chr.
Phase des Zerfalls. Gaufürsten reißen in einzelnen Gebieten die Herrschaft an sich. Zahlreiche Kämpfe und Bürgerkriege. Insgesamt sollen in dieser Zeit 32 Kleinkönige an der Macht gewesen sein.

Mittleres Reich: 11. bis 13. Dynastie, 2040–1780 v. Chr.
Die 11. Dynastie beginnt mit Mentuhotep I. Sein Nachfolger Mentuhotep II., 2010 bis 1998 v. Chr., befriedet das Niltal und bildet erneut ein einheitliches Reich. Hauptstadt wird Waset (Theben). Mentuhotep II. lässt sich einen Totentempel (Vorbild für den Tempel von Hatschepsut) in Theben-West, bei Deir el-Bahari, bauen und erhebt Amon zum Hauptgott. Erstmals werden Nilometer angelegt und die Nilflut gemessen, um Vorraussagen für die Fruchtbarkeit der Felder und damit für die Ergiebigkeit der Ernten zu machen. Die Abgaben der Bauern (Fellachen) werden je nach Höhe der Überschwemmung bestimmt.

Die Herrscher, die nach Mentuhotep II. an die Macht kommen, verlegen die Reichsstadt zurück nach Memphis. Ägypten wird wieder Großmacht im östlichen Mittelmeerraum. Nubien und Libyen werden Teile des Reichs. Mit Vorderasien bestehen enge Handelsbeziehungen. Gaufürsten und hohe Beamte sind relativ selbstständig, obwohl die zentrale Macht wieder vom König ausgeht. Vor allem in der 13. Dynastie, der letzten im Mittleren Reich, wechseln sich zahlreiche Könige mit relativ kurzer Regierungszeit in schneller Folge ab. Auch außenpolitisch steht Ägypten am Ende des Mittleren Reichs geschwächt da, so haben Eroberer es relativ leicht, in das Land einzudringen.

Zweite Zwischenzeit: 14. bis 17. Dynastie, 1780–1600 v. Chr.
Eroberung durch die Hyksos
Die Hyksos aus Vorderasien besetzten hundert Jahre lang das Land, insbesondere Unter- und Mittelägypten. Oberägypten bleibt unter der Herrschaft ägyptischer Fürsten beziehungsweise Kleinkönige relativ unabhängig Die Eroberer bringen Pferd und Wagen nach Ägypten. Adlige der Provinz Theben beginnen, sich gegen die Invasoren zu wehren. König Sekeneure eröffnet um 1550 den Kampf gegen die Hyksos und stirbt in der Schlacht. Sohn Kamose tritt an seine Stelle, aber erst Bruder und Nachfolger Ahmose ist siegreich.

Neues Reich: 18. bis 20. Dynastie, 1575–1080 v. Chr.
Vertreibung der Hyksos durch König Ahmose und Wiedervereinigung von Unter- und Oberägypten. Waset (Theben) wird erneut Hauptstadt des Reichs und Theben-West zum Religions- und Begräbniszentrum. Zahlreiche Großbauten. Die Tempel in Luxor und Karnak werden vergrößert und Obelisken zum Ruhme Amons errichtet. Farbenprächtig ausgemalte Grabanlagen und imposante Gedenktempel entstehen in Theben-West und der Tempel Abu Simbel in Nubien. Es ist das goldene Zeitalter, in dem Ägypten unter einer Reihe mächtiger Könige zu unübertroffener Größe aufsteigt.

269

Ägypten wird expandierende Großmacht und erreicht seine größte Ausdehnung: im Süden bis zum 5. Katarakt, dem heutigen Sudan, im Norden bis zum Euphrat. Aufstieg zur herrschenden »Weltmacht« der Antike.

Berühmte Herrscher des Neuen Reiches (Auswahl) und ihre Regierungszeiten.

Die Jahreszahlen sind ungefähre Daten. Sie gehen zurück auf die Königsliste, die Manetho, ein ägyptischer Priester, im 3. Jahrhundert v. Chr. in griechischer Sprache verfasste, und auf die mit Hieroglyphen auf Stelen und Statuen eingemeißelten Inschriften. Hatschepsut, die nicht in die Königsliste aufgenommen wurde, ist mit ihrer Lebenszeit aufgeführt, die mittels der rekonstruierten Bildwerke erfasst werden konnte. Auch Echnaton, Semanchkare, Tutanchamun und Eje stehen nicht in der Königsliste, ihre Namen wurden auf den steinernen Denkmälern herausgemeißelt, wahrscheinlich auf Anordnung von Haremhab. Dennoch fanden die Archäologen genügend Hinweise, um ihre Daten festzustellen:

Ahmose (1580–1557 v. Chr.) Vertreibt die Hyksos.

Thutmosis I. (1494–1482 v. Chr.) Lässt als Erster eine Grabanlage in Theben-West bauen. Vater von Hatschepsut.

Hatschepsut (1495–1457 v. Chr., Lebenszeit) Einzige uns bekannte Frau auf dem Thron. Während der gemeinsamen Regierungszeit mit ihrem Stiefsohn entsteht die Bezeichnung Pharao. Große Bauvorhaben: Tempel und Kapellen in Karnak, auf Elephantine, Hathor-Kapellen und der Totentempel Djeser djseru. Sie lässt die größten Obelisken aufstellen und vergolden. Rüstet eine friedliche Handelsexpedition ins Land Punt aus, vermutlich das heutige Gebiet von Somalia, Äthiopien und Eritrea, um Weihrauch für Kulthandlungen zu bekommen.

Thutmosis III. (1479–1425 v. Chr.) Stiefsohn von Hatschepsut. Erfolgreiche Eroberungskriege. Unterwirft ganz Nubien und Vorderasien bis zum heutigen Libanon.

Amenophis III. (1391–1353 v. Chr.) Vater Echnatons. Reste seines Totentempels sind die Memnon-Kolosse. Wohlstand und luxuriöses Leben am Königshof erreichen hohes Ausmaß.

Amenophis IV. (1353–1334 v. Chr.) Nennt sich Echnaton. Entmachtet die Priester, schafft die Götter ab und betet nur noch Aton, das Licht der Sonne, an. Reformiert die Schrift, die Architektur, die Kunst. Baut neue Reichstadt Achetaton. Verheiratet mit Nofretete, Vater von Tutanchamun.

Semanchkare (1334–1332 v. Chr.) Rätselhafter Pharao, der nur zwei Jahre regiert hat. Manche halten ihn für einen Bruder Echnatons, andere für einen Halbbruder Tutanchamuns, wieder andere glauben, Nofretete habe unter diesem Namen regiert.

Tutanchamun (1332–1323 v. Chr.) Sohn von Echnaton mit Nofretete oder Nebenfrau Kija. Kehrt freiwillig oder von seinen Ratgebern gezwungen, zum alten Götterglauben zurück. Ändert seinen Namen, verlässt die neue Hauptstadt Achetaton. Memphis wird wieder Reichshauptstadt.

Eje (1323–1319 v. Chr.) Ehemals Wesir und Vormund von Tutanchamun, wird nach dessen frühem Tod gekrönt.

Haremhab (1319–1292 v. Chr.) Bevor er gekrönt wurde, war er oberster Heerführer. Mit ihm beginnt das Zeitalter der Pharaonengeneräle. Er ist wahrscheinlich dafür verantwortlich, dass die Erinnerung an die Zeit Echnatons ausgelöscht werden sollte.

Ramses I. (1292–1290 v. Chr.) Zögling von Haremhab, vor seiner Krönung ebenfalls Heerführer.

Sethos I. (1290–1279 v. Chr.) Sohn von Ramses I. und Vater von Ramses II. Vor seiner Krönung Priester.

Ramses II. (1279–1212 v. Chr.) Sohn von Sethos I. Vergrößert Tempel in Karnak, zahlreiche Bauten, am bekanntesten ist der Felsentempel Abu Simbel. Die Residenzstadt wird ins Delta verlegt. Krieg gegen die Hethiter. Berühmt ist die Schlacht von Kadesch, bei der Ramses von den Hethitern eingekreist und beinahe besiegt wird. Ramses beendet den Kampf durch Verträge und Heirat mit der Hethiterprinzessin.

3. Zwischenperiode: 21. bis 24. Dynastie, 1069–747 v. Chr. Spaltung Ägyptens in ein Nordreich mit Hauptstadt Tanis im Delta und ein Südreich mit Zentrum in Waset (Theben). Verlust der eroberten Gebiete.

Libyer dringen in das Land ein und lassen ihre Herrscher zum Pharao krönen. Lokale Könige halten sich zum Teil an der Macht oder werden von den Libyern zur Verwaltung eingesetzt.

Spätzeit: 25. bis 31. Dynastie, 747–332 v. Chr. Herrscher aus Afrika, die »Schwarzen Pharaonen«, ergreifen die Macht. Namentlich bekannt sind die Könige Kaschka, Pianchi, Schabaka und Taharka. Unter ihnen erlebt das Land am Nil einen neuen Aufschwung, eine Art Renaissance. Die Schwarzen Pharaonen lassen den Pyramidenbau wieder aufleben. Ihre Pyramiden sind steiler und kleiner, die höchste knapp hundert Meter, die meisten etwa dreißig Meter. Viele dieser Pyramiden findet man bei der Stadt Meroe im heutigen Sudan.

Als Taharka im Jahr 664 v. Chr. stirbt und sein Neffe Tanutamun als Pharao folgt, fallen assyrische Truppen ins Land ein, erobern Mennefer (Memphis) und zerstören Waset (Theben). Psammetich, ein Gefolgsmann der Assyrier wird neuer Pharao, dem es aber gelingt, die assyrische Oberhoheit abzuschütteln. Er einigt das Land und führt es wieder in die Unabhängigkeit. Herrschaftssitz ist Sais im Delta. Ägypten öffnet sich dem Handel mit Griechen und Phöniziern.

Erneuter Verfall der pharaonischen Herrschaft. Perser rücken gegen das Land am Nil vor. Das Pharaonenheer wird im Jahr 525 v. Chr. vom persischen König Kambyses vernichtend geschlagen. Memphis wird erobert, Ermordung vieler ägyptischer Zivilisten. Persische Statthalter werden eingesetzt. Aramäisch wird zur Staatssprache erklärt. Mehrere Aufstände gegen die persische Herrschaft werden niedergeschlagen. Ägypten wird zu einem Teil des Perserreichs.

Zeit der Ptolemäer: 332 v. Chr. – 30 v. Chr.

Alexander der Große besiegt die Perser und übernimmt die Herrschaft über Ägypten. Von der Bevölkerung wird er als Retter und neuer Pharao gefeiert. Das Orakel von Siwa bestätigt Alexander in seiner Herrscherwürde, daraufhin wird er in Memphis gekrönt. Als er acht Jahre später stirbt, wird Ptolemäus I., einer von Alexanders Heerführern, König über Ägypten. Die griechischen Fremdherrscher lassen sich an Tempelreliefs als Pharao darstellen, erfüllen aber lediglich eine formale Rolle und überlassen die Ausübung der religiösen Kulte den ägyptischen Priestern. Tempelbauten werden vor allem mit den Spenden der Ägypter erbaut. Revolten der Bevölkerung werden niedergeschlagen. Bereits im 2. Jahrhundert v. Chr. geraten die ptolemäischen Herrscher unter den Druck von Rom. Römische Senatoren nehmen mehr und mehr Einfluss auf das ptolemäische Königshaus, das sich in blutigen Familien-Machtkämpfen verstrickt.

Erstmals kommen Geldmünzen in Umlauf und ersetzen den bisher über Jahrtausende praktizierten Tauschhandel.

Letzte Königin ist Kleopatra, die, von den Römern besiegt, sich selbst tötet. Ägypten wird römische Kolonie.

Römische Herrschaft: 30. v. Chr.–395 n. Chr.
Ägypten wird zur »Kornkammer« des Römischen Reiches. Ägypter können in der Kolonie keine Bürgerrechte erwerben. Not und Verzweiflung der Bevölkerung erreichen ein schier unerträgliches Ausmaß. Das Christentum breitet sich aus. Ägypten wird eines der wichtigsten Gebiete für den christlichen Glauben. Während der Christenverfolgung im Römischen Reich retten sich viele Gläubige in die Wüste, dort entstehen die ersten Klöster. Mit der Teilung des Römischen Reichs im Jahr 395 n. Chr. fällt Ägypten an Byzanz, das das Land am Nil hemmungslos ausbeutet. Von fanatischen christlichen Mönchen wird die ägyptische Philosophin Hypatia in Alexandria ermordet. Dieser Mord im Jahr 415 n. Chr. markiert das Ende der alexandrinischen Philosophenschule und zugleich das Ende der antiken Wissenschaft. Bedeutsame Wissensschätze der berühmten Bibliothek in Alexandria gehen verloren, zunächst durch einen Brand im Jahr 47 v. Chr., als Cäsars Ankunft einen Bürgerkrieg auslöste, aber mehr noch durch späteren Vandalismus christlicher und islamischer Gläubiger, die unersetzbare Papyrusrollen für die Heizung in Moscheen und Badehäusern verwendeten.

Islamisch-arabische Epoche ab 639 n. Chr.
Von der Bevölkerung werden die arabischen Eroberer als Befreier von byzantinischer Unterdrückung begrüßt. Doch die Freude der Ägypter wandelt sich bald in Verzweiflung. Der Islam wird Staatsreligion und das Arabische wird zur Landessprache erklärt. Alles Alte wird hinweggefegt und zerstört. Aus der Zeltstadt der Eroberer entwickelt sich die heutige Metropole Kairo. Ägypten bleibt für Jahr-

hunderte eine Provinz des Kalifenreichs, wird von Damaskus, später von Bagdad aus regiert.

Die Hieroglyphen

Die Entstehung der Hieroglyphen hatte man auf etwa 3000 v. Chr. datiert. Erst in jüngster Zeit wurden vom Deutschen Archäologischen Institut in den Grabanlagen bei Abydos Steintafeln gefunden, die beweisen, dass die Schrift schon Jahrhunderte früher in Gebrauch war. Das macht sie zur ältesten der Welt. Sie geht der Keilschrift Mesopotamiens, im Gebiet des heutigen Irak, zeitlich voran oder ist zumindest mit dieser zeitgleich entstanden.

Die Ägypter nannten ihre Schrift *mdw-ufr*. Diese Buchstabenfolge bedeutet »Gottes Worte«. Es werden nur die Konsonanten, nicht die Selbstlaute geschrieben, wie noch heute in allen semitischen Sprachen, zum Beispiel im Arabischen und Hebräischen. Der von uns verwendete Begriff Hieroglyphe stammt aus dem Griechischen und heißt »heilige Zeichen«.

Im alten Ägypten glaubte man, die Schrift sei ein Geschenk der Götter, genauer des Gottes Thot. Als Mondgott war Thot für die Zeitrechnung und den Kalender verantwortlich. Er war auch für alles zuständig, das wir heute mit Wissenschaft bezeichnen und damit auch für die Schrift.

Für die Hieroglyphen, anders als für die Keilschrift, ist keine längere Entstehungsphase zu erkennen. Diese Schrift taucht als im Wesentlichen fertiges System auf, das dann dreieinhalb Jahrtausende kaum verändert wurde. Die letzte Hieroglypheninschrift stammt aus dem Jahr 394 n. Chr. Kurz darauf führte die Verbreitung des Christentums zur Schließung der Tempel. Das Wissen der alten Ägypter geriet in Vergessenheit.

275

Der Schlüssel zu den Hieroglyphen

Der vielleicht bedeutendste Fund für die Ägyptologen war der Stein von Rosette, den Napoleons Gelehrte im Jahr 1799 in einem alten Fort in der Nähe der Hafenstadt Rosetta entdeckten. Die Basaltstele trägt Inschriften in drei unterschiedlichen Schriftsprachen: Altgriechisch, Altägyptisch-Demotisch (eine ab dem 7. Jahrhundert v. Chr. für den Alltagsgebrauch verwendete Schnellschrift) und Hieroglyphen. Die Gelehrten vermuteten, dass alle drei Schriften den gleichen Text wiedergeben, und hofften, durch den Vergleich des griechischen Textes mit den beiden altägyptischen Schriften, den Code der Hieroglyphen knacken zu können. Aber die Lösung ließ dennoch 25 Jahre auf sich warten. Linguisten und Ägyptologen widmeten sich vergeblich dieser Aufgabe.

Die Entschlüsselung gelang schließlich im Jahr 1824 einem Außenseiter, dem Franzosen Jean-François Champollion. Geboren 1790 in Figeac als Sohn eines Buchhändlers, hatte er sich durch Selbststudium umfangreiche Kenntnisse angeeignet. Von den Akademiemitgliedern wurde Champollion angefeindet, und seine Erkenntnisse wurden lange nicht anerkannt. Es war nicht allein der Stein von Rosette, der Champollion auf die richtige Spur gebracht hatte, sondern ausgerechnet Kleopatra, besser gesagt, ihr Name. In einer Inschrift, die ihren Namen trug, erkannte Champollion, dass jedes Bildzeichen für einen Buchstaben steht. Denn die Hieroglyphen sind nicht, wie bis dahin angenommen, eine reine Bilderschrift wie zum Beispiel das Chinesische, wo jedes Zeichen ein ganzes Wort darstellt. Hieroglyphen können sowohl Buchstaben sein als auch Piktogramme oder sogar ein Determinativ, das die Bedeutung der vorausgehenden oder folgenden Begriffe erläutert. Das Lesen der Hieroglyphentexte wird dadurch erschwert, dass es keine Satzzeichen wie Punkt oder Komma gibt und Abstände zwischen den Wörtern fehlen. Außerdem wurden die Zeilen von rechts nach links und umgekehrt, aber auch von oben nach unten geschrieben. Keine Regel bestimmte den Zeilenverlauf, sondern allein das Schönheitsempfinden des Schreibers. Dennoch soll es nicht allzu schwierig sein, die Schrift zu erlernen, und Ägyptologen verstehen sie flüssig zu lesen. Allerdings werden wir nie wissen, wie die Sprache klang, weil die Selbstlaute fehlen. Nur von Wörtern, die auch in Keilschrift festgehalten wurden, wie zum Beispiel die Namen der Herrscher, kennen wir die Aussprache. So wurde zum Beispiel der Name von Pharao Echnaton »Achanjatin« ausgesprochen.

ÄGYPTISCHE GÖTTER

Die Göttervielfalt im alten Ägypten ist verwirrend. Es gibt eine schier endlose Zahl, die zum einen dadurch entstanden ist, weil jedes Gebiet seine Lokalgötter hatte, zum anderen weil die einzelnen Götter verschiedene Aufgaben erfüllen müssen. Nach der Vereinigung von Ober- und Unterägypten zu einem Reich wurden die bisherigen örtlichen Götter beibehalten und die fremden aus anderen Gebieten hinzugenommen. So kommt es, dass für einzelne Aufgaben zwei oder mehr Götter zuständig sind. Eine annähernd vollständige Liste würde mehr als 150 Namen umfassen, ihre bildliche Darstellung ist unbegrenzt und entzieht sich einer Systematik.

Nach der vorherrschenden Mythologie von Heliopolis schuf Atum durch Ausatmen und Ausspeien das Götterpaar Schu (Luft) und Tefnut (Feuchtigkeit). Beide brachten ihrerseits den Erdgott Geb und die Himmelsgöttin Nut hervor. Aus diesem Götterpaar entstanden Osiris, Iris, Seth und Nephthys. Diese neun obersten Götter bezeichnet man als Neunheit.

Für die Menschen im alten Ägypten waren die Götter real existierende Wesen. Der Glaube an die Götter ermöglichte es den Ägyptern, das Leben mit seinen Problemen zu bewältigen, der Glaube gab ihnen Halt und Sinnerfüllung.

Die wichtigsten Götter in alphabetischer Reihenfolge

Amon, auch Ammon, Amun genannt, der »Verborgene«. Mit dem Sonnengott Re im Neuen Reich zu Amon-Re verschmolzen. Dargestellt als Mensch mit hoher Doppelfederkrone, aber auch mit Widderkopf oder als Nilgans, mitunter auch als Fruchtbarkeitsgott mit Phallus. Ursprünglich eine lokale Gottheit in Waset (Theben), wurde er im zweiten Jahrtausend des Neuen Reichs zum Götterkönig, zum Schöpfer und Erhalter der Welt. Mit seiner Gemahlin Mut und Sohn Chons bildete er die thebanische Triade, die ihren Hauptsitz in Karnak hatte.

Anubis, schakalköpfig, begleitet die Toten ins Jenseits. Gott der Balsamierer, bewacht die Nekropolen. Sohn des Osiris aus einer Verbindung mit Nephthys, der Schwester der Isis.

Aton, von Pharao Echnaton zum einzigen Gott erklärt. Dargestellt als Sonnenscheibe, von der Strahlen ausgehen, die in Händen enden.

Atum, Urgottheit im Schöpfungsmythos von Heliopolis. Beginn und Anfang der Schöpfung. Steht an der Spitze der Götter-Neunheit von Heliopolis und wird als menschliche Gestalt verbildlicht. Im Neuen Reich als abendliche Erscheinung des Sonnengottes verstanden.

Bastet, als Mensch mit Katzenkopf oder als Katze. Göttin der Liebe. Beschützerin der schwangeren Frauen. Gegenpol zur gefährlichen, löwengestaltigen Sechmet.

Chepri, morgendliche Erscheinungsform des Sonnengottes »Der Entstehende«. Wird als Skarabäuskäfer dargestellt, mitunter auch als Mensch mit einem Skarabäus als Kopf.

Chnum, widdergestaltiger Schöpfergott, formt den Menschen auf seiner Töpferscheibe. Wächter der Nilquellen und Katarakte, sorgt für den fruchtbaren Nilschlamm. Haupttempel auf Elephantine.

Chons, Mondgott, ein Knabe mit Vogelkopf. Attribute sind die Mondsichel und die Mondscheibe. Gott der Heilkunst. Sohn von Amon und Mut, bildet mit ihnen die Triade im Tempel von Karnak. In seinem Tempel in Karnak erteilte er Orakel. Auch als Nothelfer verehrt.

Geb, Erdgott, Gemahl der Himmelgöttin Nut. Oft mit einer Gans auf dem Kopf.

Hapi, Nil- und Fruchtbarkeitsgott.

Harachte, Erscheinungsform des Falkengottes Horus, verkörpert die Tagesgestalt der Sonne. Meist als Harachte-Re dargestellt mit Falkenkopf und Sonnenscheibe.

Hathor, große Muttergottheit. Tochter des Sonnengottes Re. Kuhköpfige Göttin der Musik, des Tanzes, der Fruchtbarkeit und der Liebe. Zugleich aber auch Totengöttin. Verheiratet mit dem Falkengott Horus, mit ihm hat sie vier Söhne, die Windgötter. Ihre Identität verschmilzt mit Isis, die ähnliche Bedeutung hat. Ihr Haupttempel ist in Dendera.

Horus, falkenköpfiger Sohn der Isis und des Osiris, verkörpert sich in jedem zum Herrscher gekrönten Pharao des Neuen Reichs. In seinen verschiedenen Daseinsformen wird der Gott unterschiedlich bezeichnet. Als Kind heißt er Harpokrates oder auch Harachte, wenn er mit Re dem Sonnengott über den Himmel zieht. Sein Hauptheiligtum ist der Tempel von Edfu.

Isis, Schwestergemahlin von Osiris und Schwester von Seth und Nephthys, Mutter von Horus, gilt als zauberkundig. Dargestellt mit Sonnenscheibe und Mondsichel, verkörpert sie die weiblichen Aspekte des Göttlichen. Sehr wichtige und beliebte Göttin. Sorgt für Fruchtbarkeit und Erneuerung. Erweckerin der Toten. Hauptheiligtum auf der Insel Philae. In der Spätzeit eine der wichtigsten Göttinnen. Wird, als Ägypten bereits römische Kolonie ist, immer noch verehrt und angebetet.

Maat, Göttin der Weltordnung, der Gerechtigkeit, der Wahrheit und des Gerichts. Sie stellt die Ordnung auf der Erde und im Weltall dar und verkörpert den zentralen altägyptischen Begriff für Ordnung und Recht. Ihr Symbol ist die Feder. Maat sitzt im Gerichtssaal des Osiris und lässt ihre Feder gegen das Herz des Toten aufwiegen, deshalb ist sie in fast allen Gräbern abgebildet. Der Priester der Maat war zugleich der oberste Richter im Land. Sie ist Tochter des Re, des Sonnengottes.

Mertseger, weibliche Gottheit mit dem Kopf einer Schlange. Verehrt wurde sie vor allem in der Nekropole von Theben und von den Bewohnern der Grabbauersiedlung.

Mut, Gemahlin das Amon, ursprünglich als Geier dargestellt. Erst im Neuen Reich erhielt sie Menschengestalt. Mutter des Mondgottes Chons.

Nephthys, Schwester von Isis und Osiris, Gemahlin von Seth. Mutter des Anubis durch eine Verbindung mit Osiris.

Nut, Gemahlin des Erdgottes Geb und Mutter von Osiris, Isis, Seth und Nephthys. Sie trägt das Himmelgewölbe. Mit den Händen im Westen und den Füßen im Osten streckt sie ihren dünnen Körper gekrümmt zu einem Bogen über den Erdgott Geb. Sie gebiert Sonne und Sterne im Osten und verschluckt sie wieder im Westen.

Osiris, Totengott, Herrscher der Unterwelt. Richter der Toten und Gott der Wiedergeburt. Gemahl der Isis und Vater des Horus. Er ist der Sohn von Erdgott Geb und Himmelsgöttin Nut, Bruder von Seth, Isis und Nephthys. Dargestellt als menschliche Figur, in ein weißes, enges Gewand gehüllt, mit Krummstab und Geißel in den auf der Brust gekreuzten Händen. Er wurde von seinem Bruder und Widersacher Seth umgebracht und hat dadurch selbst das Todesschicksal durchlitten. Daneben besitzt er archaisch-naturhafte Züge, die ihn mit dem zyklischen Sterben und Wiederaufleben der Schöpfung verbinden. Samenkörner, mit Nilschlamm vermengt, wurden zu einer Tonkugel geformt und feucht gehalten. Das bald daraufhin aus dem Tonkopf keimende Korn wurde als Wiederauferstehen des Osiris gefeiert. Im Neuen Reich herrschte der Glaube, der verstorbene König werde im Jenseits zu Osiris.

Ptah, Schöpfergott von Memphis, Gott der Handwerker und Künstler. Dargestellt mit Kopfkappe, Bart und engem Gewand. Heiligtum in der Kapelle von Abydos und im Sanktuar von Abu Simbel.

Re, Sonnengott, auch als Ra bezeichnet. Wird als Schöpfer und Erhalter der Welt verstanden. Spielte eine wichtige Rolle in altägyptischen Jenseitsvorstellungen. Nächtliche Fahrt auf der Sonnenbarke durch die Unterwelt. Sein Kultsymbol ist der Obelisk. Im Neuen Reich mit Gott Amon zu Amon-Re verschmolzen, aber auch mit Horus zu Re-Harachte verbunden. Haupttempel in Heliopolis.

Sachmet, löwenköpfige Göttin, wild, gefährlich, mächtig. Herrin der Kriege und Krankheiten, Botin des Todes. Sie sendet Krankheiten, vermag sie aber auch zu heilen. Gemahlin des Ptah. Heiligtum im Tempel von Karnak. In Memphis zur Triade mit Ptah und Nefertem, dem Sohn der beiden, verbunden. Trägt eine Lotosblüte auf dem Kopf und ist verantwortlich für Duftstoffe, Salben und Heilmittel.

Selket, Göttin mit dem Skorpion auf dem Kopf. Eine Schutzgöttin, die ursprünglich in Unterägypten verehrt wurde. Beschützerin gebärender Frauen, Wächterin über Leben und Tod. Eine besonders schöne, vergoldete Skulptur von ihr wurde im Grab von Tutanchamun gefunden.

Seth, Gott der Wüste, des Chaos und der Stürme, auch »der Rote« genannt. Bruder und Mörder von Osiris. Dargestellt mit einem undefinierbaren Tierkopf: Krokodil, Nilpferd, Schwein, ein Fabelwesen mit langer Schnauze und hohen Ohren. Ein mächtiger, ambivalenter Gott. Liegt endlos im Streit mit den Göttern Horus und Osiris, schützt aber den Sonnengott vor der Schlange Apophis.

Sobek, der Krokodilgott. Ein Gott, den man fürchtete und deshalb bemüht war zu besänftigen. Er trägt die Sonne durch den Ozean der Nacht. Heiligtum in Kom Ombo, wird besonders in der Oase Fayum verehrt.

Thot, ursprünglich Mondgott, dann Gott der Kalendermacher, der Zeit und Gesetze, des Schreibens und Lesens. Gott der heiligen Bücher. Beim Totengericht tritt er als Protokollführer auf. Wird von den heiligen Tieren Ibis und Pavian begleitet oder mit Ibiskopf dargestellt.

GLOSSAR

Apophis: Schlangengestaltige Verkörperung des Chaos, Feind der Götter, besonders des Sonnengottes. Bedroht immer wieder die Weltordnung und versucht sie zu vernichten. Ausgerechnet Seth, der Gott des Chaos, schützt die Sonne und bekämpft die Schlange Apophis.

Ba: Eine der Seelen, die Götter und auch Menschen besitzen. Dargestellt als Vogel, um freie Beweglichkeit und Ungebundenheit zu symbolisieren. Die Ba-Seele eines Verstorbenen benötigt Speise und Trank, deswegen werden entsprechende Grabbeigaben dem Toten mitgegeben.

Djed: Aus pflanzlichem Material bestehendes Kultobjekt nicht sicher geklärten Ursprungs mit der Bedeutung »Dauer und Beständigkeit«. Symbol des Totengottes Osiris. Der Djedpfeiler wurde in einem Festakt jährlich vom König aufgerichtet. Als Hieroglyphe bedeutet es »Dauer«, wird auch gern als Amulett getragen.

Ka: Seelische, unkörperliche Komponente der Götter und Menschen, die als Kraftquelle verstanden wird und den Körper immer wieder mit Lebensenergie versorgt.

Kanopen: Altägyptische Urne, ein dickbauchiger Krug mit Deckel, meist aus Alabaster, in dem man die Eingeweide der mumifizierten Toten aufbewahrte. Der Deckel hatte die Form eines Menschen- oder Tierkopfes. Begriff stammt von der altäyptischen Stadt Kanopos.

Kartusche: Ein Oval, das den Namen des Pharao umrahmt. Ursprünglich war es als Seilschleife gedacht und trug an der Unterseite einen Knoten. Die Umrahmung symbolisiert die universelle Macht des Sonnengottes und somit die des Pharao. Ein Herrscher bekam fünf Namen, aber nur der Geburtsname und der Thronname wurden mit einer Kartusche umrahmt.

Mammisi: Eine Kammer im Tempelbereich, in der rituell die Geburt des Pharao als Sohn Gottes dargestellt wird. Wichtig für das alljährliche Fest, der lokalen Göttertriade: Vereinigung des Götterpaares und Geburt des göttlichen Kindes.

Mastaba: Arabisch für Bank. Aufbau über der Grabstelle, vor allem in der Frühzeit Ägyptens. Über der Grabhöhle, die auch aus mehreren ausgeschachteten Kammern bestehen konnte, wurde aus meist luftgetrockneten Lehmziegeln ein rechteckiger Aufbau errichtet mit abgeschrägten Seiten und platter Oberfläche.

Nemes: Kopftuch des Herrschers, das breit auf beiden Seiten des Gesichts herabhängt und bis auf die Schultern fällt. Es war kobaltblau und golden gestreift. Der Sphinx in Giseh trägt ebenfalls ein Nemestuch, das ursprünglich farbenprächtig bemalt war.

Obelisk: Frei stehender, vierkantiger, rechteckiger, oben spitz zulaufender Pfeiler von bis zu 30 Meter Höhe. Meist aus einem einzigen Monolithen gefertigt. Mit Hieroglyphen beschriftet. In pharaonischer Zeit waren die Spitzen mit Elektron, einer Gold-Silber-Legierung, überzogen und leuchteten gleißend im Sonnenlicht. Die Obelisken waren dem Sonnengott Re geweiht, später dem Amon-Re, und standen im Tempelbereich.

Opet-Fest: Diente dem Erhalt der irdischen und himmlischen Weltordnung. Während des Neuen Reichs wurden die Göttertriade Amon, Mut und Chons aus ihrem Tempel in Karnak in einer Prozession den drei Kilometer weiten Weg zum Tempel Ipet, dem heutigen Luxor-Tempel, gebracht. Dort vollzog sich die rituelle Vereinigung des Götterpaares, zugleich regenerierte und stärkte sich die Lebenskraft und Göttlichkeit des Königs.

Pylon: Tempeleingang. Von zwei festungsartigen, breiten Türmen flankiertes Eingangstor in den Tempel. Die beiden Türme zeigten meist Kampfszenen siegreicher Schlachten des Pharao.

Sed-Fest: Jubiläumsfest, das gefeiert wurde, wenn ein König sein 30. Regierungsjahr erreichte. Nach so langer Herrschaft, glaubte man, habe sich seine körperliche, geistige und spirituelle Kraft erschöpft und müsse aufgefrischt werden. Dazu diente der rituelle Lauf. Der alternde König lief mit einer Schriftrolle in der Hand eine vorgeschriebene Strecke, verjüngte sich wie die Sonne, die jeden Morgen neu am Himmel emporsteigt. Nach dem 30. Regierungsjahr wurde der Lauf alle drei Jahre wiederholt.

Skarabäus: Ein Käfer aus der Gattung der Mistkäfer, auch Pillendreher genannt, der aus Dung eine Kugel formt, die er vor sich herrollt, bis er einen geeigneten Untergrund findet, wo er sie vergraben kann. In der Kugel, in die er Eier gelegt hat, schlüpfen die Käferlarven und wachsen geschützt heran, bis sie als fertige Käfer heraus-

284

kriechen. Da der Mistkäfer scheinbar von selbst entsteht, galt er als Inbegriff der Urzeugung und wurde im alten Ägypten als Sinnbild der Sonne hoch verehrt. Er wurde als Amulett und als Siegel verwendet. Den Toten wurde eine Nachbildung auf das Herz gelegt, um es beim Totengericht zu schützen und zu stärken, damit es den Prüfungen standhält.

Sphinx: Männliche Löwenfigur mit Menschenkopf, meist dem des Herrschers. Beschützt den Eingang zum Tempel, üblich waren Alleen von Sphinxen. Verkörperung der königlichen Macht.

Stele: Frei stehende Platte oder Säule aus Stein oder Holz in verschiedenen Formen mit Verzierungen und Inschriften.

Schönes Talfest: Im Neuen Reich wurde Amon-Re in Gestalt einer Statue in einer festlichen Prozession über den Nil nach Theben-West gebracht, wo sich die Gräber und die Toten- und Gedenktempel befinden. Indem man der Toten gedachte, feierte und üppig aß und trank, verband sich Diesseits mit Jenseits. Das Fest diente dem Fortbestand der Schöpfung und Regeneration ihrer Kräfte.

Udjat-Auge: Der Legende nach riss Seth das Auge von Horus heraus. Von Thot wurde es wieder eingesetzt und geheilt; *udja* bedeutet heil. Das Udjat-Auge wird noch heute als Amulett getragen und blickte für die Toten durch den Sarg in die Welt.

Uräusschlange: Aspisviper. Stellt eine zum Angriff aufgerichtete Schlange dar. Symbol des Königtums. Jeder Pharao trug ihr Abbild als Diadem auf der Stirn. Sie war das Zeichen für die Herrschaft über Oberägypten. Das Zeichen für Unterägypten war der Geierkopf, der sich ebenfalls am Diadem befand.

Wesir: Titel im Pharaonenreich, der das Oberhaupt der exekutiven Macht bezeichnete. Er vertrat den Pharao in allen Bereichen der Verwaltung.

AUSGEWÄHLTE LITERATUR ZUM WEITERLESEN

Carlo Bergmann: Der letzte Beduine. Meine Karawanen zu den Geheimnissen der Wüste. Hamburg: Rowohlt Verlag, 2001.

Christiane Desroches Noblecourt: Hatschepsut, die geheimnisvolle Königin auf dem Pharaonenthron. Bergisch Gladbach: Bastei Lübbe 2007.

Gustave Flaubert: Reisetagebuch aus Ägypten. Zürich: Diogenes Verlag, 1991.

Tanja Kinkel: Säulen der Ewigkeit. München: Droemer Verlag, 2008.

Nagib Machfus: Echnaton, der in der Wahrheit lebt. Zürich: Unionsverlag, 2001.

Judith Mathes: Tage des Ra. Erftstadt: Area Verlag, 2005.

Brigitte Riebe: Der Kuss des Anubis. München: cbj Verlag, 2009.

Pat Shipman: Mit dem Herzen einer Löwin. München: Malik Verlag, 2006.

Waltari: Sinuhe, der Ägypter. Bergisch Gladbach: Bastei Lübbe, 2008.

QUELLEN

Bertolt Brecht: Fragen eines lesenden Arbeiters. In: Svendborger Gedichte. Frankfurt/M: Suhrkamp Verlag, 1997.

Christiane Desroches Noblecourt: Hatschepsut, die geheimnisvolle Königin auf dem Pharaonenthron. Bergisch Gladbach: Bastei Lübbe, 2007.

Gustave Flaubert: Reisetagebuch aus Ägypten. Zürich: Diogenes Verlag, 1991.

Andrew Humphrey: Der National Geographic Traveler, Ägypten, Washington, D. C: National Geographic Society, 2001.

Tanja Kinkel: Säulen der Ewigkeit. München: Droemer Verlag, 2008.

Bernd Mertz: Ägypten, magisch reisen. Goldmann Verlag, 1991.

Emil Nack: Das Reich der Pharaonen. Wien: Tosa Verlag, 1996.

Regine Schulz und Matthias Seidel (Hrsg.), Ägypten. Die Welt der Pharaonen. Königswinter: Tandem Verlag, 2004.

Percy Shelley: Zitiert nach Kent R. Weeks. In: National Art Guide Luxor. Hamburg: National Geographic 2005.

Will Tondok: Reise Know-How, Ägypten, München: Tondok Verlag, 1983.

Joyce Tyldeslay: Mythos Ägypten, Stuttgart: Reclam Verlag, 2006.

Mit mutigen Frauen um die Welt

I. Emerick/F. Conlon/H.C. de Tessan
Solotour
29 spannende Abenteuer von Frauen, die allein reisen

Wer mit diesen Frauen reist, spürt Freiheit und sieht sich selbst und die Welt mit neuen Augen.

Milbry Polk/Mary Tiegreen
Frauen erkunden die Welt
Entdecken. Forschen. Berichten.

84 Entdeckerinnen aus zwei Jahrtausenden: wahre Geschichten, die mitreißender sind als jeder Abenteuerroman.

Elly Beinhorn
Alleinflug
Mein Leben

»Die letzte Königin der Lüfte« (FAZ) schildert ihre abenteuerlichsten Flüge und unvergessliche Begegnungen in aller Welt.

MALIK NATIONAL GEOGRAPHIC